Kohlhammer

Die Autoren

Prof. Dr. Simone Kauffeld ist Professorin für Arbeits-, Organisations- und Sozialpsychologie an der TU Braunschweig. In Forschung und Praxis leistet sie Beiträge zu den Themen Kompetenz, Teams und Führung, Karriere und Coaching sowie der Gestaltung von Veränderungsprozessen in Organisationen.

Prof. Dr. Nils Christian Sauer ist als Professor an der Hochschule in der Akademie der Polizei Hamburg tätig. In Forschung und Praxis leistet er Beiträge zu den Themen Soziale Netzwerkanalyse, Meetings und Meetinginteraktion, Team- und Gruppenprozesse sowie Führung und Führungstrends.

Simone Kauffeld & Nils Christian Sauer

Meetings

Grundlagen und Empfehlungen für eine effiziente Gestaltung

Verlag W. Kohlhammer

für Annafee und Aaron, Jutta, Alois und Jörn

Dieses Werk einschließlich aller seiner Teile ist urheberrechtlich geschützt. Jede Verwendung außerhalb der engen Grenzen des Urheberrechts ist ohne Zustimmung des Verlags unzulässig und strafbar. Das gilt insbesondere für Vervielfältigungen, Übersetzungen, Mikroverfilmungen und für die Einspeicherung und Verarbeitung in elektronischen Systemen.

Die Wiedergabe von Warenbezeichnungen, Handelsnamen und sonstigen Kennzeichen in diesem Buch berechtigt nicht zu der Annahme, dass diese von jedermann frei benutzt werden dürfen. Vielmehr kann es sich auch dann um eingetragene Warenzeichen oder sonstige geschützte Kennzeichen handeln, wenn sie nicht eigens als solche gekennzeichnet sind.

Es konnten nicht alle Rechtsinhaber von Abbildungen ermittelt werden. Sollte dem Verlag gegenüber der Nachweis der Rechtsinhaberschaft geführt werden, wird das branchenübliche Honorar nachträglich gezahlt.

Dieses Werk enthält Hinweise/Links zu externen Websites Dritter, auf deren Inhalt der Verlag keinen Einfluss hat und die der Haftung der jeweiligen Seitenanbieter oder -betreiber unterliegen. Zum Zeitpunkt der Verlinkung wurden die externen Websites auf mögliche Rechtsverstöße überprüft und dabei keine Rechtsverletzung festgestellt. Ohne konkrete Hinweise auf eine solche Rechtsverletzung ist eine permanente inhaltliche Kontrolle der verlinkten Seiten nicht zumutbar. Sollten jedoch Rechtsverletzungen bekannt werden, werden die betroffenen externen Links soweit möglich unverzüglich entfernt.

1. Auflage 2022

Alle Rechte vorbehalten
© W. Kohlhammer GmbH, Stuttgart
Gesamtherstellung: W. Kohlhammer GmbH, Stuttgart

Print:
ISBN 978-3-17-038412-5

E-Book-Formate:
pdf: ISBN 978-3-17-038413-2
epub: ISBN 978-3-17-038414-9

Vorwort zur Buchreihe

Ökonomische, technologische und gesellschaftliche Entwicklungen tragen dazu bei, dass unsere Arbeitswelt sich in einem stetigen Veränderungsprozess befindet. Dies hat Auswirkungen auf das Erleben und Verhalten des einzelnen arbeitenden Menschen genauso wie auf gesamte Organisationen und größere wirtschaftliche Zusammenhänge.

Die vorliegende Buchreihe soll einen fundierten Einblick in verschiedene Forschungs- und Anwendungsfelder innerhalb der Arbeits-, Organisations-, Personal- und Wirtschaftspsychologie geben – einem der wichtigsten Bereiche der angewandten Psychologie. Aktuelle, praxisrelevante und an wichtigen Trends orientierten Themen werden vorgestellt und die Reihe dabei sukzessive um neue Bände erweitert.

Die Reihe richtet sich vor allem an Studierende der (Wirtschafts-)Psychologie und sich weiterbildende Personen. Durch die fachübergreifende Bedeutung sind die Inhalte der Bücher jedoch auch für Studierende angrenzender Bereiche, wie z. B. der Wirtschaft, Soziologie und Pädagogik von hoher Relevanz. Als besonders interessierte Zielgruppe können bereits erwerbstätige Personen aus dem Personalbereich (z. B. Coaches, Beraterinnen und Berater, Personalentwicklerinnen und Personalentwickler) identifiziert werden, die sich z.B in einem Aufbaustudium weiterbilden. Die konsequente Verbindung von Theorie und Praxis bietet darüber hinaus Führungskräften die Möglichkeit, sich wissenschaftlich fundiert mit praxisrelevanten Themen wie z. B. Kompetenzmanagement in Unternehmen, Coaching, Change Management oder Gesundheit im Arbeitskontext auseinanderzusetzen.

Simone Kauffeld
Braunschweig, Frühjahr 2021

Vorwort

Mit diesem Buch ist es uns ein großes Anliegen, Meetings mit all ihren Vorteilen und Herausforderungen zu reflektieren. Die einzelnen Kapitel sollen einen Eindruck vermitteln, wo wir in der aktuellen Meetingpraxis stehen und wo wir hinkommen können, wenn Organisationen die Potentiale von Meetings ausschöpfen. Dazu haben wir in diesem Buch mit den *Praxishacks* eine Vielzahl an Methoden und Techniken zur effizienten Gestaltung von Meetings integriert, die leicht und flexibel umgesetzt werden können. Zusätzlich laden wir Sie mit den *Meetingflashes* zu vertiefenden Exkursen über aktuelle Forschungsthemen der »Meeting Sciences« ein.

Meetings begleiten mich, Simone Kauffeld, seit meiner ersten Tätigkeit in der Industrie. Damals durfte ich zahlreiche gruppen- und gruppenübergreifende Besprechungen sowohl im Produktions- als auch im Angestelltenbereich moderieren. Nach meinem Ausflug in die Industrie erhielt ich die Möglichkeit, mich auf wissenschaftlich mit den Kompetenzen von Mitarbeitenden zu beschäftigen. Im Fokus stand dabei die Frage, wie Kompetenzen unternehmens-, -branchen- und hierarchieübergreifend gemessen werden können. Die bis dahin gängigen Selbst- und Fremdbeschreibungsbögen überzeugten nicht, da sie zu sehr von sozialer Erwünschtheit und dem Anspruchsniveau der Beurteilenden abhängig zu sein schienen. Daher musste die Frage gestellt werden, welche zentralen Situationen branchenunabhängig in verschiedensten Organisationen und auf allen Hierarchieebenen anzutreffen sind, in denen sich Kompetenzen zeigen können. Wo bündelt sich das Fachwissen von Experten? Wo werden Kompetenzen sichtbar? Die Antwort war schnell gefunden: in »echten« Meetings.

So folgten Jahre, in denen echte Meetings in Organisationen beobachtet und aufgezeichnet werden konnten als Gegenleistung für Trainingsworkshops zur Bewältigung arbeitsbezogener Problemstellungen und effizienter Meetingpraxis. Parallel konnte ein Schema für die Kodierung der Äußerungen in den echten Meetings entwickelt werden. Kodierenden wurden für die aufwändige Akt-für-Akt-Kodierungen der Meetingvideos geschult. Ca. 40 Arbeitsstunden wurde für die Auswertung eines einstündiges Meeting benötigt, später – mit entsprechender Software-Unterstützung – reichten acht Stunden. Heute können wir mit unserer App live kodieren.

Die Begeisterung für Meetings ist übergeschwappt – Nils Sauer ist einer der »Infizierten«. In einigen von der Deutschen Forschungsgemeinschaft (DFG) und dem Bundesministerium für Bildung und Forschung (BMBF) geförderten Projekten konnten wir explizit oder implizit unserem Forschungsinteresse nachgehen. Nicht alles kann sich in diesem Buch wiederfinden.

Durch die Videoanalyse der echten Meetings konnten wir uns das konkrete Verhalten von Teilnehmenden anschauen und so nicht nur funktionale und dysfunktionale Verhaltensweisen, sondern auch typische Interaktionen und Netzwerke in Meetings identifizieren.

Das Thema wird uns nicht loslassen, denn neue Entwicklungen, die wir in diesem Buch an einigen Stellen auch im Blick haben konnten, wie virtuelle Meetings, Kollaborationswerkzeuge und die Möglichkeiten der Künstlichen Intelligenz, stellen uns vor neue spannende Herausforderungen in Forschung und Praxis.

Braunschweig und Hamburg, März 2021
Simone Kauffeld und Nils Christian Sauer

Inhalt

Vorwort zur Buchreihe 5

Vorwort 7

1 **Meetingization: Die Bedeutung von Meetings in Unternehmen** **13**
   1.1   Meetings als Spiegelbild der Organisation 14
          1.1.1 Meetings als Kommunikationsplattform 15
   1.2   Meetings als Input–Prozess–Output-Modell 22
   1.3   Fazit 24

2 **Meetingkontext: Das organisationale Umfeld als Inputfaktor** **26**
   2.1   Situative Bedingungen für Meetings 27
          2.1.1 Der Zweck des Meetings 28
          2.1.2 Die Hierarchie in Meetings 37
          2.1.3 Die Ressourcen des Meetings 43
   2.2   Technische Bedingungen für Meetings 51
          2.2.1 Interaktive Kommunikationsmittel 52
          2.2.2 Digitale Kommunikationsmittel 53
   2.3   Fazit 68

3 **Meetinggestaltung: Das Team und die Teilnehmenden als Inputfaktoren** **69**
   3.1   Schlüsselfaktoren in Meetings 70
          3.1.1 Die Normen in Meetings 71
          3.1.2 Die Gruppenzusammensetzung 78

	3.2	Fazit	86
4	**Meetingprozess: Die Interaktion als Prozessfaktor**		**88**
	4.1	Verhalten in Meetings	89
		4.1.1 Funktionales Verhalten	93
		4.1.2 Dysfunktionales Verhalten	95
	4.2	Zusammenarbeit in Meetings	97
		4.2.1 Einstiegsphase	98
		4.2.2 Arbeitsphase	103
		4.2.3 Abschlussphase	126
	4.3	Fazit	129
5	**Meetingerfolg: Effizienz und Effektivität als Outputfaktoren**		**131**
	5.1	Nutzen des Meetings	132
	5.2	Effizienz als Output	133
		5.2.1 Maßnahmenplanung	135
	5.3	Effektivität als Outcome	138
		5.3.1 Umsetzungsorientierung	138
		5.3.2 Meetingzufriedenheit	140
	5.4	Fazit	142
6	**Meetingimpulse: Wege aus dem Jammertal!**		**143**
	6.1	Meetingregeln	144
	6.2	Kommunikationskampagne	149
		6.2.1 Meeting Nudges	150
	6.3	Transferfokussierte Trainingsbegleitung	154
		6.3.1 Training zur Meetinggestaltung	155
		6.3.2 Training zur motivierenden Gesprächsführung	**157**
		6.3.4 Live-Kodierung	158
		6.3.5 Digitale Reflexion	161
	6.4	Individuelle Teamentwicklung	163
	6.5	Fazit	166

7	Meetingful: Das Meeting der Zukunft	167
7.1	Meetings in neuen Arbeitsformen	168
	7.1.1 Agile Meetings	170
	7.1.2 Briefings	175
	7.1.3 Holokratische Meetings	178
7.2	Meetings als ein Bestandteil im Prozess	181
7.3	Künstliche Intelligenz in Meetings	187
7.4	Fazit	193

Literaturverzeichnis ... **195**

Stichwortverzeichnis ... **227**

1 Meetingization: Die Bedeutung von Meetings in Unternehmen

MeetingSample: Die Arbeitswoche und seine Meetings

»*Puuh!*« Melanie Neumann, 37 Jahre alt, stöhnte hörbar auf. Es war Freitagmittag und das Ende der Arbeitswoche war endlich in Sicht. Eigentlich mochte Melanie ihre Arbeit als Wirtschaftsingenieurin in einem mittelständischen Unternehmen. Diese Woche fühlte es sich allerdings nicht so an, als hätte sie viel geschafft. Das lag vor allem daran, dass sie als Abteilungsleiterin mehr als die Hälfte ihrer Arbeitszeit in Meetings verbracht hatte. Ehrlich gesagt hatte sie genug davon, jede Woche mehr als 20 Stunden in Besprechungen zu verbringen. Jeden Tag in mindestens zwei Meetings – das zerrte an ihren Nerven, da sich die Diskussion nur im Kreis drehte und am Ende niemand wusste, was wirklich zu tun war. Viele Aufgaben blieben dadurch während der Woche liegen. Am Ende blieben nur wenige Stunden bis zum Wochenende, um alles so gut wie möglich abzuarbeiten. Natürlich würden da wieder einige Sachen liegen bleiben. Deshalb war ihr schon jetzt klar, dass sie am Wochenende ständig an die liegengebliebenen Aufgaben denken würde. So wird sie kaum richtig abschalten können.

Ziel des Kapitels »Meetingization« ist es, Ihnen einen Einblick in die moderne Welt der Meetings zu geben. Zum Einstieg gehen wir darauf ein, wie Meetings zu einem festen Bestandteil des organisationalen Alltags geworden sind. Warum sind Meetings in der heutigen Arbeitswelt nicht mehr wegzudenken? Wie konnte es dazu kommen, dass Beschäftigte durchschnittlich an mehr als zwei Meetings pro Woche teilnehmen? Um diese Fragen zu klären, stellen wir den Zweck und das Potenzial von Meetings vor. Wir zeigen Ihnen aber auch auf, warum Meetings in der Praxis nur allzu oft unproduktiv ablaufen und deshalb viel zu häufig als Zeitverschwendung wahrgenommen werden.

1.1 Meetings als Spiegelbild der Organisation

Meetings! Egal ob angestellt, arbeitgebend oder freiberuflich, jede arbeitende Person hat sie in seinem oder ihrem Arbeitsleben schon erlebt. Dieser Trend führt sogar so weit, dass manche Forscher*innen schon von einer ‹Meetingization of Society› sprechen (von Vree, 2011).

In der Unternehmenspraxis sind Meetings so weit verbreitet, weil sie eine zentrale Rolle als Mittel zur Koordination und Zusammenarbeit spielen. Ihre Bedeutung zeigt eindrucksvoll eine Studie vom Bundesministerium für Bildung und Forschung, in der persönliche Besprechungen als wichtigstes Kommunikationsmittel noch vor E-Mails und Telefongesprächen genannt werden (▶ Abb. 1.1). Bolte, Neumer und Porschen haben schon 2008 Meetings als das Hauptinstrument zur selbstgesteuerten Abstimmung und Koordination in Organisationen herausgestellt. Seitdem haben Meetingaktivitäten weiter zugenommen. So gibt es aktuell in den USA 25–55 Millionen Meetings an jedem einzelnen Tag (Keith, 2015). Dabei verbringt jede*r einzelne Beschäftigte durchschnittlich 6 Stunden in 3 Meetings pro Woche (Lehmann-Willenbrock, Allen & Belyeu, 2016). Dabei steigt der Anteil an Arbeitszeit, der in Meetings verbracht wird, mit den Hierarchiestufen, sodass Führungskräfte des mittleren Managements rund 60 % und des Top-Managements bis zu 90 % ihrer Arbeitszeit in Besprechungen verbringen (Newlund, 2012; Siegert, 2007). Somit befinden sich Führungskräfte durchschnittlich zwei Tage pro Woche in Meetings. Stray und Moe (2020) konnten für Mitarbeitende in Softwareentwicklungsteams zeigen, dass diese an durchschnittlich zwei Sitzungen pro Tag teilnahmen. Diejenigen, die in verteilten Teams arbeiteten, verbrachten etwas mehr Zeit in Sitzungen pro Tag als die lokal arbeitenden Teams (3 h/Tag vs. 3,6 h/Tag). Insgesamt verbrachten die Mitarbeiter 16 Stunden und 36 Minuten pro Woche in Besprechungen. Einige der Befragten gaben an, dass sie wegen der vielen täglichen Sitzungen am Morgen erst nach dem Mittagessen mit ihrer Arbeit beginnen konnten.

Als wenn diese Zahlen nicht schon beeindruckend genug wären, erhöht sich die Meetingzeit mit der Größe des Unternehmens und der Hierarchieebene, sodass in Großunternehmen sowie höheren Führungsebenen deutlich mehr Zeit für Meetings aufgewandt wird als in Klein- und mittleren Unternehmen (KMUI) (Mankins et al., 2014).

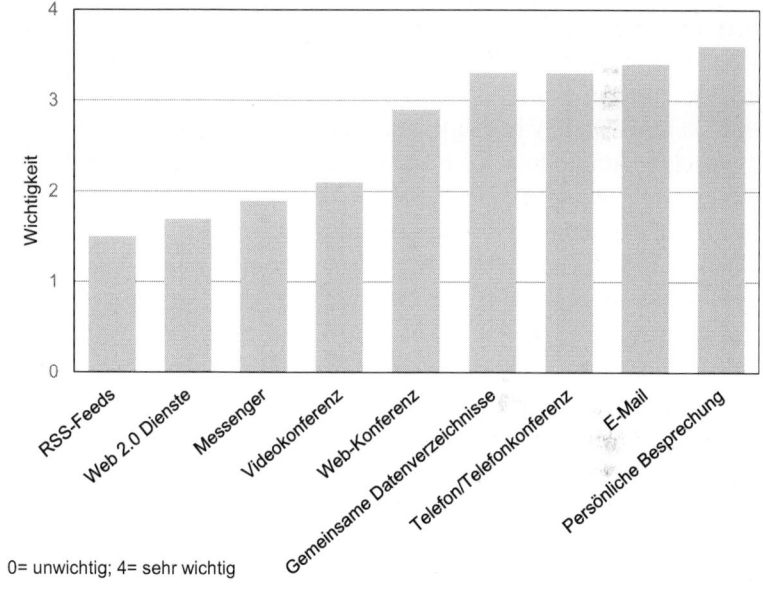

0= unwichtig; 4= sehr wichtig

Abb. 1.1: Wichtigkeit verschiedener Kommunikationsmittel in Unternehmen (Rief, 2015)

1.1.1 Meetings als Kommunikationsplattform

In einer frühen Definition hat Schwarzman (1986) Meetings als vorvereinbarte Kommunikationsereignisse definiert, bei denen sich drei oder mehr Personen zum arbeitsbezogenen Austausch versammeln. In einer neueren Definition hat Rogelberg (2006) Meetings genauer eingegrenzt und sie als zielgerichtete, arbeitsbezogene Interaktion zwischen mindestens zwei Personen definiert, die mehr Struktur als ein spontanes Gespräch, aber weniger als eine Vorlesung hat. Im weiteren Verlauf des Buches werden wir daher den Begriff Meetings für vorvereinbarte, zielgerichtete und strukturierte Kommunikationsereignisse in Unternehmen verwenden. Den Begriff Besprechungen verwenden wir dagegen für jegliche Art von Austausch zwischen mehr als zwei Personen in Organisationen.

Die Verwendung des Begriffes Kommunikationsereignis zeigt bereits, dass Meetings nicht nur dem reinen Informationsaustausch dienen. Stattdessen ist es das Alleinstellungsmerkmal von Meetings, dass sie die einzige Arbeitssituation sind, in der eine Vielzahl an Funktionen zusammenkommen und Arbeitstätigkeiten gemeinsam stattfinden. So sind Meetings nicht nur der Ort im Unternehmen, an dem Aufgaben koordiniert und Meinungen ausgetauscht werden, sondern sie bieten auch eine Plattform, um soziale Beziehungen aufzubauen, die Hintergründe von Entscheidungen zu erfahren sowie die Organisationskultur und Machtstruktur zu erleben (Lehmann-Willenbrock, Rogelberg, Allen & Kello, 2018; Tracy & Dimock, 2004). Dadurch stellen Meetings die Hauptkommunikationsplattform im Unternehmen dar. Meist finden die einzelnen Aktivitäten gleichzeitig statt und beeinflussen sich gegenseitig, sodass sie nicht so einfach zu identifizieren sind. Aus diesem Grund haben wir sie im Folgenden einzeln aufgeschlüsselt und dargestellt.

Koordination: Um die Ziele einer Organisation zu erreichen, müssen verschiedene Teile einer Organisation integriert und verknüpft werden. In Meetings werden Aufgaben koordiniert und Informationen ausgetauscht. Dies ist zwingend notwendig, um alle Beteiligten auf den gleichen Informationsstand zu bringen, um Anpassungsprozesse zu ermöglichen und Entscheidungen auf den gleichen Grundlagen zu treffen (Allen, Beck, Scott & Rogelberg, 2014).

Kultur: Meetings stellen einen Ort dar, um gemeinsame Erfahrungen zu erleben und persönliche Beziehungen zu knüpfen (Imkpen & Tsang, 2005). Neue Mitarbeitende lernen in Meetings nicht nur den Diskussionsstil und die Art der Zusammenarbeit kennen, die im Unternehmen vorherrschen, sondern erleben auch die Führungskultur und das Betriebsklima aus erster Hand und werden so mit der Organisation vertraut und sozialisiert (Jay, 1999). Zusätzlich zeigen sich in der Zusammenarbeit die organisationalen Werte, Normen und Symbole, sodass Meetings als ein Abbild der Organisationskultur gesehen werden können (Pullig, 2016). Kauffeld (2006) konnte in einer Untersuchung zeigen, dass innerhalb eines Unternehmens über Bereiche und Hierarchieebene hinweg ähnlicher diskutiert wird als zwischen Unternehmen.

Einflussnahme: Meetings sind ein wichtiger Ort, um Beschäftigten eine Stimme zu verleihen (Allen, Lehmann-Willenbrock & Jones, 2015). »Voice« ist ein psychologisches Konstrukt, welches das Ausmaß beschreibt, in dem Mitarbeitende dazu ermutigt werden, ihre eigenen Gedanken und Ideen im Arbeitskontext zu äußern (Allen & Rogelberg, 2013). Damit stellen Meetings in Organisationen den Hauptort dar, an dem Beschäftigte ihre Meinung einbringen können (Meinecke, Klonek & Kauffeld, 2016). Diese Form der Partizipation und Einflussnahme ist besonders relevant für die Wahrnehmung organisationaler Gerechtigkeit, denn die Möglichkeit zur Mitsprache bestimmt, ob eine Entscheidung in Unternehmen als gerecht oder ungerecht wahrgenommen wird (Bobocel & Gosse, 2015). Somit sind Meetings von elementar Bedeutung, um organisationale Demokratie zu beleben. Dies zeigt sich daran, dass die Freiheit, im Unternehmen seine Meinung zu äußern, das Gefühl der Wertschätzung signifikant erhöht und einen positiven Einfluss auf die organisationale Effektivität hat. Insgesamt steigert sie zudem die Entscheidungsqualität und fördert die Teamleistung (Dooley & Fryxell, 1999; Morrison & Milliken, 2000).

Sinnstiftung: Meetings stellen den organisationalen Kontext dar, in dem am häufigsten die Bedeutung und Hintergründe organisationaler Entscheidungen und Vorgänge vermittelt werden (Duffy & O-Rourke, 2015). Diese Art der Sinnstiftung ist als Prozess definiert, durch den ein individuelles Verständnis für Erlebnisse und Erfahrungen entsteht (Kwon, Clarke & Wodak, 2014; Scott, Allen, Rogelberg & Kello, 2015). So wird eine Vielzahl an Meetings einberufen, um Unklarheiten zu bereinigen oder aktuelle Ereignisse zu erklären (Jarzabkowski & Seidle, 2008). Insgesamt werden Meetings, die den Teilnehmenden Sinn vermitteln können, als positiver und zufriedenstellender bewertet (Lehmann-Willenbrock, Allen & Belyeu, 2016). Die Bedeutung von Sinnstiftung endet jedoch nicht direkt mit dem Abschluss des Meetings, sondern beeinflusst die Arbeitseinstellung weit darüber hinaus, denn durch die Sinnvermittlung werden Ambiguitäten reduziert und das Gefühl vermittelt, Aufgaben kompetent und erfolgreich bearbeiten zu können (Allen & Rogelberg, 2013; Allen, Lehmann-Willenbrock & Sands, 2016). Darüber hinaus können Meetings auch der Bedürfnisbefriediung dienen. So wird durch die Teilnahme das Gefühl sozialer Zugehörigkeit gestärkt und das Einbringen in das Meeting befriedigt das Bedürfnis nach Autonomie (Douglass et al., 2015; Gagné & Deci, 2005).

Machtstrukturen. Meetings bilden persönliche Beziehungen und Hierarchien ab (Rief, 2015). So zeigt bereits die Einladung zu Meetings die informelle Bedeutung Beschäftigter in der Organisation. Schließlich manifestiert sich die soziale Ordnung darin, wer bei der Zieldefinition und Entscheidungsfindung einbezogen wird. Wer ist beim Meeting dabei? Die Anzahl an Meetings, in denen teilgenommen wird, kann als Grad für die Bedeutung der eigenen Person in der Organisation herangezogen werden. Die Nicht-Einladung kann wiederrum als Ausgrenzung erlebt werden. In den Meetings selbst gibt der Zeitpunkt und die Anzahl der Wortbeiträge einer Person ebenso wie die Abfolge der Wortbeiträge Einsichten, wer welche Rolle und Bedeutung im Meeting hat (Sauer & Kauffeld, 2013). Meetings in Organisation sind häufig als Kaskaden aufgebaut. Informationen und Neuigkeiten werden häufig top-down vom Treffen der Unternehmensleitung zur Besprechung der Abteilungsleitungen bis zum Teammeeting kaskadiert. Gleichzeitig werden Probleme oder Initiativen bottom-up in umgekehrter Richtung weitergegeben (Krause & Tarnowski, 2019).

Erfolgsfaktor. Meetings bieten nicht nur eine Kommunikationsplattform, sondern sind auch Ereignisse, die Einfluss auf den Unternehmenserfolg haben. Kauffeld konnte zeigen, dass die Art der Kommunikation in Meetings mit der Produktivität von Arbeitsgruppen sowie dem Unternehmenserfolg Jahre später zusammenhängt (Kauffeld, 2006; Kauffeld & Lehmann-Willenbrock, 2012). Rogelberg und Kollegen (2010) zeigen, dass Meetings signifikant die Arbeitszufriedenheit beeinflussen. Auch auf das gesundheitliche Wohlbefinden der einzelnen Mitarbeitenden hat nicht nur die Anzahl, sondern auch die Art der Kommunikation im Meeting einen Einfluss (Schulte, Fenner & Kauffeld, 2013; Sonnentag, 2001). Aufgrund der umfassenden Funktionen von Meetings sind sie ein unabdingbares Instrument für eine effiziente Unternehmensführung, da sie den vollständigen Informations- und Kommunikationsprozess von der rechtzeitigen Erfassung neuer Markttrends bis zu den Umsetzungsentscheidungen begleiten (Rogelberg, Allen, Shanock & Cliff, 2010).

Meetings als Jammertal

Obwohl Meetings eine elementare Relevanz für betriebliche Prozesse haben, bleibt ihre Effektivität umstritten (Allen et al., 2012). So werden Meetings von Teilnehmenden häufig als lästiges Ärgernis beschrieben. Ein Hauptkritikpunkt ist vor allem, dass die Möglichkeit zur Meinungsäußerung nicht zum konstruktiven Zusammenarbeiten, sondern zum Jammern über Alltagsprobleme genutzt wird, was Zeit, Nerven und Konzentrationsfähigkeit kostet. Darüber hinaus klagen Mitarbeitende häufig über die Anzahl von Meetings, da es zu viele Besprechungen gibt, die von anderen Arbeiten abhalten (Felkai & Beiderwieden, 2013). Aus diesen Gründen werden Meetings in der Praxis auch gerne als Jammertal bezeichnet, durch das alle Beschäftigten im Laufe der Arbeitswoche durchmüssen (Kauffeld, 2012). Die Gründe für den negativen Ruf von Meetings sind dabei vielfältig. Daher haben wir im Folgenden die vier Hauptprobleme ausgeführt.

Meetinggestaltung. Eine internationale Befragung in 41 Ländern hat ergeben, dass weniger als die Hälfte der Teilnehmenden die Zeit in Meetings als effektiv ansieht. Stattdessen wird ein Großteil der Meetingzeit als Verschwendung angesehen, die effektiver für andere, zielführendere Tätigkeiten genutzt werden könnte (Rausch, 2013). Als Hauptgrund wird genannt, dass oft zu viele Beschäftigte zu den Besprechungen eingeladen werden, die thematisch kaum involviert sind, sodass sie wenig Konstruktives beitragen bzw. Relevantes mitnehmen können. Ein weiterer Grund ist das häufige Fehlen etablierter Gestaltungsprinzipien, sodass langweilige Erörterungen und ziellose Diskussionen gefördert anstatt verhindert werden (Geimer et al., 2015).

Direkte Kosten. Unternehmen investieren viel Zeit und Geld in die Durchführung von Meetings (Rogelberg et al., 2007). Diese Investitionen haben direkte monetäre Auswirkungen auf das Unternehmen in Form von Kosten für Personal, Reisen sowie Kommunikationstechnologien (u. a. Millen, Fontaine & Muller, 2002). Den Hauptanteil machen die Personalkosten aus. So kommen Schätzungen zu dem Ergebnis, dass die meisten Unternehmen zwischen 7 % und 15 % ihres Personalbudgets in Meetings stecken (Lehmann-Willenbrock et al., 2017; Romano & Nunamaker, 2001). Trotz dieses Aufwandes werden ca. 42 % aller Meetings als qualitativ schlecht eingestuft (Schell Marketing Studie, 2010). Weitere Schätzungen gehen davon aus, dass sich durch effektivere Meetings 20–30 % der Personalkosten einsparen ließen (Siegert, 2007; Rausch, 2009). Wenn man diese Werte zur Grundlage nimmt, zeigt sich das enorme Einsparungspotenzial, denn bereits bei Berechnungen mit konservativen Werten (20 Stunden Arbeitszeit, die ein Beschäftigter z. B. aus der Forschung und Entwicklung in der Woche in Meetings verbringt, sowie 20 % Effizienzsteigerung) ist eine Kostenreduktion von ca. 95 000 000 € pro Jahr möglich (siehe die ausführliche Berechnung in Tab. 1.1).

Tab 1.1: Potenzial von Meetings

Berechnungsgrundlage	Resultierende Kosten	Kostenreduktion (20 % Effizienzsteigerung)
100.000 € Ø Jahresgehalt 20 Stunden Meetings/Woche	44.000 €/Mitarbeitendem und Jahr	94.538.400 €/Jahr

Indirekte Kosten. Neben den direkten Kosten verursachen Meetings zusätzlich indirekte Kosten. Unproduktive Meetings lösen eine hohe Unzufriedenheit bei Beschäftigten aus. Durch die Vielzahl an Meetings wird die effektive Arbeitszeit geringer, sodass zusätzlich Stress entsteht, da die Teilnehmenden durch den Zeitverlust unnötige Anstrengungen zur Erfüllung der Routinetätigkeiten auf sich nehmen müssen (Allen et al., 2008). Insgesamt verursachen Meetings zu häufig Frustration. Um diese abzubauen, wird weitere Zeit benötigt, was als »Meeting Recovery Syndrome« bezeichnet wird und sogar dazu führen kann, dass Meetings zu einem Gesundheitsrisiko für Teilnehmende werden (Schulte, Fenner & Kauffeld, 2013). So steht eine höhere Anzahl an Meetings in Zusammenhang mit höherer täglicher Erschöpfung und größerer wahrgenommener Arbeitsbelastung (Tremmel & Sonnentag, 2018). Diese negativen Aspekte können sogar die Absicht Beschäftigter fördern, das Unternehmen zu verlassen (Rogelberg et al., 2006; 2010). Die indirekten Kosten beziehen sich jedoch nicht nur auf Meetingteilnehmende. Ineffiziente Meetings kreieren auch Folgeprobleme für Unternehmen, wenn aufgrund schlechter Kommunikation falsche Entscheidungen getroffen oder negative Entwicklungen nicht identifiziert werden. Dann müssen im Anschluss Zeit und Ressourcen aufgewandt werden, um die Fehler auszubügeln, sodass wiederum Folgekosten entstehen (Rogelberg, 2013; Tropman, 2014).

Meetingkontrolle. Erstaunlich erscheint dabei, dass Organisationen trotz dieser negativen Aspekte nur wenig unternehmen, um den Return on Investment von Meetings überhaupt zu erfassen (Rogelberg et al., 2012). So zeigt allein die Tatsache, dass wir Schätzungen zur Berechnung von Meetingkosten nutzen mussten, dass kaum ein Unternehmen etablierte Kontrollinstrumente benutzt, um den Erfolg bzw. die Effizienz von Meetings zu erfassen. Aufgrund der Bedeutung von Meetings und der offensichtlichen Unzufriedenheit mit der aktuellen Nutzung ist es daher unumgänglich, sich mit der Optimierung der Meetingkultur in Unternehmen auseinanderzusetzen. Dabei muss das gesamte Besprechungswesen inklusive der vor- und nachgelagerten Einbettung in die organisationalen Arbeitsprozesse sowie der zielgerichteten Nutzung von Kommunikationsinstrumenten betrachtet werden, um die zahlreichen Einflussvariablen auf den Unternehmenserfolg erfassen zu können (Kauffeld & Lehmann-Willenbrock, 2012).

1.2 Meetings als Input–Prozess–Output-Modell

Es findet nicht nur eine Vielzahl unterschiedlicher Aktivitäten im Rahmen von Meetings statt, der Verlauf eines jeden Meetings wird auch von einer Fülle von Faktoren beeinflusst. Um diese Einflussfaktoren analysieren zu können, müssen sie zuallererst sinnvoll angeordnet werden. Dazu dient in der Forschung das sogenannte Input-*Prozess-Output-Modell* (*IPO*) als konzeptioneller Bezugsrahmen (McGrath, 1964). Es stellt ein einfaches, heuristisches Konzept dar, um den Zusammenhang zwischen den Ausgangsvariablen (*Input*), der Gruppeninteraktion (*Prozesse*) und den Gruppenergebnissen (*Output*) darzustellen. Der Interaktionsprozess wird in diesem Rahmen als intervenierende Variable zwischen Input und Output gesehen (Hackman & Morris, 1975). Dabei basiert das Modell auf dem Prinzip der Äquifinalität, welches besagt, dass ein bestimmter Endzustand über verschiedene Wege erreicht werden kann. Somit ist das Ergebnis unabhängig von den Ausgangszuständen. Infolgedessen ist der Interaktionsprozess der Schlüssel für die Effektivität der Zusammenarbeit (Watzlawick, Beavin & Jackson 1990). Es kommt also darauf an, wie gut die Ressourcen im Rahmen des Interaktionsprozesses umgesetzt werden.

Eine große Anzahl an Untersuchungen zur Erhebung der Effektivität von Teamarbeit wurde auf Basis von *IPO-Modellen* durchgeführt (siehe Rausch 2008 für einen Überblick). Dabei wird den Gruppenprozessen eine zentrale Bedeutung zur Erklärung des Zusammenhangs zwischen Input- und Outputfaktoren beigemessen (u. a. Fulk & Collins-Jarvis, 2001; Hackman & Morris, 1975). Da Meetings durch die Interaktion gestaltet werden, ist die Analyse der Gruppenprozesse ebenfalls der Schlüssel, um den Meetingerfolg sowie die daran beteiligten Prozesse fassbar zu machen (Kauffeld, 2006; Beck, 2008; Lehmann-Willenbrock, Beck & Kauffeld, 2016). Die Meetingeffektivität ist also von den Interaktionsprozessen während des Meetings abhängig. Diese werden wiederum von den Kontextfaktoren (u. a. Gruppengröße, technische Hilfsmittel) beeinflusst, welche den Rahmen für die Interaktion bilden (Fulk & Collins-Jarvis, 2001; Kauffeld, 2006).

Eine Ergänzung des *IPO-Modells* bezieht die Eigendynamik mit ein, die durch Gruppenprozesse ausgelöst wird. Dazu gehören dynamische Phänomene, (u. a. Einstellungen, Werte, Motivation und Vertrauen) die aus der Interaktion entspringen und sich im weiteren Verlauf verselbstständigen, sodass sie hemmende oder fördernde Wirkung haben (Busch & von der Oelnitz, 2016). Diese emergenten Bedingungen verändern sich fortwährend im Verlauf der Interaktion und beeinflussen den Ausgang des Meetings (Marks, Matheu & Zaccaro, 2001). So kann eine Meinungsverschiedenheit zu einem Konflikt und der Aufspaltung in Pro- und Kontragruppen führen. Die Art, wie dieser Konflikt gelöst wird, resultiert entweder in dem Empfinden von Gerechtigkeit oder Misstrauen. Die daraus resultierende Gruppenstimmung beeinflusst den weiteren Verlauf des Meetings und in der Folge das Endergebnis. Die Meetingeffektivität ist also von den emergenten Zuständen, die sich während des Meetings entwickeln, abhängig (Kozlowski, 2015).

Da Meetings nicht isolierte Ereignisse sind, sondern im organisationalen Umfeld stattfinden, wird in einer Erweiterung des Modells eine weitere Input-Phase an das Ende angefügt, sodass aus dem linearen Verlauf ein Zyklus wird und Feedbackprozesse integriert werden können (Ilgen, Hollenbeck, Johnson & Jundt, 2005). Bezogen auf Meetings bedeutet dieser Kreislauf, dass der Besprechungsoutput einen direkten Einfluss auf Inputvariablen der nächsten Besprechung hat. Die Entscheidungen, die in einem Meeting getroffen werden, haben demnach einen direkten Effekt auf die Gestaltung des nächsten Meetings. Wenn z. B. in einer Besprechung die Lösung für ein spezifisches Problem festgelegt und die geplante Maßnahme bis zum nächsten Treffen umgesetzt worden ist, muss dieses Thema nicht mehr auf die Agenda des nächsten Meetings genommen werden, sodass die entsprechenden Expert*innen nicht eingeladen werden müssen. In *Abbildung 1.2* ist das zugrundeliegende *IPOI-Modell* graphisch dargestellt.

In den folgenden Kapiteln orientieren wir uns am *IPOI-Modell* und nutzen es als inhaltlichen Rahmen. So gehen wir im zweiten Kapitel auf die situativen Eigenschaften und technischen Voraussetzungen des organisationalen Umfelds als Inputvariablen ein. Im dritten Kapitel zeigen wir den Einfluss von Teilnehmenden- und Gruppencharakteristiken als Inputfaktoren auf. Im vierten Kapitel fokussieren wir uns auf den

1 Meetingization: Die Bedeutung von Meetings in Unternehmen

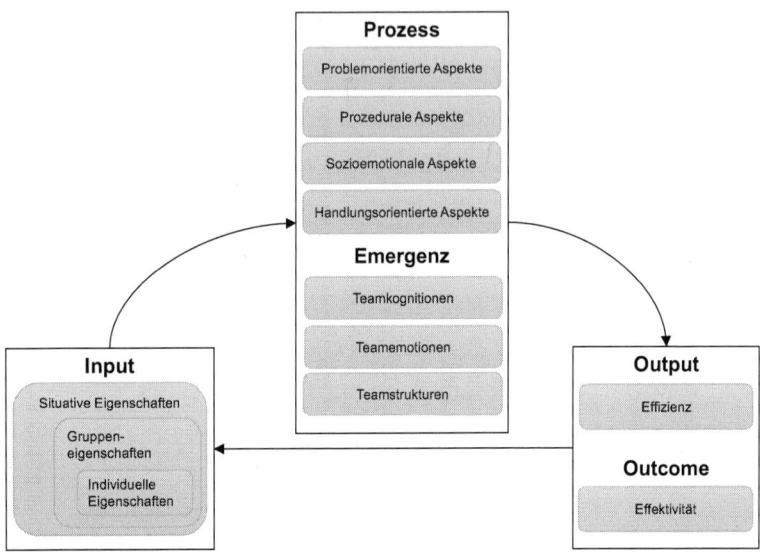

Abb. 1.2: Input-Prozess-Output-Input-Modell in Meetings (abgeleitet von Busch & von der Oelnitz, 2016; Ilgen, Hollenbeck, Johnson & Jundt, 2005; McGrath, 1964)

Prozess während des Meetings. Dabei werfen wir einen detaillierten Blick auf das Verhalten und emergente Zustände sowie die Interaktion in kritischen Phasen des Meetings. Schließlich definieren wir im fünften Kapitel Output- und Outcome-Faktoren, mit denen der Erfolg von Meetings erfasst werden kann.

1.3 Fazit

Meetings haben eine große Bedeutung in Organisationen. Als Indikator kann die Häufigkeit, mit der Meetings durchgeführt werden, genannt werden. In Meetings kristallisiert sich das organisationale Geschehen, sodass Meetings ein Spiegelbild der Organisation darstellen. Dabei befriedigen Meetings zentrale Bedürfnisse, geben Orientierung und dienen der Koordination. Zudem ermöglichen sie Partizipation, Mitsprache und Ansprache. Organisationen investieren in Form von Personal in Meetings. Trotz dieses hohen Resourceneinsatzes wird das Potenzial von Meetings jedoch oft nicht erreicht. Dies liegt weniger an den Input-Faktoren als an den Prozessfaktoren. Dabei spielen vor allem emergente Prozesse, die während eines Meetings zum Tragen kommen, eine bedeutsame Rolle, da sie das Ergebnis bestimmen.

> **Weiterführende Literatur**
>
> Busch, M. W. & von der Oelsnitz, D. (2016). Emergente Teamphänomene–Warum sich Erfolge eines Teams nicht einfach kopieren lassen. Gruppe. Interaktion. Organisation. Zeitschrift für Angewandte Organisationspsychologie (GIO), 47(4), 345-355.
> Ilgen, D. R., Hollenbeck, J. R., Johnson, M. & Jundt, D. (2005). Teams in organizations: From input-process-output models to IMOI models. Annu. Rev. Psychol., 56, 517-543.
> Lehmann-Willenbrock, N., Allen, J. A. & van Vugt, M. (2020). The Origins and Evolutionary Significance of Team Meetings in Organizations. In Managing Meetings in Organizations. Bingley, UK: Emerald Publishing Limited.

2 Meetingkontext: Das organisationale Umfeld als Inputfaktor

MeetingSample: Unerhofft kommt im Meeting zu oft!

Nachdem Melanie Neumann am Montagmorgen im Büro angekommen war, hatte sie sich zuerst entspannt eine Tasse Kaffee gemacht. Als sie damit zurück ins Büro kam, war ihr Rechner hochgefahren und ein Termin blinkte in Outlook auf: »08:30 Uhr Projektmeeting; Ort: Konferenzraum; Teilnehmer: 4; Dauer: 60 Minuten; Thema: »Entscheidung Energieeinsparungen im Büro«.

Melanie hatte selbst zu dem Projektmeeting eingeladen, da der Firmenchef ihr die Leitung des Projektes übertragen hatte. Das Ziel war es, Maßnahmen zum bereichsübergreifenden Energiesparen auszuarbeiten. Bisher hatte sich das Team noch nicht treffen können, da alle vier Projektmitglieder aus unterschiedlichen Bereichen kamen und an verschiedenen Standorten arbeiteten. Melanie hatte erst überlegt, in der Woche vor dem Meeting eine Webkonferenz zum Kennenlernen einzuberufen. Sie wusste allerdings nicht, ob alle dasselbe Tool für virtuelle Meetings auf ihren Rechnern installiert hatten und damit auch umgehen konnten. Deshalb hatte sie den Plan fallen lassen. Stattdessen hatte sie jedem Projektmitglied zur Vorbereitung die Aufgabe gegeben, Ideen für mögliche Maßnahmen zu sammeln.

Wie so oft kritzelte sie schnell »zwischen Tür und Angel« einige Notizen auf ein Blatt, um wenigstens etwas vorbereitet zu sein. In der Besprechung drehte sich schließlich alles um das jeweilige Energiesparverhalten in den verschiedenen Abteilungen, da doch weniger Wissen über die unterschiedlichen Abteilungen herrschte, als Melanie angenommen hatte. Da sie die Rollen des Zeitmanagements und Protokollierens nicht vergeben hatte, musste sie dies selbst übernehmen und kam mit der Moderation gar nicht hinterher. Dadurch dauerte das Meeting länger als geplant und sie konnte am Ende keine einheitlichen Maßnahmen festlegen.

»Oh je!« Am Ende des Tages war Melanie Neumann fix und fertig. Die Woche hatte gerade erst begonnen und sie war schon durch das erste ausgeuferte Meeting gestresst.

Ziel des Kapitels »Meetingkontext« ist es, einen kompakten Einblick über die Rahmenbedingungen von Meetings zu geben, die sich auf die Meetingpraxis und den Erfolg von Meetings in Unternehmen auswirken. Dabei gehen wir detailliert auf das organisationale Umfeld als situativen Inputfaktor ein und stellen ihnen verschiedene etablierte Formate zur Gestaltung effektiver Meetings vor. Vertiefend diskutieren wir den Einfluss aktueller Trends wie virtuelle Arbeit für Besprechungen.

2.1 Situative Bedingungen für Meetings

Die Ineffizienz von Meetings ist ein wiederkehrendes Thema in den Medien. So gibt es eine schier endlose Masse an Praxishandbüchern zur Verbesserung von Besprechungen. Dennoch reagieren die meisten Beschäftigten mit kritischem Stirnrunzeln, wenn sie auf die gängige Meetingpraxis im Unternehmen angesprochen werden. So zeigen Umfragen, dass nur zwei von fünf Führungskräften den Kontext ihrer Meetings beachten und ihre Besprechungen an unterschiedliche Gegebenheiten anpassen (Allen, 2014; Elsayed-Elkouly, 1997). Auch hat sich gezeigt, dass in den meisten Organisationen regelmäßige Trainings zu Kommunikation und Teamarbeit, Moderation oder Personalführung angeboten und genutzt werden, die gelernten Inhalte jedoch so gut wie keine Auswirkungen auf den Arbeitsalltag haben (Kauffeld, 2000). So werden in Trainings zwar Tipps und Tricks zur Gestaltung effektiver Meetings vermittelt, jedoch nicht in der Praxis umgesetzt (Kauffeld, 2016).

Modelle zur Erfassung von Meetingerfolg haben drei Schlüsselfaktoren als Inputvariablen identifiziert: (1) situative Eigenschaften des organisationalen Umfelds, (2) Gruppeneigenschaften sowie (3) individuelle Eigenschaften der Teilnehmenden (Cohen-Powless, 2002; Davison, 1997; Pietschmann, 1995; Volkema & Niederman, 1996). In Zeiten der Digitalisierung spielen zudem technische Möglichkeiten eine Rolle, denen wir in Kapitel 2.2 nachgehen. Die situativen Eigenschaften des organisationalen Umfelds haben eine besonders hohe Praxisrelevanz. Sie umfassen (a) den Zweck des Meetings, welcher Einflussfaktoren wie die Komplexität der zu besprechenden Themen und den Zeitdruck bei der Aufgabenerfüllung bestimmt. So variieren in Abhängigkeit vom Zweck die Interaktion und das Kommunikationsverhalten der Teilnehmenden. (b) Die Hierarchie beeinflusst die Planung und Organisation des Meetings. So hängt die Einladung zur Teilnahme an Meetings sowie die Zuweisung spezifischer Rollen häufig vom Rang der Person in der Organisation ab. (c) Die vorhandenen Ressourcen bestimmen die zur Verfügung stehenden Mittel für das Meeting. In Abhängigkeit der Ressourcen variieren der Zeitrahmen, die räumlichen Gegebenheiten sowie die technischen Hilfsmittel.

2.1.1 Der Zweck des Meetings

Meeting ist nicht gleich Meeting. Denn sie können verschiedene Themen oder Schwerpunkte haben. Aufgrund dieser Unterschiede macht es keinen Sinn für jedes Thema einfach einen Zeitraum zu blocken, einen Termin einzustellen und drauflos zu diskutieren. Genau das passiert jedoch in Unternehmen allzu häufig, was entscheidend dazu beiträgt, dass Meetings als wenig effizient und zufriedenstellend gesehen werden. Um Meetings effektiv gestalten zu können, muss erst einmal Klarheit herrschen, welchen Zweck die Besprechung haben soll. Denn davon hängt die Wahl des Meetingtypen ab, der für die jeweilige Aufgabe geeignet ist.

In der Praxisliteratur werden Meetings meist in Abteilungsbesprechungen, Projektmeetings und Gremien aufgeteilt (Rogelberg, 2019). Auch wenn dies eine gute erste Übersicht ist, bleibt der Erkenntnisgewinn doch limitiert, da sich die Einteilung vor allem auf den Personenkreis und weniger auf die Inhalte und Strukturen konzentriert (Allen et al., 2014). In der Forschung werden Meetings dagegen häufig nach ihrer Aufgabe differenziert (z. B. Bischof & Bischof, 2007). Dies ist jedoch keine einheitliche Klassifikation, da häufig Aufgaben und Ziele vermischt werden bzw. nicht einheitlich voneinander getrennt werden können (Scott, Shanock & Rogelberg 2012).

Insgesamt sind beide Klassifizierungen problematisch, da es schwierig ist, Meetings anhand einer einzelnen übergeordneten Aufgabe bzw. einer singulären Zielsetzung zu definieren. In der Praxis sind Besprechungen meist komplexer, da sie mehrere gleichberechtigte Aufgaben umfassen. Wenn es in einem Meeting z. B. um eine konkrete Entscheidungsfindung geht, sind oft unterschiedliche Teilziele, wie z. B. das Definieren des Problems, das Entwickeln von Lösungen und das Festlegen von Maßnahmen, integriert (Breiner, 1997; Rief, 2015).

Daher stellt die Unterscheidung nach Funktion eine weitere Möglichkeit zur Klassifizierung dar (Allen et al., 2014; Leach et al., 2009; Tracy & Dimock, 2004). Dabei werden drei übergeordnete Funktionen für Meetings definiert: (1) sich informieren und Informationen geben, (2) gemeinsam diskutieren und Probleme lösen sowie (3) zukünftige Maßnahmen planen und Entscheidungen treffen. Genau wie bei den Zielen und Aufgaben ergibt sich jedoch das Problem, dass in vielen Meetings mehrere dieser Funktionen behandelt werden. Zusätzlich wird die organisationale Ebene nicht berücksichtigt, da es in Unternehmen nicht nur regelmäßige und geplante Sitzungen, sondern auch unregelmäßige Ad-hoc-Treffen gibt (Malik, 1994).

Alternativ wird in der Forschung eine Orientierung am zeitlichen Rahmen postuliert. Doppler und Lauterburg (2008) schlagen spezifische Meetingarten für kurz-, mittel- und langfristige Themen vor. So sind (1) *Informationsmeetings* auf das kurzfristige Tagesgeschäft, (2) *Problemlösemeetings* auf die mittelfristige Problembearbeitung sowie (3) *Entscheidungsmeetings* auf die langfristige Konsensfindung zum zukünftigen Vorgehen fokussiert. Kießling-Sonntag (2005) legt einen Problembearbeitungszyklus als übergeordneten Rahmen zugrunde, in dem verschiedene Meetingtypen chronologisch und entlang des Lösungsfortschritts angeordnet werden. Dieser chronologische Dreischritt umfasst (1) zu

Beginn Meetings zur *Informationsgewinnung* durch Expertenaustausch und Problemanalyse, (2) im Anschluss Meetings für *Lösungsversuche* mit dem Ziel der Problembearbeitung und (3) zum Abschluss Meetings zur *Entscheidungsfindung*. Insgesamt muss bei der Klassifikation von Meetings festgehalten werden, dass die Einteilung vor allem der Orientierung und Eingrenzung dient. Natürlich können einzelne Meetings immer auch mehrere der genannten Bestandteile umfassen. So können innerhalb eines Meetings Informationen ausgetauscht, Probleme diskutiert und Lösungen erarbeitet werden, damit abschließende Entscheidungen getroffen werden können. Genauso kann der Dreischritt auch mehrere Meetings umfassen. Meistens wird der Prozess allerdings aufgeteilt, damit zuerst alle relevanten Informationen eingeholt oder im Vorfeld Lösungen mit verschiedenen Akteuren diskutiert werden können.

Bei der Betrachtung aller Klassifikationen wird deutlich, dass drei übergeordnete Kategorien häufig zur Unterscheidung von Meetingtypen verwendet werden: Informationsgewinnung, Problemlösung und Entscheidungsfindung. Allerdings fehlen bei dieser Einteilung Themen der langfristigen Teamentwicklung und der Strategieplanung. Diese sind chronologisch nachgeordnet und haben einen eigenen Zweck, sodass sie ebenfalls als eine spezifische Meetingart definiert werden müssen. Dabei spielt Reflexivität die entscheidende Rolle (West, 2000). Sie ist als das Ausmaß definiert, in dem Teammitglieder über die Ziele, Strategien und Prozesse des Teams sowie über Aspekte der Organisation und Umgebung reflektieren und diese entsprechend ihrer Erkenntnisse anpassen (Knipfer, Scholl & Kump, 2014). Reflexivität bedeutet dabei mehr als reflektieren, da es zusätzlich die Erkenntnis durch Selbstbeobachtung sowie die Planung und Implementierung von Folgehandlungen, die aus der Reflexion abgeleitet werden, umfasst (West, 1996). Die Leistung von Teams kann durch wiederholte Zyklen des Reflektierens, Planens und Implementierens verbessert werden, da so ein bewussteres Handeln ermöglicht wird. In Anlehnung an Scott und Kollegen (2012) erweitern wir daher die Einteilung der Meetingtypen von (1) *Informations-*, (2) *Problemlöse-* und (3) *Entscheidungsmeetings* um (4) *Reflexionsmeetings*.

(1) Informationsmeetings

Bei diesem Meetingtypen steht der kurze Informationsaustausch zum aktuellen Stand der jeweiligen Aufgaben im Fokus (Hoogeboom & Wilderom, 2015). In der Praxis werden solche Besprechungen auch Check-ins oder Huddles genannt (Lencioni, 2009). Aufgrund der Regelmäßigkeit sollten sie idealerweise immer zur gleichen Zeit und am gleichen Ort abgehalten werden. Die Besprechungen sind so strukturiert, dass alle Teilnehmenden einen kurzen Block als Redezeit erhalten. Darin gilt es vorzustellen, was sie seit dem letzten Mal geschafft haben, was sie bis zum nächsten Mal tun werden und was sie bei der Arbeit behindert (Scott et al., 2012). Insgesamt ist der wechselseitige Informationsaustausch zwischen den Teilnehmenden eher gering ausgeprägt, da die unidirektionale Informierung und Wissensvermittlung im Fokus stehen. Daher ist auch die Erarbeitung gemeinsamen Wissens oder die Analyse und Bewertung der vermittelten Inhalte nicht Gegenstand des Informationsmeetings. Somit ist die inhaltliche Komplexität eher gering (Rief, 2015).

Durch den kurzen Informationsaustausch soll die Anzahl an Telefonaten und E-Mails reduziert werden, da alle Beschäftigten auf demselben Stand sind. Der regelmäßige Kontakt fördert die Vertrauensbildung im Team, sodass Missverständnisse vermieden und Probleme schneller aufgedeckt werden. Da die Besprechung kurz und knapp gehalten werden soll, ist die Durchführung im Stehen und ohne aufwändige Agenda sinnvoll. Ausschweifende Diskussionen sollte es nicht geben. Stattdessen gilt es im Anschluss in Zweier- oder Dreiergesprächen einzelne Themen zu vertiefen oder strittige Punkte zu klären.

(2) Problemlösemeetings

Problemlösungsprozesse werden in Unternehmen auf allen hierarchischen Ebenen als strategisch wichtige Prozesse angesehen. Im Zuge der Dezentralisierung in Unternehmen in den 1990er Jahren sind nicht mehr vorwiegend Führungskräfte für das Lösen von Problemen zuständig. Vielmehr sind Mitarbeitende aller hierarchischen Ebenen gefordert, Veränderungsbedarf in ihrem unmittelbaren Tätigkeitsbereich frühzeitig zu erkennen und geeignete Verbesserungsmaßnahmen zu ergreifen, Probleme effizient zu lösen und Optimierungen vorzunehmen. Mitarbeiter müssen ihre »Probleme selbst strukturieren, die richtigen Fragen stellen, neue Lösungswege finden und dabei systematisch und methodisch angemessen vorgehen« (Wilsdorf, 1991, S. 28). Für oft neue, ihnen unbekannte Aufgabenstellungen, für die noch keine Lösungsrezepte bereitstehen, müssen Lösungsansätze gefunden werden. Die spätestens seit den 1990er Jahren intensiv diskutierten Managementkonzepte wie Total Quality Management (TQM), Kontinuierlicher Verbesserungsprozess (KVP), Total Productive Maintenance (TPM), Gruppen- und Projektarbeit setzen die Fähigkeit der Mitarbeiter voraus, selbständig in Gruppen oder Teams Probleme im Arbeitsprozess zu lösen und Optimierungen vorzunehmen. Mitarbeiter und Mitarbeiterinnen arbeiten – häufig in regelmäßig statt findenden Gruppensitzungen oder thematischen Workshops – abteilungsintern oder auch übergreifend. Die Freiräume für Mitarbeitende in Form von regelmäßigen Meetings oder auch Workshops werden geschaffen, da die Unternehmen darauf angewiesen sind, die im Arbeitssystem vorhandenen Schwachstellen zu entdecken und systematisch zu beseitigen. Neben einer gemeinsamen Problemsicht müssen für alle tragbare Lösungsvorschläge für technische und arbeitsorganisatorische Probleme entwickelt werden, die in konkrete Maßnahmen umgesetzt werden können (Kauffeld, 2006). Rogelberg (2019) unterscheidet zwei Arten von Problemlösemeetings. Zur Bearbeitung akuter Probleme wird empfohlen, wöchentliche Regeltermine zu veranstalten, die in zwei Phasen unterteilt werden. Zu Beginn wird eine Blitzrunde durchgeführt, in der alle Teilnehmenden ihre Prioritäten für die Woche kurz beschreiben. Im anschließenden Kennzifferncheck wird geklärt, wie es um die aktuelle Leistung im Team beschaffen ist (Lencioni, 2009). Je nach Team und Arbeitsbereich können sich die Themen deutlich unterscheiden (z. B. Vertriebszahlen, Kundenzufriedenheit). Alle relevanten Kennziffern sollten dabei nach dem Ampelsystem eingeschätzt werden. Im weiteren Verlauf der Besprechung wird der Fokus auf die Themen gelegt, die nicht »im Plan« liegen. So kann gezielt über die akuten Probleme gesprochen und über Lösungen diskutiert werden (Scott et al., 2012). Problemlösemeetings zur mittelfristigen Problembearbeitung haben demgegenüber einen stärkeren Workshopcharakter. Dabei sollten akute Hindernisse bereits im Vorfeld analysiert werden, sodass im Rahmen des Treffens der Fokus auf die gemeinsame Lösungsfindung mit entsprechender methodischer Unterstützung gelegt werden kann (Kießling-Sonntag, 2005). In Problemlösemeetings wird nicht per se eine Entscheidung getroffen.

(3)   Entscheidungsmeetings

Dieser Meetingtyp hat das Ziel, einen gemeinsamen Konsens über das zukünftige Vorgehen zu finden. Daher sollte den Besprechungen ein größerer Zeitrahmen eingeräumt werden, da es um weitreichende Unternehmensentscheidungen geht (Lencioni, 2009). Im Fokus stehen aktuelle Themen, die entscheidend für die weitere Entwicklung des Teams bzw. den langfristigen Erfolg der Organisation sind. Aus diesem Grund sollten innerhalb der Besprechung die einzelnen Inhalte nicht mehr im Detail diskutiert werden. Stattdessen müssen die relevanten Informationen im Vorfeld entwickelt und aufbereitet werden.

Im Entscheidungsmeeting werden die Inhalte und Handlungsalternativen direkt an eine Gruppe von Personen vermittelt, deren Aufgabe die Bewertung der Informationen und das eindeutige Festlegen von Entscheidungen ist. Daher ist es empfehlenswert, sich auf ein Thema zu konzentrieren. Nur so können die Lösungen im Detail diskutiert und die weitreichenden Konsequenzen abgeschätzt werden. Damit qualitativ hochwertige Entscheidungen getroffen werden können, sollten die kurz- und langfristigen Zielsetzungen berücksichtigt und die anschließende Umsetzung anhand von Maßnahmen und Meilensteinen definiert werden (Scott et al., 2012). Eine Spezialform des Entscheidungsmeetings ist das Strategiemeeting, bei dem ebenfalls Entscheidungen getroffen werden. Allerdings ist das Ziel dieses Meetingtyps die Festlegung der strategischen Ausrichtung des Unternehmens in Zusammenhang mit den unternehmerischen Aktivitäten, sodass der Fokus stärker auf die Zukunft und auf unternehmensweite Konsequenzen ausgerichtet ist (Hans, 2013)

(4) Reflexionsmeetings

Reflexion ist eine unabdingbare Voraussetzung zur Selbststeuerung, da sie die Betrachtung von Geschehnissen und Handlungen aus einer Metaebene ermöglicht (Kauffeld, 2001). Aus diesem Grund haben Besprechungen mit dem Ziel der Reflexion eine elementare Bedeutung für die Verbesserung der Zusammenarbeit. Reflexionsmeetings sollten immer zu spezifischen Meilensteinen durchgeführt werden. Im Fokus steht der Perspektivenwechsel, um Abstand zu gewinnen (Reiter-Palmon, Kennel, Allen & Jones, 2018). Das Ziel ist es, die bisherige Strategie zu reflektieren und die aktuelle Ausrichtung zu überprüfen. So hat Reflexion im Team eine positive Wirkung auf die Effektivität und Effizienz in der Zusammenarbeit (Hoegl & Parboteeah, 2006). Neben der Überprüfung des Standes sachrationaler Ziele dient die Reflexion auch dazu, die Umsetzung sozioemotionaler Ziele zu verfolgen. Hauptthemen sind dabei vor allem der Austausch über die Zusammenarbeit im Team und die Klärung des Umgangs miteinander. Dabei sollte der Fokus immer auf veränderbaren Umständen, dem eigenen Verhalten sowie den gegebenen Möglichkeiten liegen. Durch den Austausch gemeinsamer Erfahrungen kann Vertrauen aufgebaut und Lessons Learned generiert werden, die bei der weiteren Zusammenarbeit helfen (Cheng, Eppich, Grant, Sherbino, Zendejas & Cook, 2014; Knipfer et al., 2014).

Die Wirkung von Reflexionsmeetings zeigt eine aktuelle Metaanalyse auf: Teams, die reflektieren, übertreffen Teams ohne Reflexion deutlich an Leistung. So können Reflexionsmeetings zu einer Steigerung der Teameffizienz von bis zu 25 % führen (Tannenbaum & Cerasoli, 2013). Auf der individuellen Ebene helfen Reflexionsmeetings, die persönliche Ambiguität zu reduzieren und vermitteln ein besseres Verständnis für die abgelaufenen Handlungen und Prozesse. Auf der Gruppenebene steigern sie das Bewusstsein für Gemeinsamkeiten und die *Teamkohäsion*, was sich in einer besseren Zusammenarbeit ausdrückt (Allen, Baran, Scott, 2010; Dunn, Scott, Allen & Bonilla, 2016).

Reflexion bezieht sich meist auf Diskrepanzen zwischen realen und idealen Zuständen. Sie offenbaren somit Situationen, die Veränderungen erfordern, und sind häufig mit Widerstand verbunden, sodass Reflexion selten spontan entsteht (West, 1996). Aus diesem Grund können diagnostische Aktivitäten als Ausganspunkt für Reflexionen hilfreich sein (Kauffeld, 2001; Kauffeld & Güntner, 2018).

Die Bedeutung von Reflexionsmeetings zeigt sich daran, dass sie zu den meistbeforschten Meetingtypen gehören (Allen, Reiter-Palmon, Crowe & Scott, 2018). Die etablierteste Form ist im Meetingflash 2.1 dargestellt.

Meetingflash 2.1: Debriefing

Mit dem Debriefing wurde vom Militär (unter dem Namen After-Action Reviews) eine Sonderform des Reflexionsmeetings entwickelt, das für die Reflexion von Stress- und Krisensituationen gedacht ist (Allen et al., 2018). Inzwischen konnte jedoch gezeigt werden, dass dieses Format nicht nur für Blaulichtorganisationen (Polizei, Feuerwehr etc.), sondern auch für Projekt- und Verkaufsteams geeignet ist (Kinni, 2003).

In der Regel werden Debriefings in einem zweckmäßigen Rhythmus zwischen zwei und vier Wochen oder nach bestimmten Arbeitsphasen durchgeführt (Gomez & Ballard, 2011). Ziel ist es, die vorherigen Arbeitserfahrungen, Aufgaben und Ziele zu reflektieren sowie gemeinsam das Geschehen zu diskutieren, um Verbesserungsmöglichkeiten zu identifizieren. Ein elementarer Bestandteil des Debriefings ist es, Lessons Learned zu definieren und Maßnahmen für die zukünftige Zusammenarbeit festzulegen, damit es nicht nur bei einem informellen Austausch bleibt, sondern konkrete Ansatzpunkte festgehalten werden (Lacarenza, 2015). Der Ablauf sollte nach Themen und nicht nach Chronologie aufgebaut werden. Studien haben gezeigt, dass es effektiver ist, die einzelnen Punkte nach Dimensionen (z. B. Aufgaben, Ziele, Führungsverhalten) und nicht nach ihrem zeitlichen Auftreten zu besprechen (Smith-Jentsch, Cannon-Bowers, Tannenbaum & Salas, 2008). Im Rahmen der Diskussion sollten immer positive und negative Beispiele angesprochen werden, sodass die Teilnehmenden ein gemeinsames mentales Modell von guter und schlechter Leistung aufbauen (Ellis & Davidi, 2005). Diese

Erkenntnis fördert den Lerneffekt und steigert die spätere Leistungsfähigkeit (Taylor, Russ-Eft & Chan, 2005). Metaanalysen haben die Relevanz von Debriefings zur Leistungssteigerung von Teams aufgezeigt (Tannenbaum & Cerasoli, 2013). So haben Teilnehmende nach Debriefings mehr Wissen über die Konzepte und Methoden, die ihre Aufgaben betreffen, und mehr Expertise in effektiven Entscheidungsfindungsstrategien (Qudrat-Ullah, 2004). Voraussetzung für den Erfolg ist die aktive Teilnahme aller Teammitglieder. So ist belegt, dass aktive Lernprozesse zu einer größeren Bereitschaft für neue Ideen und Veränderungen führen (Ron, Lipshitz & Popper, 2002).

Damit Debriefings erfolgreich sind, haben Tannenbaum und Cerasoli (2013) vier Schlüsselelemente definiert:

(1) Aktives Selbstlernen durch Partizipation und Einbezug alternativer Perspektiven,
(2) Entwicklungsabsicht zum Aufnehmen neuen Wissens und Expertise,
(3) Spezifizität bei der Betrachtung aller Details und
(4) Einbezug multipler Quellen.

Trotz der Relevanz von Reflexion muss festgehalten werden, dass das Potenzial von Reflexionsprozessen in Unternehmen nur selten genutzt wird. Um den Prozess zu fördern, ist vor allem eine klare Anleitung notwendig, da Reflexion anspruchsvolle mentale Schritte erfordert (Scholl & Sassenberg, 2014). Darüber hinaus müssen Unternehmen Freiräume bieten und Gelegenheiten schaffen, damit Reflexion in den Arbeitsalltag integriert werden kann. Die Etablierung von festen Reflexionsmeetings z. B. als Projektmeilenstein ist dabei ein wichtiger Schritt, vor allem da informell vereinbarte Reflexionsphasen häufig als erstes gekürzt werden, wenn das nächste wichtige Projekt ansteht oder kurzfristig neue Aufgaben anfallen (Allen et al., 2018; Knipfer et al., 2014).

2.1.2 Die Hierarchie in Meetings

Meetingleitung

Die Hierarchie in Meetings beruht nicht nur auf dem Status, sondern auch auf der jeweiligen Funktion der Teilnehmenden. Verschiedene Aufgaben im Meeting bieten unterschiedliche Grade an Handlungsspielraum, sodass sich Teilnehmende je nach ihren Befugnissen unterschiedlich verhalten (Ochs & van Solingen, 2004). Gewöhnlich hat eine Person die formale Verantwortung für die Leitung und Organisation des Meetings. Dies ist meistens die Person mit Weisungsbefugnis, also die Projekt-, Team- oder Abteilungsleitung. Sie trägt die Verantwortung für die Planung und Organisation, sodass sie das Meeting einberuft, den Termin festsetzt und die weiteren Teilnehmenden einlädt. Mit der Weisungsbefugnis geht auch die Verantwortung einher, die Umsetzung der beschlossenen Maßnahmen im Anschluss an Meetings zu kontrollieren (Malouff, Calic, McGor, Murrell & Schutte, 2012).

Allerdings zeigt die Forschung, dass die weisungsbefugte Führungskraft nicht nur für Planung und Organisation zuständig ist, sondern auch die Hauptverantwortung für das allgemeine Diskussionsklima trägt. Damit Meetings effizient ablaufen, muss die Meetingleitung daher ein Klima schaffen, dass die Diskussion kritischer Themen fördert (Rogelberg, Scott & Kello, 2007). So hat Perkins (2009) auf Basis von Beobachtungen erfolgreiches und unerfolgreiches Verhalten von Meetingleiter*innen klassifiziert und darauf aufbauend ein *Führungskräfte-Coaching* entwickelt. Er fand, dass erfolgreiche Meetingleitung durch häufiges Fragestellen und Zusammenfassen sowie Konsensklärung geprägt ist. Dagegen umfasste wenig erfolgreiches Führungsverhalten in Besprechungen vor allem Widerspruch, Verbalattacken und nur sporadischen Informationsaustausch.

Anhand dieser Kategorisierung sieht man, dass es das übergeordnete Ziel der Meetingleitung sein muss, durch Fragen und Zusammenfassen einen echten Konsens zu erreichen, damit die Teilnehmenden mit den Entscheidungen und Aufgabenverteilungen auch ehrlich übereinstimmen (Haug, 2015; Malouff et al., 2012). Nur so ist eine Nachhaltigkeit der Meetingbeschlüsse gewährleistet, da die Teilnehmenden motiviert sind, die Maßnahmen umzusetzen. Die Meetingleitung muss also während des Meetings nicht den Chef geben, sondern den Unterstützer (Myrsiades, 2000). Diesen Befund unterstreichen Umfragen, die zeigen, dass Führungskräfte mit einem partizipativen Stil in Meetings als wärmer und kompetenter wahrgenommen werden als Führungskräfte mit einem direktiven Stil (Mroz, Yoerger & Allen, 2018).

Konsens wird vor allem durch eine positve Diskussionskultur gewährleistet. Dazu muss die Meetingleitung ein Gefühl der *psychologischen Sicherheit* (▶ Meetingflash 2.2 für eine Definition) im Meeting aufbauen, welches den Teilnehmenden vermittelt, dass die eigene Meinung offen und ohne negative Konsequenzen geäußert werden kann (Bradley, Postlethwaite, Klotz, Hamdani & Brown, 2012; Edmondson & Lei, 2014). Um dies zu erreichen, muss die Meetingleitung mit gutem Beispiel vorangehen, indem sie Offenheit für konstruktive Kritik und Feedback zeigt sowie das Meetingverhalten vorlebt, das sie von den Teilnehmenden erwartet (Lehmann-Willenbrock, Meinecke, Rowold & Kauffeld, 2015; Yoerger, Crowe & Allen, 2015).

Meetingflash 2.2: Psychologische Sicherheit

Der Begriff *psychologische Sicherheit* beschreibt die Wahrnehmung von Konsequenzen für persönliche Risiken die in einem bestimmten Kontext wie dem Arbeitsplatz auf sich genommen werden (Edmondson, 1999). Zentrales Thema der Forschung zu *psychologischer Sicherheit* ist der Zusammenhang mit der Bereitschaft, Ideen und Beiträge für ein gemeinsames Ziel zu leisten. So ist das Konstrukt eine wichtige Bedingung für den Informationsaustausch und das Teilen von Wissen (Collins & Smith, 2006). Es ist Voraussetzung dafür, dass Beschäftigte ihre Meinung äußern und Initiative im organisationalen Verbesserungsmanagement übernehmen (Detert & Burris, 2007; Liang, Farh & Farh, 2012). *Psychologische Sicherheit* wird daher häufig als die Grundlage für Lernen und Leistung in Unternehmen beschrieben (Bunderson & Boumgarden, 2010; Carmeli, Tishler & Edmondson, 2012; Schaubroeck, Lam & Peng, 2011).

> Im Rahmen der Studie *Project Artistotle* hat Google eine Liste mit fünf Schlüsselfaktoren für erfolgreiche Teams entwickelt (Duhigg, 2016). Den ersten Faktor und damit die Grundlage für jegliche erfolgreiche Zusammenarbeit stellt *psychologische Sicherheit* dar. Sie ist die Basis, damit Teammitglieder Risiken eingehen und sich gegenüber anderen Mitgliedern vulnerabel zeigen. Darauf aufbauend sind die weiteren Faktoren (2) Verlässlichkeit, (3) Struktur und Klarheit, (4) Bedeutsamkeit sowie (5) Wirkkraft.

In der Praxis übernimmt die Meetingleitung auch oft die Moderation des Meetings (Keith, 2015). Die Kombination der beiden Aufgaben ist jedoch nicht immer sinnvoll. Zum Beispiel sollte abgewogen werden, wie sehr die Meetingleitung thematisch involviert ist. Sollte sie inhaltlich stark einbezogen sein, wird sie auch aktiv an der fachlichen Diskussion teilnehmen, wodurch automatisch die Moderationstätigkeit vernachlässigt wird. Zudem kann der höhere hierarchische Status dazu führen, dass die Diskussion in bestimmte Richtungen gelenkt wird. Die bei der Moderation geforderte Neutralität ist selten gegeben (Tracy & Dimock, 2004). Aus diesem Grund übernimmt in der Praxis die Meetingleitung meistens in Regelmeetings die Moderation, wenn der Fokus auf der Aufgabenverteilung und Information der Teilnehmenden liegt. Dagegen werden Moderatoren oder Moderatorinnen vor allem in wichtigen Entscheidungsmeetings oder speziellen Workshops eingesetzt, wenn es um Ideengenerierung und Problemlösung geht. In der Forschung werden Leitung und Moderation als unterschiedliche Rollen gesehen, die getrennt voneinander betrachtet werden müssen (Tracy & Dimock, 2004). Eine Auflistung der unterschiedlichen Aspekte, die Leitung und Moderation in Meetings ausmachen, ist in Tabelle 2.1 dargestellt.

Tab. 2.1: Leitung vs. Moderation

Leitung	Moderation
Weisungsbefugnis	Neutralität
Einberufung des Meetings	Auswahl Methoden und Technik
Terminierung	Verbesserung der Prozesse
Einladung Teilnehmende	Steuerung des Meetingverlaufs
Festlegung Räumlichkeit	Identifizierung Probleme im Meeting
Kontrolle der Umsetzung	Förderung funktionaler Kommunikation

Moderation

Die Moderationsrolle ist mit keiner Weisungsbefugnis ausgestattet, da die Wahrung von Neutralität und Allparteilichkeit elementare Voraussetzungen sind. Dies bedeutet, die Bedürfnisse und Anliegen aller Teilnehmenden gleichwertig zu behandeln und die eigenen Belange zurückzustellen. Die Moderationsrolle wird im Englischen auch *Facilitator* – also wörtlich Förderer*in oder Unterstützer*in – genannt. Dieser Begriff deutet bereits darauf hin, dass die Rolle für die Verbesserung der Prozesse und Identifizierung der Probleme im Meeting verantwortlich ist, um die Effektivität der Zusammenarbeit zu fördern (Schwarz, 1994). Daher hat sie auch nur eine unterstützende Funktion bei der Organisation und Vorbereitung. Im Vorfeld ist es vor allem ihre Aufgabe, über die Nutzung von Techniken zur Visualisierung und Kreativitätsförderung zu entscheiden (Kießling-Sonntag, 2005).

Während des Meetings muss die Moderation den Prozess so steuern, dass sich die Teilnehmenden auf die Agendapunkte konzentrieren und zu konkreten Ergebnissen kommen. Während der Diskussion steuert die Moderation den Interaktionsfluss und stellt sicher, dass alle Vorschläge gehört werden. Dabei liegt das Augenmerk darauf, die Ziele und aktuellen Punkte zu fokussieren und Ausschweifungen wie Jammern oder Tadeln zu unterbinden. Sie muss die Gruppe gezielt aktivieren oder bremsen, um unangenehme Situationen aufzulösen oder

Hemmnisse zu überwinden (Kauffeld & Lehmann-Willenbrock, 2012; Odermatt, König & Kleinmann, 2015).

In der Forschung wird zusätzlich diskutiert, ob die Moderationsrolle intern oder extern übernommen werden sollte. Für eine externe Moderation spricht, dass sie weniger von organisationalen und soziopolitischen Faktoren beeinflusst ist, sodass sie Prozesse und Inhalte besser voneinander trennen kann. Allerdings fehlt einer externen Moderation das Hintergrundwissen zur bisherigen Zusammenarbeit sowie zur Rollen- und Aufgabenverteilung im Team, sodass sie zuerst das Vertrauen der Teilnehmenden gewinnen muss (Niederman & Volkema, 1999) und Prozesse damit verlangsamt werden, aber ggf. auch zur Klärung beitragen.

Unabhängig von der Weisungsbefugnis ist eine der wichtigsten Aufgaben der Moderation die Steuerung der Interaktion im Verlauf des Meetings. Wie bereits beim Einstieg in das Thema beschrieben, werden Meetings meist negativ als Zeitfresser oder gar als Jammertal angesehen. Dies zeigt, dass Meetings oft von negativer Stimmung und ausuferndem Jammern geprägt sind. In der Praxis dominieren häufig wohlgemeinte Hinweise wie »*Weniger Jammern, mehr konstruktiv denken!*« oder »*Tun statt Jammern*«. Wenn eine Gruppe allerdings einmal mit Jammern angefangen hat, sind diese Hinweise eher wenig hilfreich und können sogar kontraproduktiv wirken. Statt den Jammerzirkel zu durchbrechen, beteiligt sich die leitende Person am Jammern und verstärkt somit das dysfunktionale Verhalten. So entsteht die paradoxe Situation, dass über das Jammern gejammert wird (Stowasser und Kraus, 1999; Kauffeld, 2006). Im Meeting selbst können mit strukturierenden Äußerungen wie z. B. dem Verweis auf Ziele, Vorschläge oder Fragen zum Vorgehen Jammerzirkel unterbrochen werden (Kauffeld, 2007; Kauffeld & Meyers, 2009).

Generell gilt: Die Moderation hat die Methodenexpertise und strukturiert die Besprechung. Dabei sind strukturierende Äußerungen nicht per se hilfreich in einer Diskussion, sondern nur, wenn sie adäquat eingesetzt werden und helfen dysfunktionale Äußerungen zu vermeiden. Um das Jammern einzudämmen kann es sinnvoll sein, eine konsequente und bewusst eingesetzte *Jammerpraxis* zu etablieren (Allen & Lehmann-Willenbrock & Landowski, 2014). Möglichkeiten für eine solche *Jammerpraxis* sind im Praxishack 2.1 aufgelistet.

Praxishack 2.1: Auch der Jammer hat ein Maß!

Der Einsatz einer konkreten *Jammerpraxis* ermöglicht es den Teilnehmenden, sich im Meeting zu bestimmten Zeitpunkten Luft zu verschaffen, sodass im Anschluss fokussiert weitergearbeitet werden kann. Darüber hinaus wird so das eigene Jammerverhalten bewusst gemacht. Dies ermöglicht eine kognitive Reinterpretation der Situation, sodass mit einem Augenzwinkern gejammert oder auch darüber gelacht und somit Distanz geschaffen wird (Eiermann, 2004). Eine wichtige Voraussetzung bei der Einführung von Regeln zur Reduzierung von Jammern ist es, dass diese vom Team akzeptiert werden müssen, da es sonst zu einem Bumerang-Effekt kommen kann. Ein weniger starker Eingriff als die Einführung einer konkreten »Jammerpraxis« ist die Förderung von positivem Feedback. So verstärkt positive Rückmeldung die Zufriedenheit der Teilnehmenden mit dem Meeting und es entsteht eine positive Grundstimmung, wodurch das Jammern eingeschränkt werden kann (Burba, 2017).

»Klagemauer«
Geben Sie den Teilnehmenden am Anfang einer Sitzung Raum für Beschwerden. Dieser Raum sollte aber nicht mehr als fünf Minuten betragen. Nachdem sich alle nach Herzenslust »ausjammern« konnten, wird nur noch lösungsorientiert gearbeitet.

»Jammerräume«
Geben Sie den Teilnehmenden zu festen Zeiten im Meeting die Möglichkeiten, sich zu beschweren, sodass danach wieder fokussiert weitergearbeitet werden kann.

»Jammerkarten«
Definieren Sie feste Regeln. Bei Regelverstoß zeigen Sie dem*der »Übeltäter*in« die gelbe Karte. Dann können sich alle Teilnehmenden kurz beschweren und es geht weiter. Das Hochhalten der Hinweiskarte hilft dabei, den Meetingprozess bewusst zu steuern, ohne

> dass der aktuelle Wortbeitrag unterbrochen werden muss, da es sich um ein optisches Signal handelt.
>
> (Schulte et al., 2015; Söderberg, Kauffeld & Lehmann-Willenbrock, 2009)

2.1.3 Die Ressourcen des Meetings

Meetings gelten als größter Zeitfresser im Arbeitsalltag (Rogelberg, 2019; Lehmann-Willenbrock & Allen, 2017). Damit die eh schon knappen Ressourcen aller Beschäftigten im Unternehmen nicht unnötig durch übermäßig häufige und lange Meetings belastet und der Meetingfrust damit weiter gesteigert wird, ist es wichtig, die vorhandenen Ressourcen möglichst effizient einzusetzen. Praktiker*innen und Forscher*innen sind sich einig, dass ein Hauptgrund für die Ineffizienz von Meetings die schlechte Planung ist (Odermatt et al., 2015). Eine Umfrage unter 569 Arbeitnehmer*innen zeigte schon 1989, dass 22 % der Probleme in Meetings auf Schwierigkeiten im Vorfeld von Meetings zurückgeführt wurden (Di Salvo, Nikkel & Monroe, 1989). Romano und Nunamaker (2001) fragten Führungskräfte nach den häufigsten Problemen in Meetings. Dabei machten Themen wie »schlechte Vorbereitung«, »fehlende Organisation« sowie »fehlende Ziele und Agenda« den größten Teil der Antworten aus. Passend dazu fanden Allen und Kollegen (2012) heraus, dass die Zufriedenheit und Vorfreude auf Meetings steigen, wenn sich Teilnehmende auf konkrete Themen vorbereiten können. Diese Befunde unterstreichen die Bedeutung der Organisation von Meetings. Denn es gilt allgemein: Umso besser ein Meeting vorbereitet ist, umso weniger Ressourcen werden während des Meetings benötigt.

Notwendigkeit

Vor dem Meeting sollte die Meetingleitung überprüfen, ob das Meeting überhaupt notwendig ist und ob es das geeignete Instrument ist, um die Ziele zu erreichen (Bischof, Bischof, Edmüller & Wilhelm, 2012; Niermeyer & Postall, 2010). Denn eine der kritischsten Bedingungen für erfolgreiche Meetings ist das Sicherstellen der Relevanz für die Teilnehmenden (Lehmann-Willenbrock et al, 2017). So sollten nur die Teilnehmenden eingeladen werden, die zu dem Meeting etwas Subtantielles beitragen können. Die Teilnahme von reinen »Zuschauern« sollte vermieden werden. Daher ist es sinnvoll, vor dem Einberufen eines Meetings zu überprüfen, ob die Inhalte nicht effizienter durch kurze Telefonate oder E-Mails abgewickelt werden können. Auch gibt es Themen, die eine hohe Vertraulichkeit haben und daher eher für ein Einzelgespräch anstatt für eine Besprechung in größerer Runde geeignet sind (Eppler & Kernbach, 2018).

In der Forschung wird empfohlen, regelmäßig zu überprüfen, ob ein bestimmtes Meeting im Unternehmen von den Teilnehmenden noch benötigt und als relevant bewertet wird (Berkun, 2009). Da dieser Prozess komplex und umfangreich ist, kann er in der Praxis nicht regelmäßig für jedes einzelne Meeting angewandt werden. Aus diesem Grund wurden Checklisten entwickelt, die bei der Entscheidung für oder gegen das Einberufen eines Meetings helfen sollen (u. a. Eppler & Kernbach, 2018; Bischof et al., 2012). Im Praxishack 2.2 ist eine solche Checkliste mit relevanten Kriterien beispielhaft aufgelistet.

Praxishack 2.2: Checkliste zur Einberufung von Meetings

- Rechtfertigen die anstehenden Aufgaben den Aufwand für ein Meeting?
- Sind die Informationen erklärungsbedürftig und können daher nicht einfach verschickt werden?
- Steht genügend Zeit für ein strukturiertes Meeting zur Verfügung?
- Gibt es einen Termin, der für alle relevanten Entscheider*innen und Expert*innen passt?
- Sind alle ausgewählten Teilnehmenden tatsächlich betroffen?
- Erfordert das Thema vielfältige Perspektiven und spezifische Expertisen?

- Können die Aufgaben besser von der Gruppe als von einzelnen Beschäftigten bewältigt werden?
- Gibt es offene Fragen, die im Meeting geklärt werden können?
- Gibt es kein alternatives Format für das Anliegen, das besser passt (E-Mail etc.)?

(u. a. Bischof et al., 2012)

Neben inhaltlichen Punkten zur Notwendigkeit des einzelnen Meetings können auch finanzielle Aspekte eine Rolle spielen. Wie an dem Beispiel in Kapitel 1 verdeutlicht, gehen Meetings mit hohen direkten Kosten einher. Daher sollte auf der Ebene der Organisation ein Blick für die Kosten geschaffen werden, indem die getätigten Investitionen eingeschätzt und kontrolliert werden. Darauf aufbauend kann der generierte Mehrwert durch die Investition beurteilt und bei Diskrepanzen Veränderungsstrategien formuliert und implementiert werden (Rogelberg, Shanock & Scott, 2012). Eine konstante Rückmeldung über die Anzahl an Meetings pro Abteilung erschafft zudem ein Bewusstsein für die Effizienz einzelner Meetings, sodass die Nutzung alternativer Formate gefördert wird.

Der zeitliche Rahmen

Allgemein herrscht Einigkeit zwischen Praxis und Forschung, dass Meetings pünktlich beginnen und enden sollten. So haben eine Vielzahl empirischer Studien den positiven Zusammenhang von Pünktlichkeit, Meetingeffizienz und Zufriedenheit der Teilnehmenden gezeigt (für einen Überblick, siehe Burba, 2017). Insgesamt werden Meetings, die mit mehr als fünf Minuten Zeitverspätung starten, als weniger zufriedenstellend und weniger effizient eingeschätzt als pünktlich beginnende Meetings (Lehmann-Willenbrock et al., 2017). Der Einfluss von Pünktlichkeit lässt sich mit dem Halo-Effekt erklären (▶ ausführliche Darstellung im Meetingflash 2.3). So ist Pünktlichkeit ein markantes Merkmal für Meetings, welches positiv wahrgenommen wird und alle weiteren Aspekte des Meetings überstrahlt, sodass es zu höherer Zufriedenheit der Teilnehmenden führt.

> **Meetingflash 2.3: Halo-Effekt**
>
> Der Halo-Effekt wird vom englischen Wort für den Heiligenschein abgeleitet, da er eine überstrahlende Wirkung beschreibt. Der Effekt stellt einen systematischen und unbewussten Urteilsfehler dar, bei dem ein einzelnes Merkmal so dominant wirkt, dass es andere Aspekte in der Beurteilung in den Hintergrund drängt und somit alles andere überstrahlt.
>
> Der Halo-Effekt tritt besonders häufig bei Personenbeurteilungen auf, wenn ein markantes Merkmal einer Person so dominant wirkt, dass andere Eigenschaften gar nicht mehr berücksichtigt werden. Besonders häufig ist er für physische Attraktivität belegt worden, da besonders gutaussehende Personen meist auch als intelligent beurteilt werden. Dabei wird das Auftreten des Effektes gefördert, wenn das Urteil schnell gefällt werden muss.
>
> (Thorndike, 1920)

Gerade unter finanziellen Aspekten ist es wichtig für Organisationen, dass Meetingzeit so effizient wie möglich genutzt wird (Rogelberg et al., 2012). Denn Meetings, die Überlänge haben, führen dazu, dass die folgenden Besprechungen oder Aufgaben verspätet starten, sodass Zeitdruck und Stress entstehen und die Zufriedenheit sowie das Engagement der Teilnehmenden sinkt (Lehmann-Willenbrock et al., 2017). Daher empfehlen Forscher*innen, Meetings zur vereinbarten Zeit zu beginnen, auch wenn noch nicht alle eingeladenen Personen anwesend sind (Tropman, 2003). Dies hat zusätzlich den Vorteil, dass es das Einschleichen von Unpünktlichkeit in der Folge verhindert, wenn die Beschäftigten realisieren, dass ein Zuspätkommen Konsequenzen nach sich zieht (Leach et al., 2009). Befunde belegen, dass Unpünktlichkeit eine negative Stimmung bei den Anwesenden verursacht, die sich auf die Verursacher, die Gruppe und die Organisation beziehen. Diese negative Stimmung wirkt sich direkt auf das Meeting aus, indem die Gewissenhaftigkeit und Meetingzufriedenheit der Teilnehmenden sinkt sowie die Häufigkeit von Jammern steigt (Burba, 2017).

Die Dauer von Meetings kann sich je nach Format und Thema stark unterscheiden. Insgesamt gibt es allerdings keine empirischen Befunde, die einen Einfluss der Dauer auf die wahrgenommene Effizienz oder Qualität von Meetings belegen (Odermatt et al., 2015). Forscher*innen argumentieren daher, dass weniger die Meetingdauer entscheidend ist, sondern eher die Anzahl an Meetings pro Tag, da jedes Meeting eine Unterbrechung des Arbeitsflusses darstellt (Rogelberg, Leach, Warr & Burnfield, 2006). Es konnte lediglich gezeigt werden, dass die Nutzung von Schriftdokumenten die Dauer des Meetings um das Doppelte verlängert, da diese gelesen, verstanden und diskutiert werden müssen.

Bei der Vorbereitung eines Meetings sollte sowohl der Start- als auch der Endzeitpunkt festgelegt werden. Die angesetzte Dauer sollte darauf basieren, wie viel Besprechungszeit die einzelnen Tagesordnungspunkte voraussichtlich benötigen. Dies ermöglicht eine gezielte und realistische Zeiteinteilung. Um die Zeit möglichst effizient nutzen zu können, sollten Unterlagen vor dem Meeting verschickt werden, sodass die Dokumente im Vorfeld gelesen werden können. Falls dies nicht möglich ist, müssen Pufferzeiten eingeplant werden.

Im Meeting muss eine Person dafür verantwortlich sein, dass die vorgegebene Zeit eingehalten wird. Dies bedeutet, die Uhr im Auge zu behalten (▶ Praxishack 2.3) und über den zeitlichen Fortschritt zu berichten. Dabei sollte jedes Diskussionsthema zeitlich begrenzt sein. Die Rolle der Zeitkontrolle kann von dem*der Moderator*in ausgeübt werden. Um es der Moderation zu ermöglichen, sich vollständig auf die Steuerung der Interaktion zu konzentrieren, ist es allerdings empfehlenswert, eine andere Person mit der Kontrolle der Zeit zu beauftragen, die mit der Moderation zusammenarbeitet, um sicherzustellen, dass die zeitlichen Beschränkungen eingehalten werden.

> **Praxishack 2.3: Timer**
>
> Eine einfache Methode, um die Zeitdisziplin zu erhöhen, ist die Platzierung einer klar sichtbaren Uhr im Meetingraum. Noch effektiver ist die Nutzung eines Timers, der die verbleibende Meetingzeit herunterzählt. Die ablaufende Zeitanzeige zieht die Aufmerksamkeit auf sich, da den Teilnehmenden konstant vor Augen geführt wird, wie lange sie noch für die Bearbeitung der Meetingthemen zur Verfügung haben.
>
> (Eppler & Kernbach, 2018)

Die Räumlichkeiten

Die physikalischen Charakteristiken eines Meetings sind ein Thema, dass in der Praxis häufig vernachlässigt wird. Stattdessen wird spontan der Raum genutzt, der gerade frei ist. Allerdings betonen Forscher*innen schon lange, dass eine positive Umgebung ein wichtiger Einflussfaktor für den Erfolg von Meetings darstellt, da sie zu höherem Komfort führen und so Ablenkungen minimieren und den Fokus maximieren (Bluedorn, Turban & Love, 1999; Bergmann, 2018). Eine positive Meetingumgebung hat zudem Einfluss auf die individuelle Stimmung der Teilnehmenden. So führt sie zu einer besseren Arbeitseinstellung und größerer Zufriedenheit mit dem Meeting (Leach et al., 2009). Diese Argumentation wird von empirischen Belegen untermauert, die zeigen, dass ein gut ausgestatteter Besprechungsraum einen positiven Effekt auf die wahrgenommene Meetingqualität hat. Dies umfasst die Bereitstellung von Getränken sowie angenehme Temperaturen und Lichtverhältnisse (Cohen et al., 2011).

In Bezug auf die Räumlichkeiten gilt vor allem, dass für verschiedene Formen der Zusammenarbeit unterschiedliche Umgebungen geeignet sind. In sogenannten Sit-down-Meetings tauschen die Teilnehmenden mehr Informationen aus als in Stand-up-Meetings. Allerdings dauern Sitzmeetings im Durchschnitt auch 34 % länger (Bluedorn et al., 1999). Für die Praxis gilt somit die Empfehlung, den Besprechungsraum nach den Aufgaben auszuwählen und frühzeitig zu reservieren. Dabei sollte die Räumlichkeit für alle Teilnehmenden in angemessener Zeit erreichbar sein, um Verspätungen zu reduzieren. Im Rahmen eines länger andauernden Projektes kann ein sogenanntes »Projekthaus« als zentraler Kommunikationsort dienen, sodass die Projektmitglieder aus den unterschiedlichen Fachbereichen abteilungs- und unternehmensübergreifend stets im selben Raum zusammenarbeiten. Dieses »Projekthaus« stellt die zentrale Drehscheibe dar, in der alle notwendigen Ressourcen und technologischen Voraussetzungen bereitstehen (Hab & Wagner, 2013). Für unregelmäßige oder spontane Meetings mit geringer Teilnehmendenzahl bietet sich die Wahl kleinerer Besprechungsecken an, in denen ein kurzes Steh-Meeting mit z. B. Kaffee in der Hand abgehalten werden kann. Daher sollte die Raumgestaltung informelle Zonen fördern, in denen Mitarbeitende zufällig zusammenkommen und durch Gespräche neue Ideen entwickeln können. Diese informellen Räume sollten sich durch leichte Zugänglichkeit und offene Gestaltung auszeichnen, damit ein ungezwungener Ein- und Austritt möglich ist sowie eine kreative Atmosphäre gefördert wird (Endrejat, Abel, Fischer, Herrmann & Abel, 2020).

Im Rahmen der fortschreitenden Transformation der Arbeit verändern sich auch die Ansprüche und Bedürfnisse an das Arbeitsumfeld. Obwohl die Zusammenarbeit in Teams stetig zunimmt, stehen in Unternehmen meist zu wenige Besprechungsräume zur Verfügung oder es fehlen Möglichkeiten zum kollaborativen Zusammenarbeiten. Dabei prallen die Ziele von Unternehmen (u. a. Transparenz, Offenheit und Flächeneffizienz) auf die Wünsche der Beschäftigten (u. a. kurze Kommunikationswege und Denkoasen). Aus diesem Grund implementieren Unternehmen zunehmend aktivitätsbasierte, flexible Büroumgebungen (Gerdenitsch & Korunka, 2019). Die Gestaltung basiert auf der Idee, dass unterschiedliche Aufgaben unterschiedliche Arbeitsumgebungen benötigen. Denn eine Arbeitsgruppe, die kollaborativ zusammenarbeitet, benötigt andere Räumlichkeiten als Beschäftigte, die konzentriert an Einzelaufgaben arbeiten (Wohlers & Hertel, 2017).

Zur Umsetzung solcher aktivitätsbasierten, flexiblen Büroumgebungen werden in Unternehmen zunehmend Arbeitszonen eingerichtet. Diese umfassen Diskussionszonen für geplante Zusammenarbeit, Kreativitätszonen für die Entwicklung neuer Ideen und *Coffee Lounges* für spontanen Ideenaustausch (Davenport, 2013). Eine weitere Möglichkeit zur flexiblen Raumgestaltung ist die Implementierung anpassbarer Räume. Bewegliche architektonische Möbel können eine raumbildende Funktion einnehmen, sodass nutzungsoffene Flächen flexibel in unterschiedliche Bereiche gegliedert werden können. Durch bewegliche, tragbare und adaptierbare Elemente, wie z. B. Stehtische auf Rollen, können die Flächen je nach den Bedürfnissen und Aufgaben ausgestaltet werden. So haben die Beschäftigten direkten Einfluss auf die Raumgestaltung (Wohlers et al., 2019).

Um Einzel- und Gruppenarbeit gemeinsam abdecken zu können, haben sich Kombibüros etabliert. Dabei werden Einzelbüros um eine Kommunikationszone gruppiert, die Besprechungsmöglichkeiten bietet. Allerdings benötigen Kombibüros sehr viel Platz und verursachen hohe Kosten, da für alle Beschäftigten Einzelbüros benötigt werden (u. a. Danielsson & Bodin, 2008). Eine Erweiterung stellen Multispace-Büroumgebungen dar, bei denen Beschäftigte nicht mehr über feste Arbeitsplätze verfügen, sondern Desksharing betreiben. Im Rahmen des Konzeptes können Beschäftigte ihren Arbeitsplatz frei wählen und sich so je nach Aufgabe und Erfordernissen mit Kolleg*innen gruppieren. Allerdings zeigen Analysen, dass die Multispace-Büroumgebungen nur dann einen positiven Einfluss auf die Arbeitseinstellung haben, wenn mehr Kommunikationszonen zur Verfügung stehen, als aktuell benötigt werden. Nur wenn die Beschäftigten darauf vertrauen können, dass sie jederzeit zwischen den Räumlichkeiten wechseln können, nutzen sie diese auch (Wohlers & Hertel, 2017).

Damit aktivitätsbasierte, flexible Büroumgebungen funktionieren und von den Beschäftigten angenommen werden, muss zuallererst die Bereitschaft zum Wechseln der Arbeitsumgebung je nach Tätigkeit bestehen. Studien zeigen jedoch, dass Beschäftigte nicht so häufig wie nötig ihre Arbeitsumgebung wechseln, sondern die Wahl des Platzes vor allem von persönlichen Präferenzen (z. B. neben Freund*innen sitzen) beeinflusst wird (Wohlers et al., 2019). Neben der allgemeinen Bereitschaft ist ein hohes Vertrauen in das Management eine weitere Voraussetzung. Denn die Kommunikationszonen werden nur dann zweckmäßig genutzt, wenn die Beschäftigten das Gefühl haben, dass Führungskräfte den

Raumwechsel nicht missinterpretieren oder als fehlende Anwesenheit sanktionieren. Um aktivitätsbasierte, flexible Büroumgebungen erfolgreich in Unternehmen zu implementieren, ist es daher notwendig, dass die Einführung vom Management gefördert wird. So sollten die Führungskräfte gemeinsam mit den Beschäftigten Personalisierungsmöglichkeiten (z. B. individuell gestaltete Notebooks oder Dekoration der Räume) erarbeiten, damit der Verlust von Kontrolle und Territorialität durch das Wegfallen des eigenen Arbeitsplatzes abgepuffert wird. Zudem muss die Einführung mit begleitenden Trainings gekoppelt werden, damit Führungskräften und Beschäftigten die tätigkeitsspezifische Nutzung der Arbeitszonen sowie die damit einhergehenden Vorteile bewusstwerden (Wohlers & Hertel, 2017).

Spätestens seit den Veränderungen durch die *COVID-19-Pandemie* und dem dramatischen Anstieg der Arbeit im *Home-Office* werden großflächig Erfahrungen mit unterschiedlichen neuen Raumkonzepten gemacht. Diese Entwicklungen führen zu innovativen Konzepten für den *Meetingraum der Zukunft*, welcher in Kapitel 8.2 vorgestellt wird.

2.2 Technische Bedingungen für Meetings

Zur Planung des Meetings gehört auch die Auswahl der technologischen Hilfsmittel, die für die reibungslose Durchführung benötigt werden. Moderationstechniken und Arbeitsmethoden helfen bei einem strukturierten Austausch von Informationen. Dazu gehört die Erschließung von Inhalten und Problemanalyse (Frage- und Analysetechniken), die Entwicklung neuer Ideen und Lösungsfindung (Kreativitätstechniken) sowie die Bewertung von Lösungen als Voraussetzung für die Entscheidungsfindung (Bewertungs- und Entscheidungstechniken). Während seit den 1960er Jahren analoge Hilfsmittel wie Flipcharts, Pinnwände und Moderationskarten in den Organisationen Einzug gehalten haben, sind es heute digitale Unterstützungssysteme mit denen experimentiert wird. Dabei beziehen sich technische Arbeitsmethoden im Rahmen der digitalen Transformation nicht mehr nur auf Ausstattungsmittel wie *Notebooks*, *Beamer* oder *Presenter*, sondern auch auf eine Vielzahl an *digitalen Tools*, die eine effiziente Methodenunterstützung bieten.

2.2.1 Interaktive Kommunikationsmittel

Bereits seit einiger Zeit stehen interaktive Hilfsmittel für die Nutzung in Meetings zur Verfügung. Bekannt sind vor allem interaktive *Whiteboards*. Dies sind berührungssensitive Wandtafeln zum Anzeigen der Arbeitsoberfläche eines Rechners. Sie können per Stift oder *Touch-Funktion* interaktiv genutzt werden, sodass sich Inhalte direkt bearbeiten lassen. Dadurch können Präsentationen und Visualisierungen ergänzt und Veränderungen gespeichert werden (Lehner, 2009). Ein aktuelles Whiteboard ist das *Jamboard* von Google, das es Teilnehmenden ermöglicht, direkt auf dem Display zu zeichnen. Im Gegensatz zu Whiteboards anderer Anbieter ist der Monitor mit bunten Farben und runden Formen gestaltet, um so kreatives und verspieltes Verhalten hervorzurufen.

Eine Alternative zu Whiteboards stellen Tabletops dar. Dies sind interaktive Tischoberflächen mit einem digitalen, berührungsempfindlichen Display. Sie bieten mehr Interaktionsmöglichkeiten als Whiteboards, da sie ein direktes Interagieren mit digitalen Informationen erlauben. So können mehrere Teilnehmende gemeinsam am Tabletop digitale Inhalte bearbeiten oder räumlich anordnen (Morris, Lombardo & Wigdor 2010). Diese direktere Form der Interaktion entspricht stärker der klassischen menschlichen Interaktionsweise, sodass visuelles Suchen, logisches Denken und das Lösen visuell-analytischer Aufgaben besser gefördert werden (Geyer et al., 2012; Isenberg, Fisher, Morris, Inkpen & Czerwinski, 2010).

Eine umfassendere Lösung als *interaktive Whiteboards* und *Tabletops* stellen digitale Arbeitsumgebungen dar, die *Collaborative Work Spaces* genannt werden. Dabei wird eine Displaywand mit verschiedenen interaktiven Arbeitsflächen (z. B. einer virtuellen Pinnwand) kombiniert. Die Teilnehmenden können ihre Smartphones mit dem *Work Space* verbinden und per App steuern, sodass individuelle Inhalte geteilt und gemeinsam bearbeitet werden können (Bragdon et al., 2011; Geyer & Reiterer 2010; Wigdor et al., 2009).

Insgesamt muss festgehalten werden, dass trotz der voranschreitenden Entwicklung digitaler Tools und technischer Hilfsmittel, interaktive Unterstützungssysteme für Meetings in Unternehmen bisher eher selten genutzt werden. Obwohl es inzwischen marktreife technische Lösungen für digitale Arbeitsumgebungen gibt, haben diese noch weniger Eingang in die Praxis gefunden (Rief, 2015).

2.2.2 Digitale Kommunikationsmittel

Neben interaktiven Tools zur Unterstützung von Meetings sind aktuell vor allem digitale Hilfsmittel zur Durchführung von virtuellen Meetings in aller Munde. Denn im Zuge der *COVID-19-Pandemie* erleben *Home-Office* und virtuelle Zusammenarbeit eine Beschleunigung. Sie bieten sich als ausgezeichnete Lösungen für physische Distanzierung bei der Arbeit an, ohne dass die soziale Komponente der Arbeit eingeschränkt werden muss. Denn der Einsatz regelmäßiger Videokonferenzen erlaubt es Beschäftigten, in einer sicheren Umgebung zu agieren, während sie dabei die Möglichkeit haben, sozial verbunden zu bleiben. Das *Home-Office* als Form der mobilen Arbeit geht mit zwei wesentlichen Vorteilen einher. Zum einen dient es in vielen Ländern der Abflachung der Infektionskurve und damit der Vermeidung von Zusammenbrüchen von Gesundheitssystemen. Zum anderen ermöglicht die Arbeit im *Home-Office* die Aufrechterhaltung der Wirtschaft.

Insgesamt ist eine strikte Unterscheidung von virtueller und traditioneller Zusammenarbeit *(Face-to-Face)* wenig sinnvoll, denn es gibt viele hybride Formen von Teamarbeit (Hoch & Kozlowski, 2014; Handke, Straube & Kauffeld, 2016) . Vielmehr lassen sich Abstufungen virtueller Zusammenarbeit auf unterschiedlichen Virtualitätsdimensionen definieren. Dazu gehören bereits vorhandene Teams, die im Zuge der *COVID-19-Pandemie* virtuell zusammenarbeiten müssen. Genauso zählt Teamarbeit dazu, bei der sich die einzelnen Teammitglieder am gleichen Ort befinden, aber dennoch virtuelle Medien benutzen, um ihre Handlungen miteinander zu koordinieren. Aus diesem Grund ist es sinnvoll, Virtualität als Kontinuum zu konzeptualisieren.

Virtualität ist zudem dynamisch: Wenn sich die Virtualität des Einzelnen ändert, wandelt sich damit ebenso die Virtualität der Zusammenarbeit. Dies kann auch kurzfristig passieren, wenn z. B. abends E-Mails auf dem Smartphone beantwortet werden. Weitere Situationen für kurzfristige virtuelle Arbeit sind das Führen virtueller Meetings von Zuhause aus, um mangelnde Kinderbetreuungsmöglichkeiten zu kompensieren, oder die Zugfahrt nach der Dienstreise, wenn die Zeit genutzt wird, um das Protokoll eines Kundenmeetings anzufertigen (Handke & Kauffeld, 2019). Die Virtualitätsdimensionen und ihre Anwendung auf Teamarbeit sind in Tabelle 2.2 ausführlich dargestellt.

Tab. 2.2: Virtualitätsdimensionen (Handke & Kauffeld, 2019; Kauffeld, Handke & Straube, 2016)

Dimension	Beschreibung
Technologiegestützte Kommunikation	Ausmaß, in dem sich Teammitglieder virtueller Tools bedienen, um Teamprozesse zu koordinieren und auszuführen
Geographische Dispersion	Räumliche Verteilung der Teammitglieder; operationalisiert u. a. als Entfernung zwischen den verschiedenen Standorten, Anzahl der Standorte sowie Anteil von Teammitgliedern pro Standort (O'Leary & Cummings, 2007).
Kulturelle Unterschiede	Diversität hinsichtlich kultureller Werte, Verständnis von Status und Hierarchie, Sprachverständnis, lokaler Standards; operationalisiert u. a. durch die durchschnittliche Anzahl verschiedener Nationalitäten im Team (Hoch & Kozlowski, 2014).
Mobiles Arbeiten	Ausmaß, in dem die Teammitglieder andere Arbeitsorte als reguläre Büros nutzen, z. B. Heimarbeit, *Zug-Office*, *Flug-Office* und *Co-Working Spaces* (Chudoba, Wynn, Lu & Watson-Manheim, 2005)
Organisationale Diskontinuität	Unterschiede in der organisationalen Zugehörigkeit; innerhalb eines Unternehmens (z. B. aus unterschiedlichen Fachbereichen) sowie interorganisational (d. h. Teams mit Mitgliedern aus verschiedenen Unternehmen) (Chudoba, Wynn, Lu & Watson-Manheim, 2005)

Aufgrund der verschiedenen Virtualitätsdimensionen ergibt es wenig Sinn, virtuelle Meetings in einem Vakuum zu präsentieren, denn sie werden immer von der jeweiligen Situation sowie dem Ausmaß der Virtualität um das Meeting herum beeinflusst. Daher muss zuerst die virtuelle Zusammenarbeit im Team als Ganzes und danach die Auswirkungen auf die Zusammenarbeit im virtuellen Meeting im Speziellen betrachtet werden.

Insgesamt unterscheiden Rui und Kollegen (2006) drei Arten von virtuellen Meetings. In der *Group-to-Group(G2G)*-Situation ist jede Gruppe in ihrem Besprechungsraum lokalisiert. In der *Individual-to-Individual (I2I)*-Situation hält sich jeder Teilnehmende am eigenen (Heim-)Arbeitsplatz auf. Bei der *Group-to-Individual(G2I)*-Situation sitzt sich eine Gruppe in einem Besprechungsraum und eine Einzelperson an ihrem Arbeitsplatz gegenüber. Je nach Situation und Meetingart führt Virtualität zu einer Veränderung der Interaktionen und benötigt den Einsatz unterschiedlicher Technologien (z. B. Gilson et al., 2015).

Durch das dramatisch gestiegene Ausmaß an *Home-Office* im Zuge der *COVID-19-Pandemie* steht im Folgenden vor allem die *I2I-Situation* im Vordergrund. Allerdings haben die Erfahrungen, die im Rahmen der Pandemie gesammelt wurden, auch gezeigt, dass die *G2I-Situation* ein großes Potenzial bietet, da sie eine hohe Flexibilität ermöglicht. Darauf basierend wurden sogenannte hybride Meetings entwickelt. Dabei trifft sich ein Teil der Teilnehmenden vor Ort, während ein anderer Teil virtuell dazugeschaltet wird (Sox, 2014). Voraussetzung ist, dass alle Teilnehmenden auf dieselben *Tools* und Inhalte zugreifen. Der Grad der Virtualität kann stark variieren. So kann nur eine Person virtuell zugeschaltet werden oder aber ein Großteil der Personen ist virtuell präsent, während sich nur ein kleiner Teil vor Ort befindet. Hybride Meetings bieten die Möglichkeit, das Beste aus der Face-to-Face-Besprechung und virtuellen Meetings miteinander zu vereinen. Daher werden sie bereits von einigen Forscher*innen als die Zukunft der Meetingkultur gesehen. So erlauben hybride Meetings eindeutigere Kommunikation und mehr sozialen Anschluss, während der Vorteil der Teilnehmendenflexibilität bestehen bleibt (Rubinger et al., 2020). Gleichzeitig bilden sich Subgruppen: diejenigen, die vor Ort sind, und diejenigen, die zugeschaltet sein werden. Dies birgt Gefahren: z. B. die Unterscheidung zwischen den Aktiven und den Zuschauern.

Virtuelle Kommunikation

Ähnlich wie bei traditioneller Zusammenarbeit steht auch bei virtueller Zusammenarbeit das gemeinsame Ziel und die Aufgabenerledigung im Mittelpunkt. Allerdings fallen bei der virtuellen Teamarbeit Kommunikations- und Koordinationsprobleme, die in jedem Team auftreten können, besonders ins Gewicht. Dies lässt sich darauf zurückführen, dass die Kommunikation über räumliche und oft temporale Grenzen hinweg um einiges schwieriger und anspruchsvoller ist als der Austausch von Angesicht zu Angesicht (Lipnack & Stamps, 1998). So besteht eine Hauptanforderung darin, das Medium und seine Reichhaltigkeit den Informationsanforderungen der Arbeitsaufgabe anzupassen.

Forschung über virtuelle Teams baut maßgeblich auf der Idee auf, dass Medien verschieden »reichhaltig« sind. Dahinter steckt die sogenannte *Media Richness Theory* (MRT; Daft & Lengel 1986), die besagt, dass Medien unterschiedlich gut geeignet für die Übertragung reichhaltiger Informationen sind. Kurz gesagt: Wenn man eine E-Mail schreibt, gehen einige Informationen (z. B. die den Inhalt begleitende Mimik und Gestik) verloren. Als gehaltsarme Medien werden Brief und Telefon definiert, während das direkte *Face-to-Face*-Gespräch als das gehaltvollste Medium gilt. Virtuelle Kommunikation wird als ein wenig reichhaltiges Medium angesehen, da die Kanäle eingeschränkt sind und die Kommunikation unzuverlässig und vieldeutig sein kann, sodass sie ein erhöhtes Konfliktpotential birgt. Deshalb schlägt die *MRT* vor, bei reichhaltigen und mehrdeutigen Informationen wie z. B. beim Kennenlernen neuer Teammitglieder Face-to-Face-Kommunikation zu bevorzugen. Wenn es hingegen nur um die Vermittlung einfacher Informationen geht wie z. B. bei einer Terminbestätigung sind weniger reichhaltige Medien (wie E-Mails) ausreichend. Die verschiedenen Kombinationsmöglichkeiten sind in Abbildung 2.1 verdeutlicht (▶ Abb. 2.1). Dabei ist jeweils die Kombination optimal, bei der die Informationsanforderung der Aufgabe und der Informationsgehalt des Mediums ähnlich groß sind.

Um diesen Einschränkungen zu begegnen, haben Handke und Kauffeld (2019) erforscht, wie adaptives Verhalten genutzt werden kann, um der geringeren Reichhaltigkeit entgegenzuwirken. Dabei haben die Forscherinnen herausgefunden, dass in erfolgreichen virtuellen Teams nied-

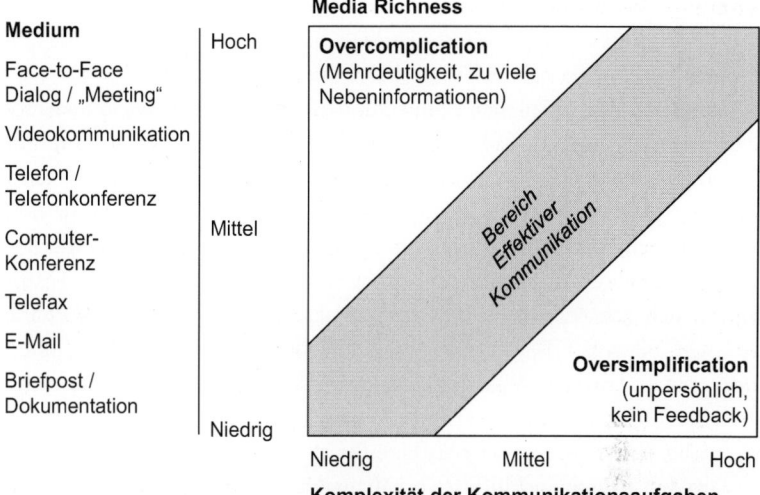

Abb. 2.1: Kombination von Aufgabenkomplexität und Media Richness nach Daft und Lengel (1986) (Quelle: von Rosenstiel, Regnet und Domsch (1999), mit freundlicher Genehmigung vom Schäffer-Poeschel Verlag, Stuttgart)

rige Medienreichhaltigkeit durch erhöhte Kommunikationsintensität kompensiert wird. Je länger die Teams dabei zusammenarbeiten, desto relevanter wird die Kompensation für die Leistung. Kompensatorisches Verhalten ist also für eine flexible und effektive Kommunikation in virtuellen Teams essenziell, sodass effektive Mediennutzungsstrategien für die virtuelle Zusammenarbeit etabliert und trainiert werden müssen. Allerdings gibt es nicht eine Strategie, die zu allen Teams passt. Stattdessen hängt die Effektivität der kompensatorischen Methoden von Faktoren wie Teamzusammensetzung und *Faultlines* (▶ Kap. 3.2) ab. Eine Empfehlung lautet daher, den Projektbeginn zu nutzen, um gemeinsam die möglichen Formen der Mediennutzung zu diskutieren. Auf dieser Basis können dann gemeinsame Kommunikationsregeln definiert werden. Zusätzlich hat sich gezeigt, dass die Anforderungen an die Mediennutzung und Medienreichhaltigkeit mit zunehmender Projektdauer variieren (Handke, Schulte, Schneider & Kauffeld, 2019). Daher sollten

Teams im Verlauf der Zusammenarbeit wiederholt überprüfen, wie sich die Kommunikation verändert, was dies für die Mediennutzung bedeutet und wie es sich auf die Teamarbeit auswirkt.

Die Mitglieder virtueller Teams kennen sich oft nicht persönlich, sodass es häufig zum Auftreten von Missverständnissen kommt. Dies gilt besonders, wenn die Kommunikation über Länder- und Sprachgrenzen hinweg verläuft. Dadurch kann die Virtualität die Arbeitszufriedenheit beeinflussen. So berichten Beschäftigte in virtuellen Teams von einer geringeren Arbeitszufriedenheit (Gurtner et al., 2007). In virtuellen Teams zeigen sich gerade in der Anfangsphase negative Effekte. Diese beziehen sich vor allem auf Teamprozesse wie z. B. den Umgang mit Konflikten oder das Teilen von Wissen. Dagegen ist der negative Zusammenhang zwischen Virtualität und Teamprozessen nach einer längeren Zusammenarbeit im Team schwächer (Handke et al., 2019).

Um den negativen Einfluss von Virtualität zu reduzieren, sind vor allem klar definierte Teamziele und eine klare Verteilung der Teamrollen bedeutsam (Hertel et al., 2005). So müssen Führungskräfte Konflikte um die Zieldefinition und Rollenverteilung schon im Vorhinein beseitigen. Ein weiterer relevanter Aspekt ist es, das Gefühl eines gemeinschaftlichen und verbundenen Teams aufzubauen. Dazu sollten Ziele so gesetzt werden, dass sie nur durch Zusammenarbeit oder wechselseitige Aktivitäten zwischen den Beschäftigten zu erreichen sind. Genauso sollte regelmäßiges Feedback immer sowohl zur Arbeitsleistung des Gesamtteams als auch zum individuellen Beitrag erfolgen. Im Tab. 2.3 sind Maßnahmen zur Bewältigung der verschiedenen Herausforderungen im Detail dargestellt.

Basierend auf diesen Erkenntnissen wird empfohlen, vor einem Arbeitsprozess, bei dem es zu häufigen virtuellen Meetings kommen wird, ein anfängliches *Face-to-Face-Kickoff-Treffen* zu veranstalten. Dieses Treffen sollte genutzt werden, um das Kennenlernen zu vereinfachen und zu beschleunigen (Boos, Hardwig & Riethmüller, 2017). Ist dies nicht möglich, kann eine Videokonferenz als *Kickoff* eine Alternative darstellen. Dabei muss der beziehungsorientierten Kommunikation, z. B. in Form von Small Talk, ganz bewusst Zeit gegeben werden. So können alle Teilnehmenden beschreiben, von wo aus sie zugeschaltet sind. Die Vorstellung kann unter Zuhilfenahme eines Gegenstandes erfolgen, der

2.2 Technische Bedingungen für Meetings

Tab 2.3: Herausforderungen virtueller Teamarbeit und Maßnahmen zur Bewältigung für verschiedene Akteure (nach Handke & Kauffeld, 2019, mit freundlicher Genehmigung vom Springer Verlag, Berlin)

Akteure	Herausforderungen	Maßnahmen
Beschäftigte	E-Mail-Überflutung	Nutzung von Filtern und Priorisierungstools; Deaktivierung von Benachrichtigungen
	Niedrige Aufgaben-Medien-Passung	Informationen entsprechend ergänzen/erweitern
	Weniger direktes Feedback	Entwicklung der Selbstmanagementkompetenz
Teams	Diversität	Rollenverteilung klären, Entwicklung interkultureller Kompetenzen
	Mangelnde Kohäsion und Vertrauen	Face-to-Face-Treffen zu Projektbeginn, Austausch bisheriger Erfahrungen, Nutzung von Online-Teamentwicklungstools
	Erhöhtes Konfliktpotential	Etablierung von Kommunikationsnormen, regelmäßige Stimmungsabfrage mit Interventionsmöglichkeiten
Führungskräfte	Erhöhtes Konfliktpotential	Regelmäßige Stimmungsabfrage mit Interventionsmöglichkeiten, Nutzung von Medien mit hoher Reichhaltigkeit beim Konfliktmanagement
	Weniger Feedbackmöglichkeiten	Nutzung von *Online-Feedback-Tools*
	Diversität	Entwicklung interkultureller Kompetenzen
Organisation	Technische Ausstattung	Entsprechende Hardware zur Verfügung stellen, schnelle Internetverbindung und gesichertes Netzwerk einrichten
	Gesundheitsrisiken	Auf ergonomische Arbeitsmöbel sowie Umgebungsfaktoren achten

über die eigene Person etwas aussagt. Wichtig ist, dass jede*r ins Sprechen kommt und auch direkter zu Beiträgen ermuntert wird. Das *Kickoff-Treffen* hat zum Ziel, innerhalb des Teams eine gemeinsame Vision für die folgenden virtuellen Meetings zu schaffen. So sollte vorab klar definiert werden, wann virtuelle Meetings stattfinden, wie sie gestaltet und mit welchen Medien sie umgesetzt werden. Auf diese Weise können Erwartungen und Normen frühzeitig festgelegt und negative Effekte vermieden werden (Handke, Schulte, Schneider & Kauffeld, 2019).

Virtuelle Meetingtools

Der größte Einflussfaktor auf virtuelle Meetings stellt die technische Umsetzung dar (Berger, 2012). So klassifizieren Frost und Sullivan (2012) virtuelle Meetings anhand der genutzten Technologien. Dabei unterscheiden sie vier Kategorien: (1) *Webkonferenzsysteme*, die auf jedem PC installiert werden können. (2) *Professionelle Komplettlösungen*, die Soft- und Hardwarekomponenten (wie z. B. Display, Kamera und Lautsprecher) integrieren. (3) *Raumsysteme*, bei denen die Konferenzräume baulich an die Erfordernisse von Videokonferenzen (z. B. Beleuchtung und Akustik) angepasst und spezifische Hardware integriert wurde. (4) *Telepräsenzsysteme*, bei denen eine realitätsnahe Darstellung der Teilnehmenden in Lebensgröße ein umfassendes Kommunikationserlebnis ermöglicht.

Im Zuge der *COVID-19-Pandemie* hat die Nutzung von Videokonferenzsystemen dramatisch zugenommen, damit Beschäftigte auch aus dem *Home-Office* wichtige Kontakte zu Kolleg*innen und Führungskräften aufrechterhalten können. Dadurch sind die webbasierten Konferenzsysteme zum relevantesten Tool für virtuelle Meetings geworden. Gleichzeitig hat die fortschreitende technische Entwicklung dazu geführt, dass diese Onlinesysteme inzwischen eine Vielzahl an unterschiedlichen *Tools* integriert haben, die vielfältige Funktionen umfassen. Entscheidend ist bei der Nutzung aller Systeme, dass alle Teilnehmenden die gleichen technischen Voraussetzungen haben, damit während des virtuellen Meetings keine technischen Störungen auftreten und jederzeit zu allen Teilnehmenden eine funktionierende Verbindung besteht. Nur so können unnötige Klärungsschleifen vermieden und eine

Zusammenarbeit auf Augenhöhe ermöglicht werden (Lanen & Lamers, 2018).

Basierend auf der *Media Richness Theory* ist die richtige Passung zwischen genutzten *Tools* und Aufgaben im virtuellen Raum entscheidend. Für virtuelle Meetings hat man dabei mehrere Möglichkeiten, derer man sich bedienen kann. Bull, Schäfer und Erskine (2012) unterscheiden vier Kategorien von Medien:

(1) *Diskussionsforen* bieten zwar nur eine geringe Reichhaltigkeit, sind dafür aber einfach und schlank einsetzbar. In den Foren können themenspezifische Stränge erstellt werden, zu denen die Teilnehmenden synchron oder asynchron diskutieren können. Sie punkten durch ihre konkrete Themeneingrenzung und die hohe Flexibilität. So ermöglichen sie es, länger über eigene Antworten nachzudenken und die Diskussionsverläufe nachzuverfolgen. Nachteile dieser Kommunikationsform sind neben der begrenzten Reichhaltigkeit der fehlende synchrone Austausch. Darüber hinaus erfordern Diskussionsforen ein regelmäßiges Aktualisieren der entsprechenden Website.

(2) *Chat-Programme* oder *Instant Messenger* sind synchrone, textbasierte *Tools*, die parallele Kommunikation zwischen beliebig vielen Personen über zeitliche und räumliche Grenzen hinaus erlauben. Dabei können Teilnehmende auf das gesamte Transkript des Gespräches zurückgreifen solange sie im *Tool* verbunden sind. Vorteile dieser Kommunikationsmethode sind die einfache Handhabung sowie das Gefühl von Verbundenheit und Unmittelbarkeit. *Chats* erlauben die aktive Einbindung aller Teilnehmenden in den Kommunikations- und Lernprozess und bieten zurückhaltenden Personen eine niedrigere Hemmschwelle, sich an dem Gespräch zu beteiligen. Dennoch sind *Chats* als Medium weniger reichhaltig als Audio- oder Videokonferenzsysteme und erlauben keine Interpretation nonverbaler Kommunikation. Die fehlende Notwendigkeit einer direkten Reaktion führt dazu, dass Antworten sehr lange dauern können, sodass Beiträge übersehen werden oder die Diskussion verebbt. Außerdem können sich im *Chat* schnell mehrere parallele Kommunikationsstränge entwickeln, was den Gesprächsverlauf schwer nachvollziehbar gestaltet.

(3) Das reichhaltigste Medium stellen *Videokonferenzsysteme* dar. Diese definieren sich über synchrone Kommunikation, durch die ein verba-

ler Austausch zwischen mehreren Parteien über beliebige Distanzen und Zeitzonen hinweg ermöglicht wird. Der Vorteil dieser Konferenzsysteme ist die visuelle Interaktionskomponente, sodass auch nonverbale Kommunikation einbezogen wird. Dadurch können soziale Hinweisreize von den Gesprächspartnern sowohl anhand der Stimme als auch anhand der Körpersprache wahrgenommen und interpretiert werden. Zudem bieten Konferenzsysteme eine einfache Möglichkeit zum Datenaustausch, sodass neben der Bearbeitung von Dokumenten auch Graphiken, Bilder und Präsentationen gezeigt werden können. Um eine solch umfassende digitale Kommunikation reibungslos zu ermöglichen, brauchen die Konferenzprogramme allerdings eine ausreichend gute Internetverbindung. Zudem erweisen sie sich als technisch herausfordernd.

Im Zuge der *COVID-19-Pandemie* hat sich gezeigt, dass die häufige Nutzung von Videokonferenzen mit einer Vielzahl an Stressoren einhergeht, unabhängig davon, wie lange die Besprechung dauert. So frieren die Bilder der Gesprächspartner oft ein oder Umgebungsgeräusche werden übermäßig laut übertragen. Manchmal stürzt gar das gesamte System ab. Durch diese *digitalen Stressoren* fühlen sich Teilnehmende nach Videokonferenzen erschöpfter und stärker ermattet als nach klassischen Meetings. Dieses Phänomen bezeichnen Forscher*innen als »*Zoom Fatigue*« (Zoom-Ermüdung). Grundlage des Begriffs ist dabei das Videokonferenzsystem Zoom (▶ Tab. 2.4). Da die Erforschung dieses negativen Effektes gerade erst begonnen hat, gibt es bis dato mehrere Erklärungsansätze, die in Tabelle 2.4 ausgeführt werden.

Tab. 2.4: Zoom Fatique (Jiang, 2020; Wiederhold, 2020)

Ursache	Effekt
Synchronität	Die menschliche Kommunikation hat sich zu einem präzisen Zusammenspiel aus Sprache, Gestik und Mimik entwickelt. *Timing* spielt eine große Rolle bei der eindeutigen Vermittlung verbaler und nonverbaler Informationen. Die Kommunikation in Videokonferenzen erfolgt allerdings immer ein wenig zeitverzögert, auch wenn dies kaum bewusst wahrgenommen wird. Unser Gehirn nimmt diese Verzögerung jedoch wahr und versucht unbewusst Syn-

2.2 Technische Bedingungen für Meetings

Tab. 2.4: Zoom Fatique (Jiang, 2020; Wiederhold, 2020) – Fortsetzung

Ursache	Effekt
	chronität wiederherzustellen. Dies führt zu einer konstanten mentalen Leistung, die zunehmend als anstrengend wahrgenommen wird.
Nonverbale Kommunikation	Die Relevanz non- und paraverbaler Informationen in der menschlichen Kommunikation ist in der Forschung schon lange bekannt. Während eines kommunikativen Austausches sendet der gesamte Körper Signale, die vom Gegenüber wahrgenommen und interpretiert werden. In gegenwärtigen Videokonferenzsystemen wird allerdings oft nur das Gesicht der Gesprächspartner gezeigt. Dies erschwert es uns wahrzunehmen, ob uns noch weitere Personen zuhören und verstehen können.
Ablenkung	In einer Videokonferenz wird man mit vielen Reizen gleichzeitig konfrontiert. Dies kann schnell zu Informationsüberflutung und Ablenkung führen. So hat jede am Gespräch teilnehmende Person einen anderen Hintergrund und einen anderen Kamerawinkel. Auch Zusatzfunktionen wie Chats können schnell dazu führen, dass man von den eigentlichen Inhalten abgelenkt wird. Virtuelle Meetings erfordern deshalb eine konstant erhöhte Konzentration, die auf Dauer eine erschöpfende Wirkung hat.
Bedrohung	In vielen Videokonferenzen sieht man von seinem Gegenüber nur den Kopf. Diese vergrößerte Darstellung des Gesichts kann von unserem Gehirn als bedrohlich wahrgenommen werden. Obwohl wir wissen, dass wir sicher sind, kann die große Darstellung des Kopfes zusammen mit langem Augenkontakt unbewusst als Einschüchterung eingestuft werden, woraufhin unser Körper mit Stresshormonen durchflutet wird. Zudem besteht oft der Eindruck der konstanten Überwachung während des virtuellen Meetings. Dies kann sowohl zu sozialem als auch zu Leistungsdruck führen, da stets auf das eigene Verhalten vor der Kamera geachtet wird.
Stille	Stille kann schnell unangenehm wirken. Bereits kurze Gesprächspausen können Gesprächspartner als unfreundlich und weniger fokussiert erscheinen lassen. Dabei sind gerade virtuelle Meetings aufgrund von technischen Problemen

Tab. 2.4: Zoom Fatique (Jiang, 2020; Wiederhold, 2020) – Fortsetzung

Ursache	Effekt
	und Übertragungsschwierigkeiten anfällig für solche Stillephasen.
Kontext	Im Zuge der *COVID-19-Pandemie* wirken Videokonferenzen oft als konstante Erinnerung an die Schwierigkeiten und Ernsthaftigkeit der Situation. Dadurch werden Umgebungs- und Kontextfaktoren ins Bewusstsein gerufen, sodass sie zur erschöpfenden Wirkung von Videokonferenzen beitragen. Dieser Effekt wird durch die sozialen Bedingungen, in denen der PC die einzige Möglichkeit zur sozialen Interaktion darstellt, gesteigert, was zu Stress und Angstgefühlen führt.

Zoom Fatigue als Resultat der übermäßigen Nutzung von Videokonferenzen ist ein neues Phänomen, welches dennoch einen entsprechenden Umgang erfordert, weil es durch diverse Ursachen ausgelöst werden kann. Daher ist es wichtig, sich der Gründe und Auswirkungen bewusst zu sein, um in einer Zeit zunehmender Videokonferenzen gut auf die Arbeitssituation vorbereitet zu sein. Um den negativen Effekt zu vermeiden, ist es wichtig, die Anzahl und den Umfang virtueller Meetings zu begrenzen. So kann es hilfreich sein, die Videofunktion ab und an auszuschalten, um Informationsüberflutung und Ablenkung zu vermeiden. Zudem ist es empfehlenswert, die Kommunikation mit möglichst vielen sozialen Hinweisreizen (z. B. *Smilies*) anzureichern, um das Fehlen nonverbaler Signale zu kompensieren. Zur Minimierung von Umgebungsgeräuschen hilft es, den eigenen Ton auszustellen, wenn man gerade nicht spricht. Generell gilt für die Videoübertragung, dass man auf seinem eigenen Bildausschnitt gut ausgeleuchtet und ab dem Schulterbereich vollständig sichtbar sein sollte. Zusätzlich sollte man versuchen, Blickkontakt zu halten, in dem man in die Kamera statt auf die anderen Personen schaut. Zwischen Meetings ist es wichtig, kurze Phasen zum Entspannen und Lockern einzubauen. Dabei können Dehnungen oder kurze Bewegungsübungen schon ausreichen.

(4) Neben den bereits aufgezählten *Tools* gibt es zusätzlich *hybride Technologien*, die diverse Formen der Kommunikation kombinieren. Sie

3   Meetinggestaltung: Das Team und die Teilnehmenden als Inputfaktoren

MeetingSample: Auf ins Meeting mit Titel und Agenda!

Am Dienstag hatte Melanie Neumann einen festen Plan. Nachdem sie in den Meetings am Montag schlecht vorbereitet gewesen war, wollte sie die nächste Besprechung – ein Meeting aller Führungskräfte am Mittwoch – unbedingt besser planen, vor allem da sie die Meetingleitung war. Daher verbrachte sie den Dienstagvormittag damit, zu überlegen, wie sie die übliche Meetingproblematik schon im Vorhinein verhindern könnte. Zuerst gab sie dem Meeting einen kurzen und prägnanten Titel, damit ihre Kolleg*innen eine konkrete Vorstellung von dem Thema hatten: »Projekt Softwareeinführung – Planung der nächsten Arbeitsschritte«.

Da die bisherigen Meetings thematisch immer abgeschweift waren, brauchten sie auf jeden Fall eine Agenda mit Tagesordnungspunkten. Melanie wollte nicht zu kleinteilig werden, sodass sie drei Punkte definierte: »Bisheriger Arbeitsstand«, »Schnittstellen besprechen«, »Aufgaben festlegen«. Sie verzichtete absichtlich auf den üblichen Punkt »Sonstiges«, da sie befürchtete, dass ihre Kolleg*innen dann neue Themen einbringen würden. Heute sollte der Fokus allerdings nur auf dem Projekt Softwareeinführung liegen.

Schließlich überlegte Melanie, wer alles bei dem Meeting dabei sein müsste. Sie hatte schon viel zu häufig in Meetings gesessen, in denen das Thema gar nicht für ihre Abteilung relevant gewesen war und sie daher auch keinen inhaltlichen Beitrag leisten konnte. Das ging ihren Kolleg*innen sicher genau so. Die Marketingabteilung zum Beispiel würde gar nicht mit der neuen Software arbeiten und war daher überhaupt nicht von dem Projekt betroffen.

Nachdem Melanie Neumann eine Liste mit allen Teilnehmenden erstellt hatte, schickte sie eine Einladung per E-Mail an alle beteiligten Personen. Neben dem Titel und der Agenda fügte sie Datum, Uhrzeit und Ort hinzu. Zusätzlich umriss sie kurz die Ergebnisse, die erreicht werden sollten, und bat um eine explizite Zusage der Teilnahme bis zum nächsten Morgen.

»*Hurra!*« Nach dem Abschicken der E-Mail fühlte sich Melanie Neumann schon viel besser. Das würde endlich einmal ein Meeting mit Struktur werden.

Ziel des Kapitels »Meetinggestaltung« ist es, einen Überblick zu den Schlüsselfaktoren zu geben, die für die Planung von Meetings relevant sind. Dazu fokussieren wir uns auf Gruppeneigenschaften, die bei der Vorbereitung direkt beeinflusst werden können. Ein elementarer Aspekt der Vorbereitung ist die Zusammenstellung der Gruppe. Dabei müssen die individuellen Eigenschaften der Teilnehmenden berücksichtigt werden, da sie entscheidenden Einfluss auf den Verlauf des Meetings haben.

3.1 Schlüsselfaktoren in Meetings

Individuelle Eigenschaften beziehen sich auf Personenmerkmale wie Einstellungen, Fähigkeiten und persönliche Hintergründe (Davison, 1997). Diese spielen bei der Auswahl der Teilnehmenden eine wichtige Rolle, da sie für die informelle Zusammenarbeit entscheidend sind. So ist bei der Selbstorganisation von Teams Vertrautheit der einflussreichste Mechanismus, da der Grad der Freundschaft und persönliche Nähe entscheidend sind (Wax, DeChurch & Contractor, 2017; Zajonc, 2001). Die Kombination verschiedener Eigenschaften, Fähigkeiten und Expertisen kann über den Erfolg oder Misserfolg von Meetings entscheiden. Denn unterschiedliche Gruppenzusammensetzungen fördern verschiedene funktionale und dysfunktionale Interaktionsmuster im Meeting. Aus diesem Grund ist es sinnvoll, sich bereits bei der Planung bewusst zu machen, welche Expertisen im Meeting benötigt werden. Die Meetingleitung sollte deshalb bei der Einberufung von Meetings darauf achten, nicht auf persönliche Vorlieben zu achten, damit sie nicht primär ähnlich qualifizierte und ausgerichtete Teilnehmende einlädt. Mit anderen Worten, die Meetingleitung sollte darauf achten, im Meeting verschiedene Fähigkeiten und Kompetenzen zu bündeln, um die Voraussetzung für eine hohe Arbeitsqualität und Effizienz im Meeting zu schaffen (Wax, DeChurch & Contractor, 2017).

Gruppeneigenschaften beschreiben die Teilnehmenden als Einheit. Dabei wird nicht das Individuum betrachtet, sondern die Gesamtheit aller Teilnehmenden am Meeting (Rausch, 2008). Relevante Inputvariabeln auf Gruppenebene umfassen die Normen, Regeln und Ziele, da sie für alle Personen im Meeting gelten. Zusätzlich spielen die Anzahl und Diversität der Teilnehmenden eine entscheidende Rolle, da sie die Gruppenstruktur bestimmen.

3.1.1 Die Normen in Meetings

Normen sind als soziale Erwartungen an die Teilnehmenden definiert, die zur Orientierung und Stabilisierung des Verhaltens im Meeting dienen. Meistens sind Gruppennormen nicht explizit ausformuliert und werden stillschweigend von den Teilnehmenden ausgeführt. Sie sind sozusagen das »ungeschriebene Gesetz« des Meetings (von Rosenstiel & Nerdinger, 2011). Neben impliziten Erwartungen gibt es in Meetings bestimmte Normen, die qualifizierbar sind und eine elementare Rolle für einen erfolgreichen Ablauf spielen. Dazu gehören Dokumentation, Nutzung einer Agenda und Formulierung konkreter Ziele.

Dokumentation

Ein entscheidendes Element jedes Meetings ist das Führen eines Protokolls. Eine Person muss die Aufgabe übernehmen, Notizen zu machen und den Verlauf der Sitzung zu dokumentieren. Dabei müssen die gemeinsamen Schlussfolgerungen der Gruppe und die Ergebnisse des Meetings explizit festgehalten werden. Aus der Forschung wird empfohlen, dass der oder die Protokollierende nicht nur direkt im Meeting mitschreibt, sondern dies auch für alle sichtbar tut. So wird der Aufmerksamkeitsfokus der Teilnehmenden darauf gelenkt, dass die besprochenen Themen, Lösungen und Maßnahmen tatsächlich festgehalten werden und nicht direkt nach dem Meeting wieder vergessen sind. Dieses Vorgehen führt zu einem impliziten Gefühl der Nachhaltigkeit und Dringlichkeit, sodass die Teilnehmenden motivierter und konzentrierter mitarbeiten. Eppler und Kernbach (2018) haben mit der *DOCS Box* eine relativ neue Protokollvariante vorgestellt, die in der Praxis sehr beliebt ist (▶ Praxishack 3.1). Dabei werden auf einfache und übersichtliche Art und Weise, Entscheidungen (*Decisions*), offene Punkte (*Open Issues*), Bestätigungen (*Confirmation*) und Unerwartetes (*Surprises*) festgehalten.

Praxishack 3.1: Vorlage Meetingprotokoll

DOCS Box
Besprechungsthema: _____
Datum: _____
Teilnehmende: _____
D ecisions: Welche Entscheidungen wurden getroffen?
_____
_____

O pen Issues: Welche Punkte sind noch offen?
_____
_____

C onfirmation: Bei welchen Themen herrscht Einigkeit?
_____
_____

S urprises: Welche unerwarteten Vorkommnisse traten auf?
_____
_____

(u. a. Eppler & Kernbach, 2018)

Die Meetingleitung hat die Aufgabe die Aufbereitung im Vorfeld mit der protokollführenden Person durchzusprechen. Dabei muss festgelegt werden, in welcher Form das Protokoll im Anschluss an das Meeting an alle Teilnehmenden weitergeleitet wird. Dabei gilt, dass dies unabhängig von der Form schnellstmöglich passiert. Empfehlenswert ist es, nach jedem Tagesordnungspunkt der protokollführenden Person die Gelegenheit zu geben, die relevanten Punkte zusammenzufassen und das Einverständnis aller abzuholen. So wird sichergestellt, dass alle Teilnehmenden dasselbe Verständnis zu den Inhalten haben.

Formale Agenda

Kein Meeting ohne Agenda! So lautet die Devise, wenn die Forschung berücksichtigt wird. Denn eine Vielzahl empirischer Befunde zeigt, dass eine Agenda dabei hilft, die Teilnehmenden durch das Meeting zu führen (Odermatt et al., 2015). Dabei hilft die Nutzung einer Agenda vor allem bei der Strukturierung der Tätigkeiten, sodass weniger zwischen verschiedenen Punkten hin- und hergesprungen wird, was die Klarheit und Stringenz im Meeting fördert (Leach et al., 2009). Die empirischen Befunde zeigen, dass Agendanutzung einen positiven Effekt auf die Meetingeffektivität und die Zufriedenheit der Teilnehmenden hat. Allerdings hängt der positive Effekt vom Format der Agenda ab. So wurde in Studien gezeigt, dass Teilnehmende zufriedener sind, wenn eine formale Agenda im Vorfeld des Meetings verteilt bzw. verschickt wird (Cohen et al., 2011). Leach und Kollegen (2009) fanden heraus, dass Teilnehmende am zufriedensten waren, wenn sie vor dem Meeting eine schriftliche Agenda erhielten und zu Beginn des Meetings diese noch einmal mündlich vorgestellt wurde. Dagegen gab es keinen positiven Effekt, wenn die schriftliche Agenda zu Beginn des Meetings verteilt wurde, ohne weiter darauf einzugehen. Daraus lässt sich schließen, dass die Agenda eine doppelte Funktion hat. Für den Einladenden bietet sie die Möglichkeit, dass Meeting zu planen und vorzustrukturieren. Den Teilnehmenden gibt sie die Gelegenheit, sich auf das Meeting und die einzelnen Themen vorzubereiten, sodass sie mehr Wissen und Beiträge einbringen können (Elsayed-Elkhouly et al., 1997; Nixon & Littlepage, 1992).

Die Verwendung einer Agenda darf allerdings nicht als Allheilmittel für den Erfolg von Meetings gesehen werden. So zeigt eine Untersuchung von Burba (2017), dass die positive Wirkung auf die Teilnehmendenzufriedenheit eine geringere Effektstärke als Pünktlichkeit hat. So dient die Agenda vor allem dazu, das Meeting zu strukturieren, garantiert aber nicht automatisch eine erfolgreiche Durchführung. Damit Meetings möglichst optimal verlaufen, sollte die Meetingleitung trotzdem eine übersichtliche Agenda verfassen, deren Inhalt nicht nur Ort, Zeit und Datum umfasst, sondern auch die Ziele und einzelnen Themenschwerpunkte. Dabei bietet es sich an, die Reihenfolge der einzelnen Themen, den jeweils eingeplanten Zeitrahmen sowie die jeweiligen Verantwortlichen aufzulisten (Topman, 2003).

Über diese Hinweise hinaus ist es jedoch wenig sinnvoll, eine universelle Standardagenda vorzugeben, die strikt für jedes Meeting genutzt wird. Stattdessen sollte jede Führungskraft die Hinweise nutzen, um sich eine eigene Agenda individuell nach den eigenen Schwerpunkten zusammenzustellen und diese immer flexibel an die jeweilige Situation anpassen. Als Beispiel haben wir im Praxishack 3.2 eine klassische Vorlage abgebildet, die viele relevante Punkte beinhaltet und diese tabellarisch abbildet. Zusätzlich präsentieren wir im Praxishack 3.3 eine innovative Form, die sehr eingängig und schnell umsetzbar ist. Dabei kann die SPIN Agenda auch zur Konkretisierung jedes einzelnen Themas im Rahmen der klassischen Agenda genutzt werden.

Insgesamt muss bei der Nutzung einer Agenda darauf geachtet werden, dass diese im Meeting auch konsistent und vollständig abgearbeitet wird. So zeigen Befunde, dass Meetings als effektiver wahrgenommen werden, wenn die Agenda vollständig abgeschlossen wurde (Leach et al., 2009). Dies bedeutet für die Meetingleitung jedoch nicht, dass niemals von der Agenda bzw. der Reihenfolge der Themen abgewichen werden darf (Niederman & Volkema, 1999). Entscheidend ist es stattdessen, sicherzustellen, dass am Ende des Meetings alle Teilnehmenden das Gefühl haben, die relevanten Themen wurden bearbeitet, konkrete Entscheidungen wurden getroffen und alle Aufgaben wurden verteilt. Falls die Abarbeitung eines Agendapunktes zeitlich nicht geschafft wird, empfiehlt es sich daher, diesen als konkrete Aufgabe zu verpacken und zu delegieren oder direkt als Agendapunkt des nächsten Meetings festzuhalten und damit zu terminieren.

Praxishack 3.2: Klassische Agenda

Anlass: _____
Ziel: _____
Datum: _____
Zeit: _____
Ort: _____

Punkt	Thema	Ziel	I	B	E	Verantwortung	Dauer	Uhrzeit
1	Einstieg		x			Hr. Moderator	15	10:00
2	….				x	Fr. Expertin	15	10:15
3	Pause	Regeneration				Alle	5	10:30
4	…			X		…	15	10:35
N	Feedback	Lessons learned				Alle	10	10:50
n+1	Abschluss	Planungssicherheit				Fr. Zeitmanagerin		12:00

I = Info, B = Beratung, E = Entscheidung

Praxishack 3.3: SPIN Agenda
S ituation: Um was geht es heute?
P roblem: Warum ist dies generell problematisch/wichtig und für wen?
I mplikationen: Welche Ursachen und Konsequenzen hat das Problem genau?
N ächste Schritte: Wer macht was bis wann?

(Eppler & Kernbach, 2018)

Schließlich gilt es beim Verschicken der Agenda darauf zu achten, wie das Meeting angekündigt und beschrieben wird. Dies hat Einfluss darauf, welche Erwartungen geweckt werden und verzerrt somit die Stimmung der Teilnehmenden bereits im Vorfeld. So ist es bei einer negativen Grundstimmung eher wahrscheinlich, dass die Vorbereitung kurz ausfällt (Odermatt et al., 2015). Dies führt wiederum dazu, dass die Teilnehmenden schlechter informiert in das Meeting gehen und die Einstiegsphase länger dauert.

Zielsetzung

Mit der Zielsetzungstheorie haben Locke und Latham bereits im Jahr 1968 einen Meilenstein für das Verständnis von Motivation bei der Arbeit gelegt, indem sie die Beziehung von Handlungszielen, Produktivität und Engagement verdeutlichten. Zusammengefasst besagt die Theorie, dass die Qualität von Zielen Einfluss auf die Motivation hat. So führt bereits die Formulierung von Zielen zu einem Spannungszustand, der zum Handeln anregt. Sind die Ziele spezifisch, präzise und messbar formuliert, sind sie wirksamer als vage oder allgemein formulierte Anweisungen. So ist es leicht verständlich, dass die Zielsetzung, den »Verkauf bis Ende des Jahres um 15 % zu steigern«, effektiver ist, als die vage Aufforderung »sein Bestes zu tun, um den Verkauf anzukurbeln«. Sind die Ziele zusätzlich herausfordernd, steigert dies die Motivation und fördert die Leistung (Tubbs, 1986). Diese Wirkung entsteht, da die hohe Zielsetzung die Aufmerksamkeit fokussiert, die Suche nach geeigneten Problemlösestrategien fördert, die Ausdauer erhöht und zu gesteigerter Anstrengung führt (Locke & Latham, 1968; 1990). Im Meetingflash 3.1 werden die Grundlagen der Zielsetzungstheorie kurz zusammengefasst.

Meetingflash 3.1: Prinzipien effektiver Zielsetzung

Klarheit: Ein Ziel muss klar und präzise formuliert sein.

Herausforderung: Hohe Ziele sind motivierend, einfache Ziele sind langweilig und demotivierend.

> **Einsatz:** Das Ziel muss realistisch sein, damit Glaube an die Zielerreichung vorhanden ist.
> **Feedback:** Regelmäßige Rückmeldung hilft, die Ziele im Auge zu behalten und wird als Belohnung wahrgenommen.
> **Komplexität:** Das Ziel sollte in kleinere Aufgaben heruntergebrochen werden, um die Komplexität zu reduzieren und eine realistische Zielerreichung zu erhöhen.
>
> (Locke & Latham, 1990)

Die Grundgedanken der Zielsetzungstheorie sind in unterschiedlichen Managementkonzepten aufgegriffen worden. Der berühmteste Ansatz ist das Konzept des *Management by Objectives*, welches den Fokus auf die Umsetzung strategischer Ziele durch gemeinsame Zielvereinbarungen legt (Drucker, 1998). Auf Basis der Arbeiten von Locke und Latham (1968; 1990) hat sich zur Festlegung der Ziele die *SMART-Regel* etabliert (Schmidt, 2010). Dabei handelt es sich um ein Akronym, dass dabei hilft, Ziele präzise, einheitlich und auf den Punkt für jeden verständlich zu beschreiben. Das Prinzip ist im Meetingflash 3.2 dargestellt.

Auch in Meetings gilt, dass Teilnehmende nur durch eine klare Zielsetzung präzise handeln und entscheiden können. Daher müssen im Vorfeld des Meetings Ziele *SMART* formuliert und in der Agenda kommuniziert werden, sodass sich alle Teilnehmenden über die Ziele im Klaren sind (Tropman, 2003).

> **Meetingflash 3.2: SMART-Regel**
> **S** pezifisch: Das Ziel muss eindeutig und so präzise wie möglich definiert sein.
> **M** essbar: Das Ziel muss eindeutig messbar sein.
> **A** ttraktiv: Das Ziel muss erstrebenswert und ansprechend sein.
> **R** ealistisch: Das Ziel muss realistisch erreichbar und realisierbar sein.
> **T** erminiert: Das Ziel muss einen festen Zeitrahmen haben
>
> (Schmidt, 2010)

Die Ziele zeigen den Teilnehmenden, worauf der Fokus gelegt wird und weshalb die zu besprechenden Angelegenheiten wichtig sind. Zudem kann anhand der klar formulierten Ziele der Erfolg des Meetings eindeutig nachvollzogen und gemessen werden (Streibel, 2003). Dabei fördern hohe und herausfordernde Ziele nicht nur bei einzelnen Personen die Motivation. Der Effekt zeigt sich auch bei Gruppenleistungen (e.g. Durham, Knight & Locke, 1997). So wurde ein positiver Zusammenhang zwischen dem Aufstellen klarer Ziele und der Effizienz von Meetings gefunden, da die Zielsetzung den Fokus der Teilnehmenden schärft und die Kommunikation strukturiert (z. B. Bang, Fuglesang, Ovesen & Eilertsen, 2010; Nixon & Littlepage, 1992).

3.1.2 Die Gruppenzusammensetzung

Gruppengröße

Allgemein gilt für Meetings die Devise »So wenig wie möglich, so viel wie nötig«. Dies bedeutet, dass nur die Personen zu einem Meeting eingeladen werden sollten, die einen Grund für ihre Anwesenheit haben (Elsayed-Elkhouly, Lazarus & Forsythe, 1997). So zeigt die Forschung, dass die intrinsische Motivation höher ist, wenn Personen ihre Aufgaben als lohnend und wichtig wahrnehmen (Campion, Medsker & Higgs, 1993). Die Motivation zur Teilnahme an einem Meeting ist demnach höher, wenn sie etwas Relevantes beitragen können. Dabei gilt es allerdings zu beachten, dass in der Unternehmenspraxis die Entscheidung, wer zu einem Meeting eingeladen wird, nicht immer nur auf Basis von Produktivität und Relevanz gefällt wird. Stattdessen spielen innerbetriebliche Prozesse und Hierarchien eine meist entscheidendere Rolle (Tobia & Becker, 1990). Dennoch belegen empirische Befunde, dass größere Meetinggruppen die individuellen Beiträge von Teilnehmenden hemmen und mehr Koordinationsaufwand benötigen (Kerr, MacCoun & Kramer, 1996). Gleichzeitig sollten die Gruppen groß genug sein, um eine Vielfalt an Meinungen und Sichtweisen zu repräsentieren, sodass alle nötigen Expertisen und Kompetenzen für die Lösungsfindung vorhanden sind (Romano & Nunamaker, 2001). Dies ist vor allem relevant, um den negativen Einfluss von einheitlichem Gruppendenken zu verhindern. *Groupthink* ist ein bekanntes sozialpsychologisches Phänomen, das sich auf die Meinungsbildung in Gruppen auswirkt und im Meetingflash 3.3 ausführlich dargestellt ist.

Meetingflash 3.3: Gruppendenken (Groupthink)

Gruppendenken beschreibt ein dysfunktionales Interaktionsmuster in Gruppen, bei dem es zu einem überhöhten Streben nach Einigkeit kommt. Bei Gruppen mit hoher Kohäsion kann das Harmoniestreben überbetont werden, was auf Kosten der Bewertung von Alternativen geht. Dadurch treffen an sich kompetente Personen schlechte Entscheidungen innerhalb einer Gruppe, da sie aufgrund von Konformitätsdruck ihre persönliche Meinung an die Gruppenmeinung anpassen. So entsteht die Situation, dass Gruppen Handlungen zustimmen, die von den Mitgliedern individuell abgelehnt werden.

Neben einer hohen Gruppenkohäsion hat die Struktur einer Organisation (z. B. mangelnde Diversität, Isoliertheit der Gruppe) und der situationale Kontext (z. B. psychischer Stress) bedeutsamen Einfluss. Der Uniformitätsdruck führt zu Selbstzensur, sodass Zweifel zurückgehalten werden. Die Selbstüberschätzung der Gruppe resultiert in einer Illusion der Unverwundbarkeit und Vertrauen in Unfehlbarkeit. Die Engstirnigkeit äußert sich im Ausblenden widersprechender Informationen.

Ein klassisches Beispiel für Gruppendenken ist das Schweinebucht-Fiasko aus dem Jahr 1961, bei dem der Sturz der Regierung Castros vollständig scheiterte. Grund waren unrealistische Annahmen des Beraterstabs, die nicht kritisch bewertet wurden. Gleiches zeigte sich beim Challenger-Unglück von 1986. Die Raumfähre explodierte nur wenige Zeit nach dem Start aufgrund eines fehlerhaften Dichtungsrings. Obwohl bekannt war, dass er ein Sicherheitsrisiko darstellte, führt der Erfolgsdruck zu einer Unterdrückung der begründeten Zweifel. Als ein aktuelles Beispiel wird auch die Präsidentschaftswahl von Trump 2016 herangezogen. Trotz konstanter negativer Schlagzeilen gewichteten Trumps Wähler*innen Gruppenkohäsion wichtiger als Rationalität und Fakten.

> Bezogen auf die organisationale Praxis bedeutet dies, dass vor allem Teams, die unter hohem Erfolgsdruck stehen, der Gefahr des Gruppendenkens ausgesetzt sind. Dies kann zu einer realitätsfernen Einschätzung der eigenen Leistungen und Fehlplanung bei Deadlines führen. Um Risiken wie z. B. fehlerhafte Produkte zu vermeiden, sollten Gegenmaßnahmen ergriffen werden. Beispiele dafür sind das Sensibilisieren der Gruppenmitglieder für das Phänomen und eine moderierende Führungsperson, welche darauf achtet, stets neutral alle Meinungen einzubeziehen. Zusätzlich hilft das Einführen eines »Advocatus diaboli«, welcher alle Entscheidungen hinterfragt, oder das Einbeziehen von externen Expert*innen. Auch das Aufteilen einer Großgruppe in Kleingruppen, die sich Teilaufgaben gegenseitig präsentieren und die Arbeit kritisieren, senkt das Risiko, dass Gruppendenken auftritt.
>
> (Janis, 1972; van Bavel & Pereira, 2018)

Romano und Nunamaker (2001) konnten zeigen, dass die optimale Anzahl an Teilnehmenden in Abhängigkeit von der Meetingart variiert: Für Problemlösung und Entscheidungsfindung sollten maximal fünf Personen am Meeting teilnehmen. Zur Problemidentifikation bedarf es maximal zehn Teilnehmenden. Für Trainings empfiehlt es sich, einen Teilnehmendenkreis von 15 Personen nicht zu übersteigen. Bei Meetings, in denen die Präsentation von Informationen im Vordergrund steht, sollten weniger als 30 Personen anwesend sein. Besteht der Zweck eines Meetings jedoch in einer motivierenden Ansprache der Beschäftigten, sollten so viele Personen wie möglich teilnehmen.

Für die Meetingleitung ist daher bei der Festlegung der Gruppengröße die Notwendigkeit und Relevanz des Meetings entscheidend. Neben innerbetrieblichen Faktoren gilt es abzuwägen, ob Informationen auch mittels anderer Kommunikationsmittel vermittelt werden können. Gibt es effizientere Methoden (z. B. Telefonate, E-Mails, virtuelle Konferenzen), die den Informationsaustausch genauso gut gewährleisten und zusätzlich Zeit sparen? Gibt es bestimmte Bräuche oder Regeln im Unternehmen, die Ihre Auswahl beeinflussen?

Diversitätsmerkmale

Durch internationale Zusammenarbeit, Zunahme der Zahl an vollbeschäftigten Frauen und immer mehr Ausbildungs- und Studienmöglichkeiten wird die Arbeitswelt zunehmend durch Diversität geprägt. Die Bedeutung der Diversität in Teams zeigt sich daran, dass Unternehmen zunehmend auf die Kombination vielfältiger Perspektiven und Kompetenzen setzen, um die Leistung in Teams zu erhöhen. Dadurch wird auch die Zusammensetzung der Teilnehmenden in Meetings immer stärker durch unterschiedliche Hintergründe, Disziplinen und Kulturen beeinflusst (Straube & Kauffeld, 2020).

Neben zahlreichen Vorteilen, die diese Art der Zusammenarbeit mit sich bringt, steigt das Risiko von Subgruppenbildung, also die Aufteilung des Teams in mehrere kleine Einheiten. Besonders, wenn die Ähnlichkeit zwischen Teammitgliedern mehrere Eigenschaften gleichzeitig umfasst, steigt die Wahrscheinlichkeit der Selbstkategorisierung in Teams (Turner, 1987). Das bedeutet, dass sich Teammitglieder eher einer bestimmten Kategorie zugehörig fühlen und ihre Identität somit durch die Zugehörigkeit zu einer sozialen Gruppe definiert wird. Gleichzeitig grenzen sie sich von Individuen ab, welche ihnen unähnlich sind, wodurch Subgruppen entstehen können.

In der Diversitätsforschung wird die Entstehung von Subgruppen durch das Konstrukt *Faultlines* beschrieben. *Faultlines* bezeichnen hypothetische Trennlinien, die Teams in mehr oder weniger homogene Subgruppen teilen (Lau & Murnighan, 1998). Diese Trennung beruht auf der Kombination mehrerer Eigenschaften der Teammitglieder. *Demographische Faultlines* umfassen zum Beispiel Alter, Geschlecht und kulturellen Hintergrund. Funktionale Faultlines beruhen dagegen auf arbeitsbezogenen Eigenschaften wie Ausbildung, Betriebszugehörigkeit oder fachlichem Hintergrund. Besteht ein Team beispielsweise aus zwei jungen männlichen Mitgliedern aus den USA und zwei älteren weiblichen Mitgliedern aus China, würde eine starke Trennung in zwei demographische Subgruppen bestehen, da sich die Mitglieder innerhalb ihrer Subgruppe sehr ähnlich sind, während die Unterschiede zwischen den Subgruppen sehr groß sind. Bei teamübergreifenden Meetings kann die Zugehörigkeit zu einem Team eine Trennlinie darstellen. Dabei beeinflusst die Entstehung solcher Subgruppen nicht nur allgemein die Zusammenarbeit, sondern auch die Art und Weise, wie Meetingteilnehmende innerhalb und zwischen den Subgruppen kommunizieren (Rico, Sánchez-Manzanares, Antino & Lau, 2012).

Ein großer Vorteil von Teams mit hoher Diversität besteht darin, dass eine größere Basis an unterschiedlichen Wissensbeständen und Fähigkeiten zusammenkommt (Horwitz & Horwitz, 2007; van Knippenberg, de Dreu & Homan, 2004). Das Vorhandensein von Subgruppen kann allerdings dazu führen, dass Kommunikation eher mit den ähnlichen als mit den unähnlichen Mitgliedern stattfindet (van Knippenberg de Dreu & Homan, 2004), sodass der Austausch zwischen den Subgruppen blockiert wird. Dies kann in Meetings dazu führen, dass nicht alle vorhandenen Informationen ausgetauscht und diskutiert werden. Dabei ist gerade in solchen Teams die Wahrscheinlichkeit hoch, dass nicht alle Mitglieder das gleiche Wissen haben, sodass am Ende Entscheidungen auf Basis unvollständiger Informationen gefällt werden (Jiang, Jackson, Shaw & Chung, 2012). Insgesamt lässt sich sagen, dass es in Teams mit hoher Diversität schwieriger ist, einen gemeinsamen Nenner zu finden, da es kein geteiltes Verständnis darüber gibt, wie ein Meeting erfolgreich durchgeführt werden sollte, was Ziele des Meetings sind und wie diese zu erreichen sind (Huber & Lewis, 2010). Kommen zudem Subgruppen zusammen, die sich vor allem in demographischen Eigenschaften unterscheiden, kann es zusätzlich zu sozialer Kategorisierung, negativen Stereotypen und daraus resultierend zu Konflikten zwischen den Subgruppen kommen (Straube & Kauffeld, 2020).

Um die Herausforderungen im Umgang mit *Faultlines* in Meetings zu meistern, kommt es vor allem darauf an, die Kommunikation zwischen den Subgruppen zu fördern. Dabei reicht es allerdings nicht aus, den Informationsaustausch einfach zu erhöhen. Stattdessen zeigen Studien, dass eine detaillierte Ausführung und Erklärung von Informationen die entscheidende Rolle spielen, um die Effektivität der Zusammenarbeit in Teams mit *Faultlines* zu verbessern (Meyer & Schermuly, 2012). Umso ausführlicher Informationen zwischen den Subgruppen geteilt werden, desto höher ist auch die Anzahl und Qualität der Maßnahmen, die am Ende des Meetings festgelegt werden (Straube & Kauffeld, in Druck). Ein weiterer Erfolgsfaktor ist die Etablierung eines standardisierten Vorgehens zur Definition von Zielen zu Meetingbeginn, durch die sichergestellt wird, dass alle Teammitglieder die gleiche Vorstellung von Ablauf und Ziel des Meetings haben (▶ Meetingflash 3.4).

> **Meetingflash 3.4: Faultline Communication Index**
>
> Der Faultline Communication Index (FCI; Straube & Kauffeld, 2020) beschreibt eine an die soziale Netzwerkanalyse angelehnte Methode zur Bestimmung von Kommunikation zwischen Subgruppen in Meetings. Der FCI beschreibt, wie ausgewogen die Kommunikation innerhalb und zwischen den Subgruppen stattfindet. Ein Wert von 1 zeigt dabei an, dass gleich viel Kommunikation zwischen wie innerhalb der Subgruppen stattfindet.
> Dabei wird zunächst die Anzahl der Sprecherwechsel zwischen Personen unterschiedlicher Subgruppen in Relation zu den gesamten Sprecherwechseln in einem Team während des untersuchten Meetings gesetzt. Die Sprecherwechsel können über eine sogenannte »Who-to-whom-Matrix« bestimmt werden, welche angibt, wie oft ein Beitrag jeder Person im Meeting auf einen Beitrag aller jeweils anderen Personen folgt (siehe Sauer & Kauffeld, 2013). Die Berechnung des Anteils der Subgruppenkommunikation geschieht nach der folgenden Formel:
>
> $$\text{Anteil Subgruppenkonstellationen} = \frac{\text{Anzahl Sprecherwechsel zw. Subgruppen}}{\text{Anzahl Sprecherwechsel gesamt}}$$
>
> Anschließend werden sowohl die theoretisch möglichen Kommunikationsverbindungen innerhalb des Teams (beispielhaft ergeben sich für ein Team von fünf Personen zehn mögliche Verbindungen zwischen den Mitgliedern) als auch zwischen den Subgruppen einbezogen. Diese Berechnungsmethode bietet den Vorteil, dass Teams unterschiedlicher Größe und mit unterschiedlichen Subgruppenkonstellationen leicht miteinander verglichen werden können:

$$\text{Anteil möglicher Verbindungen} = \frac{\text{mögliche Verbindungen gesamt}}{\text{mögliche Verbindungen zw. Subgruppen}}$$

Beide Anteile werden multipliziert, um den FCI zu berechnen:

$$\text{Faultline Communication Index (FCI)} = \text{Speaking Turn Ratio} * \text{Tie Ratio}$$

Zusätzlich kann der FCI mit weiteren Verhaltensdaten aus dem Meeting angereichert werden. So kann beispielsweise untersucht werden, wie bestimmte Arten von Kommunikationsverhalten (z. B. problemorientierte Äußerungen, strukturierendes Verhalten, Maßnahmenplanung etc.) innerhalb des Teams verteilt sind und ob hier eine ausgewogene Verteilung vorhanden ist. Klassischerweise werden die zu untersuchenden Subgruppen anhand der Faultline bestimmt, jedoch eignet sich das Maß auch für die Untersuchung der Kommunikation zwischen anders bestimmten Subgruppen (z. B. Meetingteilnehmende an zwei unterschiedlichen Standorten, welche in einem hybriden Meeting zusammenkommen).

Straube & Kauffeld, 2020

Interkulturelle Aspekte in Meetings

In der Forschung ist allgemein etabliert, dass Menschen mit unterschiedlichem kulturellem Hintergrund sehr abweichende Erwartungen an Teamarbeit, Kommunikation und Arbeitsstile haben. Auch gibt es starke interkulturelle Differenzen hinsichtlich der Normen und Regeln von Kollaboration und Zusammenarbeit (z.B. Fiske, 1992; Gibson & Zellmer-Bruhn, 2002; Köhler, 2009). Aus diesem Grund spielt die Kultur eine entscheidende Rolle in Unternehmen und somit auch in Meetings (Köhler & Gölz, 2015). Gerade in Zeiten der fortschreitenden Globalisierung, in denen der Austausch mit internationalen Partnern immer weiter zunimmt, erlangen die kulturellen Aspekte eine Bedeutung, die nicht unterschätzt werden darf.

In der Praxis gibt es bisher vor allem Berichte und Fallstudien, die sich auf die Verhaltensweisen und Interaktionsstile verschiedener Kulturen in Meetings konzentrieren (Clifton & van de Miroop, 2010). Köhler und Kollegen (2012) haben ein theoretisches Rahmenkonzept für interkulturelle Meetings erstellt, das sich vor allem auf Unterschiede in (1) Zweck, (2) Inhalt, (3) Struktur, (4) Rollen und (5) Zeitrahmen fokussiert. Der praktische Aspekt des Konzeptes zeigt sich, wenn man einen holistischen Blick auf die kulturellen Unterschiede in der Meetingpraxis wirft. So liegt der Fokus deutscher und amerikanischer Meetings auf Problemlösung. Dies bedeutet allerdings nicht, dass sie dieselbe Vorstellung von Strukturen und Rollen haben. Stattdessen unterscheiden sie sich drastisch, da deutsche Teilnehmende eng an der Agenda bleiben und sich ausführlich mit der Problemanalyse beschäftigen, um eine finale Lösung für das Problem zu finden. Dagegen fokussieren amerikanische Teilnehmende schnell auf die Ideengenerierung, sodass neue Themen eingebracht werden können und das Meeting anders verläuft als in der Agenda eigentlich vorgesehen (Lehmann-Willenbrock, Allen & Meineke, 2014).

Eine ähnliche Unterscheidung zeigt sich beim Vergleich von deutschen und japanischen Meetings. Bei beiden liegt ein hohes Augenmerk auf der inhaltlichen Konsensfindung. Allerdings können in deutschen Meetings unterschiedliche Meinungen frei und offen ausgetauscht werden, sodass Konsens im Verlauf des Meetings auf Basis der Diskussion aufgebaut wird. In Japan dagegen unterscheiden sich Struktur, Rollen und Zeitrahmen drastisch. So findet die tatsächliche Konsensbildung vor dem formalen Meeting durch Austausch in Vorbesprechungen statt. Diese werden in kleinem Kreis oder eins zu eins geführt und finden häufig ad hoc an Orten außerhalb des Arbeitsplatzes, z. B. in Bars oder Cafes, statt, sodass sich geschäftliche und soziale Interaktion vermischen. Auf Basis dieses Austausches wird dann die aktuelle Entscheidung getroffen. Das formale Meeting, an dem eine große Anzahl an Beschäftigten teilnimmt, dient dann rein der Repräsentation und öffentlichen Gesichtswahrung. Aufgrund des repräsentativen Zwecks findet keine weitere Diskussion zwischen Vorgesetzten und Beschäftigten statt. Stattdessen werden Vorgesetzte mit entsprechenden Titeln und Höflichkeitsformen angesprochen (Köhler & Gölz, 2015).

Im Vergleich zu Deutschland stehen bei Meetings in Großbritannien vor allem der Beziehungsaufbau und Informationsaustausch als Zweck im Zentrum. Dadurch unterscheidet sich auch die Struktur, denn die Agenda kann während des Meetings in Abhängigkeit von den Beiträgen und Ideen der Teilnehmenden verändert werden. Auch die Rollenverteilung ist verschieden, denn in Großbritannien steht die Hierarchie im Vordergrund, während in Deutschland Meetings häufig ohne Vorgesetzte stattfinden. So übernimmt die Führungskraft mit dem höchsten Rang die Meetingleitung. Dies wird als äußerst wichtige und sehr prestigeträchtige Rolle gesehen, da sie Autorität über die Agenda und das Treffen der finalen Entscheidungen verleiht (Jarzabkowski & Seidl, 2008).

Dass Deutsche in Meetings offen und konfrontativ agieren, um ihre Botschaften loszuwerden, konnten auch Suter und Kauffeld (2013) in Meetings zeigen. Demgegenüber ist in Schweizer Gruppen typisch, dass bei Problemlösungsprozessen wenig konkretisiert wird. Dagegen werden erst zum Ende konkrete Lösungen genannt. Zuvor werden Aussagen häufig abgeschwächt und kritische Punkte nicht direkt angesprochen (vgl. auch Kauffeld, 2012 und Jarren, Ohemer & Wassmer, 2010, für Diskussionen in Schweizer und deutschen Parlamenten).

3.2 Fazit

Schon die Frage, wer mit wem im Meeting zusammentrifft, gibt Hinweise, wie das Meeting verlaufen könnte und welches Ergebnis erzielt werden kann. Neben der Anzahl der Teilnehmenden im Meeting gilt es vor allem die Zusammensetzung zu beachten. So besteht ein großer Vorteil von Teams mit hoher Diversität darin, dass eine größere Basis an unterschiedlichen Wissensbeständen und Fähigkeiten zusammenkommt. Allerdings muss gerade in heterogenen Teams der strukturierte Austausch in Meetings aktiv gefördert werden, damit die Zusammenarbeit nicht durch Subgruppenbildung blockiert wird. Menschen mit unterschiedlichem kulturellem Hintergrund haben oft sehr abweichende

Erwartungen an Teamarbeit, Kommunikation und Arbeitsstile. Auch die Meetingpraxis unterscheidet sich in verschiedenen Kulturen deutlich. Zudem gibt es neben impliziten Erwartungen der einzelnen Teilnehmenden Normen und Regeln für Meetings, die beschreibbar sind und eine elementare Rolle für einen erfolgreichen Ablauf spielen. Dazu gehören neben der Nutzung einer Agenda und Formulierung konkreter Ziele auch die Dokumentation.

> **Weiterführende Literatur**
>
> Gerpott, F. & Lehmann-Willenbrock, N. (2015). How differences make a difference: The role of team diversity in meeting processes and outcomes. In J. A. Allen, N. Lehmann-Willenbrock & S. G. Rogelberg (Eds.), *Cambridge handbooks in psychology. The Cambridge handbook of meeting science* (pp. 93–118). Cambridge University Press.
> Köhler, T. & Gölz, M. (2015). Meetings across cultures: Cultural differences in meeting expectations and processes. In J. A. Allen, N. Lehmann-Willenbrock & S. G. Rogelberg (Eds.), *Cambridge handbooks in psychology. The Cambridge handbook of meeting science* (pp. 119–149). Cambridge University Press.
> Straube, J. & Kauffeld, S. (2020). Faultlines during Meeting Interactions: The Role of Intersubgroup Communication. In Managing Meetings in Organizations. Emerald Publishing Limited.

4 Meetingprozess: Die Interaktion als Prozessfaktor

MeetingSample: Vom Hölzchen aufs Stöckchen zum Jammern!

Am Mittwoch startete das Meeting der Führungskräfte endlich einmal pünktlich. Es hatten keine Teilnehmenden abgesagt und einige bedankten sich sogar explizit für die Einladungs-E-Mail bzw. die frühzeitige Erinnerung an die Themen. Die ersten Minuten vergingen jedoch wie gewohnt mit Small Talk – heute über das bevorstehende Champions-League-Spiel. Oh je! Wenn das so weiterging, würde es wieder knapp werden mit der Meetingzeit.

Zum Glück hatte Melanie Neumann im Vorhinein die Agenda auf ein Flipchart geschrieben. Dies nutzte sie als Einstieg, um die Teilnehmenden offiziell zu begrüßen und auf die Tagesordnungspunkte auf dem Flipchart zu verweisen. Als erster Punkt stand das Thema Software auf der Agenda. Als der Austausch zur sinnvollen Nutzung des digitalen Tools gerade begonnen hatte, warf Herr Fischer eine übliche Phrase ein: »*Bei uns ändert sich doch sowieso nie etwas –ganz egal mit welcher Software!*«. »*Da kann ich nur zustimmen! Es ist immer die gleiche Leier*«, bestärkte Herr Hoffmann seinen Kollegen. Die beiden begannen sich gegenseitig in ihrer Schwarzmalerei hochzuschaukeln bis Frau Richter widersprach: »*Die neue Software bietet aber individualisierbare Module. Das finde ich eine ganz wichtige Einstellungsmöglichkeit!*« Damit begann sie spezifische Details aufzuzählen. »*Ich finde all diesen Einstellungskram viel zu kompliziert*«, entgegnete Herr Wagner. So entstand eine Diskussion um Details der Software, während Herr Fischer und Herr Hoffmann ein Seitengespräch über das Veränderungsmanagement des Unternehmens führten.

Durch die aufkommenden Emotionen im Team und die Entwicklung verschiedener Interaktionsmuster hatte Melanie Neumann große Schwierigkeiten damit, die Besprechung zu steuern. Zum Glück half ihr die Agenda dabei zu dem nächsten Tagesordnungspunkt überzuleiten. Allerdings hatten sie sehr viel Zeit verloren, sodass sie es am Ende nicht mehr schaffte, die Ergebnisse und Maßnahmen auf einem Flipchart zu fixieren.

»*Verflixt!*« Melanie Neumann ärgerte sich. Ihre Maßnahmen zur Planung des Meetings hatten zwar geholfen, sodass alle Teilnehmenden pünktlich und vorbereitet waren, die Diskussion im Meeting war ihr jedoch im Verlauf des Meetings immer mehr entglitten.

Ziel des Kapitels ist es, die Prozesse während eines Meetings aufzuzeigen und die Rolle der Kommunikation hervorzuheben. Dabei muss die zeitliche Dynamik des Meetingverlaufs beachtet werden. Der Fokus liegt auf dem Verhalten der Teilnehmenden sowie der Zusammenarbeit. Daher zeigen wir auf, welchen Einfluss funktionale und dysfunktionale Verhaltensweisen haben. Zudem stellen wir die Auswirkungen emergenter Zustände und dynamischer Interaktionsmuster auf den Meetingverlauf dar.

4.1 Verhalten in Meetings

Im *IPOI-Modell* ergibt sich der Prozess aus dem Zusammenwirken der einzelnen Inputfaktoren und bezieht sich auf das Verhalten der Teilnehmenden in der Meetingsituation. Der Prozess hat grundlegenden Einfluss auf die Qualität von Entscheidungen und die Zufriedenheit der Teilnehmenden, sodass der Verlauf entscheidend für den Erfolg eines jeden Meetings ist (u. a. Kauffeld & Lehmann-Willenbrock, 2012). Dabei werden durch die wechselseitige Interaktion nicht nur Informationen vermittelt, sondern auch Emotionen und Wertungen hervorgebracht, Vorurteile geschürt sowie Bedürfnisse und Interessen gestillt (Rausch, 2008).

Ein Team funktioniert dann am besten, wenn es eingespielt ist. Dies ist ein Satz, den man häufig in Unternehmen hört, wenn davon gesprochen wird, dass die einzelnen Teammitglieder wie Zahnräder ineinandergreifen müssen. Er deutet darauf hin, dass es nicht nur darauf ankommt, dass ein Team sinnvoll zusammengestellt ist oder von der Organisation unterstützt wird. Stattdessen ist die entscheidende Variable die Interaktion innerhalb des Teams. Wenn die Zahnräder in einem Uhrwerk nicht einwandfrei laufen, wird dies sofort offensichtlich, da die Zeit stehen bleibt. Das gleiche gilt für die Zusammenarbeit in Meetings. Wenn der Interaktionsprozess nicht funktioniert, werden relevante Informationen nicht ausgetauscht und das Meeting wird kein Erfolg.

Durch die Analyse des Interaktionsprozesses in Meetings können wir erfahren, was tatsächlich in Meetings passiert und was konkreten Einfluss auf das Ergebnis hat (Kauffeld & Lehmann-Willenbrock, 2012). So lassen sich Katalysatoren und Barrieren der Zusammenarbeit identifizieren (Kauffeld, Tiscar-Lorenzo, Montasem & Lehmann-Willenbrock, 2009). Um das Verhalten in Meetings analysieren zu können, hat Kauffeld (2006) ein Kodierschema entwickelt, das auf den bereits beschriebenen vier Kommunikationsfacetten basiert. In Tabelle 4.1 präsentieren wir eine Übersicht über das komplette Kodierschema.

Der Interaktions-Prozess-Analyse (IPA; Bales, 1950) folgend findet Kommunikation in Meetings immer auf einer Sach- und einer Beziehungsebene statt. Sachaspekte betreffen vor allem die Aufgabenorientierung, während Beziehungsaspekte soziale Prozesse umfassen (vgl. zusammenfassend Kauffeld, 2001). Neben aufgabenbezogenen und sozioemotionalen Beiträgen werden in der Konferenzkodierung von Fisch (1994, 1998) Kategorien zur Steuerung der Diskussion berücksichtigt. Kauffeld (2006) hat in ihrem Modell zur Erfassung des Interaktionsprozesses diesen Ansatz erweitert und vier Facetten definiert, in die funktionales Verhalten eingeordnet werden kann: (1) Problemorientierte Aspekte, (2) prozedurale Aspekte, (3) sozio-emotionale Aspekte und (4) handlungsorientierte Aspekte.

Das Kodierschema zeichnet sich durch eine Besonderheit aus, die es von anderen Schemata abhebt. Für die prozeduralen, sozio-emotionalen und handlungsorientierten Facetten werden nicht nur positive (funktionale), sondern auch negative (dysfunktionale) Verhaltensweisen erfasst.

Tab. 4.1: Interaktionsanalyse in Meetings, act4teams© Kodierschema (Kauffeld, 2006)

Problemorientierte Aspekte	Prozedurale Aspekte	Sozio-emotionale Aspekte	Handlungsorientierte Aspekte
	funktional		
Problemdifferenzierung	Strukturierung	Kollegiale Interaktion	Konstruktive Mitwirkung
• Problem • Problemerläuterung	• Zielorientierung • Klärung/Konkretisierung • Verfahrensvorschlag	• Ermunternde Absprache • Unterstützung • Aktives Zuhören	• Interesse an Veränderungen • Eigenverantwortung • Maßnahmenplanung
Problemversetzung	• Verfahrensfrage • Priorisieren	• Ablehnung • Rückmeldung	
• Verknüpfung bei der Problemanalyse	• Weitmanagement • Aufgabenverteilung • Visualisierung	• Atmosphärische Auflockerung • Ich-Botschaft: Trennung von Meinung und Tatsache	
Lösungsdifferenzierung	• Kosten-Nutzen-Abwägen • Zusammenfassung	• Gefühle • Lob	
• Sollentwurf • Lösungsvorschlag • Lösungserläuterung • Lösungsvernetzung • Problem zu Lösung • Verknüpfung mit Lösung			

Tab. 4.1: Interaktionsanalyse in Meetings, act4teams© Kodierschema (Kauffeld, 2006) – Fortsetzung

Problemorientierte Aspekte	Prozedurale Aspekte	Sozio-emotionale Aspekte	Handlungsorientierte Aspekte
Wissen zur Organisation • Organisationales Wissen Wissensmanagement • Wissen wer • Frage			
dysfunktional			
	Verlieren in Details und Beispielen • Verlieren in Details und Beispielen	Unkollegiale Interaktion • Tadel/Abwertung • Unterbrechung • Seitengespräch • Reputation	Destruktive Mitwirkung • Kein Interesse an Veränderungen • Jammern • Abbruch • Schuldigensuche • Betonung autoritärer Elemente • Phrase

Dies verleiht dem Schema eine hohe Relevanz über die Laborforschung hinaus, da es den Praxiseinsatz in Unternehmen möglich macht.

Insgesamt haben Längsschnittstudien mit 92 realen Besprechungen in Unternehmen verblüffende Ergebnisse aufgedeckt, die sich deutlich von der bisherigen Laborforschung abheben. So zeigen die Auswertungen, dass es in Meetings fast genauso häufig um atmosphärische Auflockerungen wie um Seitengespräche geht. Auch tritt das Lästern über Abwesende und das Herausstellen der eigenen Reputation fast so häufig auf wie die Definition und Erläuterung von Problemen oder die Generierung von Lösungen. Insgesamt sind ca. 55 % der Verhaltensweisen in Meetings funktional und ca. 45 % dysfunktional. Positive und negative Aspekte halten sich also fast die Waage. Dies zeigt in beeindruckender Weise, wie wichtig es ist, das konkrete Verhalten in Meetings zu analysieren, um negative Aspekte aufzudecken und konkrete dysfunktionale Verhaltensweisen zu identifizieren. Aufgrund der Relevanz einzelner Verhaltensweisen haben wir im Folgenden die vier funktionalen und drei dysfunktionalen Facetten des Kodierschemas im Detail erläutert.

4.1.1 Funktionales Verhalten

Problemorientierte Aspekte

Grundlage dieser Facette ist die Fachkompetenz, da die Inhaltsaspekte der Diskussion im Mittelpunkt stehen. Es werden vor allem die prozessbezogenen und aufgabenspezifischen Äußerungen erfasst. So wird zwischen problem- (z. B. »Problemerläuterung«) und lösungsorientierten (z. B. »Lösungsvorschlag) Verhaltensweisen unterschieden. Zusätzlich werden organisationale und arbeitsplatzspezifische Aspekte (z. B. Wissen zur Organisation) erfasst. Längsschnittliche Untersuchungen zeigen, dass bei den fachlichen Äußerungen das Wissen über die Organisation dominiert, noch vor der Benennung und Erläuterung von Problemen. Nur ca. 25 % der fachlichen Äußerungen drehen sich dagegen um die differenzierte und vernetzte Darstellung von Lösungen. Dabei haben gerade die Vernetzung von Problemen mit Lösungen sowie Lösungsvorschläge und -erläuterungen einen signifikanten Einfluss auf den Erfolg von Meetings (Kauffeld & Lehmann-Willenbrock, 2012).

Prozedurale Aspekte

Die Methodenkompetenz ist die Grundlage der zweiten Facette, die auf die Nutzung von Methoden zur Steuerung des Meetingprozesses abzielt. Funktionale Aspekte umfassen Verhaltensweisen zur Strukturierung der Diskussion wie die »Priorisierung«. Die wichtigste Methode ist die Visualisierung, die eine signifikante Wirkung auf die Meetingqualität hat (Cohen, Rogelberg, Allen & Luong, 2011).

Sozio-emotionale Aspekte

Die dritte Facette basiert auf der Sozialkompetenz und erfasst Beziehungsaspekte der Kommunikation. Diese spielen eine elementare Rolle in Meetings, da sie die Grundlage für eine kollegiale Zusammenarbeit sind (Keyton, 1999). Die funktionalen Aspekte umfassen »aktives Zuhören«, »Feedback« und »Lob«. So zeigen längsschnittliche Untersuchungen, dass sich der Großteil sozialkompetenter Äußerungen auf die Unterstützung von Vorschlägen und Ideen beziehen (Kauffeld & Lehmann-Willenbrock, 2012).

Handlungsorientierte Aspekte

Die Selbstkompetenz stellt die Grundlage der vierten Facette dar, welche die Einsatzbereitschaft zu konstruktiver Mitwirkung beschreibt. Die Bereitschaft eigenständig Verbesserungen zu schaffen, ist gerade bei komplexen Aufgaben entscheidend für eine hohe Produktivität (Brandstätter, Heimbeck, Malzacher & Frese, 2003). Zu den funktionalen Aspekten gehören »Maßnahmenplanung«, »Eigenverantwortung« und »Interesse an Veränderungen«. Obwohl die handlungsorientierten Aspekte vor allem für die Nachhaltigkeit und Umsetzung der Ergebnisse des Meetings relevant sind, kommen sie in Meetings auffallend selten vor. So zeigen längsschnittliche Untersuchungen, dass die Maßnahmenplanung, die für die Realisierung von Lösungen elementar ist, nur sehr sparsam verwendet wird (Kauffeld & Lehmann-Willenbrock, 2012).

4.1.2 Dysfunktionales Verhalten

Prozedurale Aspekte

Die Steuerung des Meetingprozesses kann negative Aspekte aufweisen, wenn unwichtige Details zu stark ausgeführt werden (»Verlieren in Details und Beispielen«). Geht der rote Faden verloren, hat dies negative Auswirkungen auf die Qualität und Akzeptanz von Lösungen. Dabei wirkt sich eine fehlende Steuerung des Meetingverlaufs auch negativ auf die Zufriedenheit der Teilnehmenden aus. Für die Moderation ist es besonders wichtig, auf dysfunktionale Methodenaspekte zu achten, da sie im Vergleich zu positiven prozeduralen Aspekten wesentlich häufiger auftreten (Kauffeld & Lehmann-Willenbrock, 2012).

Sozio-emotionale Aspekte

Negative Beziehungsaspekte treten in Meetings vor allem durch unkollegiale Äußerungen auf, die durch aggressives Vertreten eigener Standpunkte und Kränkungen gekennzeichnet sind. Neben »Tadel und Abwertung« umfassen unkollegiale Äußerungen auch die Betonung der eigenen »Reputation« zur Selbsterhöhung. Die Interaktion beeinflussen dysfunktionale sozio-emotionale Aspekte durch »Unterbrechungen« und »Seitengespräche«. Längsschnittliche Untersuchungen zeigen, dass gerade »Tadel und Abwertung« verheerend für den Meetingerfolg sind, da sie den stärksten Effekt auf den Verlauf haben und die Produktivität negativ beeinflussen. (Kauffeld & Lehmann-Willenbrock, 2012). Eine detaillierte Einteilung unhöflichen Meetingverhaltens ist im Meetingflash 4.1 dargestellt.

Meetingflash 4.1: Unhöflichkeit in Meetings

Umfragen zeigen, dass sich Teilnehmende häufig über unhöfliches Verhalten in Meetings beschweren (Di Salvo, Nikkel & Monroe, 1989; Romano & Nunamaker, 2001) Darauf aufbauend haben Odermat und Kolleg*innen (2014) *Uncivil Meeting Behaviors* kategorisiert. Sie definieren unhöfliches Verhalten in Meetings als Aktionen, die generelle soziale Normen und spezifische Meetingregeln verletzen. Dabei muss *Uncivil Meeting Behavior* nicht immer bewusst oder intentional geschehen. Die Forscher*innen haben fünf Kategorien unhöflichen Verhaltens festgelegt:

(1) Absentismus – Unpünktlichkeit, vorzeitiges Verlassen
(2) Seitenaktivitäten – Persönliche Angelegenheiten, die nichts mit den Meetingthemen zu tun haben
(3) Nonpartizipation – fehlende aktive Teilnahme, Desinteresse
(4) Dominantes Kommunikationsverhalten – Egozentrisches Verhalten, Unterbrechungen, Monopolisierung der Diskussion
(5) Unangemessenes interpersonales Verhalten – despektierliches verbales und nonverbales Verhalten

Studien zu *Uncivil Meeting Behaviors* zeigen einen Zusammenhang zwischen unhöflichem Verhalten und der Wahrnehmung geringer Meetingzufriedenheit und -effektivität. Dabei kommt unangemessenes interpersonales Verhalten zwar eher selten vor, hat aber zusammen mit fehlender Partizipation den größten negativen Effekt. Weitere Befragungen haben ergeben, dass *Uncivil Meeting Behavior* mit Persönlichkeitsvariablen in Zusammenhang steht. So neigen Meetingteilnehmende mit einer hohen Ausprägung an Psychopathie und Narzissmus stärker zu dominantem Kommunikationsverhalten und zeigen mehr unangemessenes interpersonales Verhalten. Teilnehmende mit einer hohen Ausprägung an Verträglichkeit zeigen diese beiden Verhaltensweisen dagegen eher selten (Odermat et al., 2014).

Handlungsorientierte Aspekte

Eine negative Handlungsorientierung zeigt sich durch »Jammern« und »Schuldigensuche«. So wird häufig zum Ausdruck gebracht, dass im Team »kein Interesse an Veränderungen« besteht. Für die Moderation gilt es, ein besonderes Augenmerk auf die destruktive Mitwirkung zu haben. Denn gerade Jammern und Äußern fehlenden Interesses an Veränderungen haben einen stärkeren Effekt auf den Ausgang von Meetings als funktionale Äußerungen. Den zielgerichteten Umgang mit Jammern haben wir im ▶ Kap. 2.1.2 explizit ausgeführt.

4.2 Zusammenarbeit in Meetings

In der Forschung herrscht Einigkeit darüber, dass Meetings einer zeitlichen Dynamik unterliegen, welche sich auf die Zusammenarbeit auswirkt. So ist das Auftreten bestimmter Verhaltensweisen vom zeitlichen Verlauf abhängig (Marks et al., 2001; Meinecke & Lehmann-Willenbrock, 2015). Dabei gibt es während des Meetings kritische Phasen, die beachtet werden müssen, damit das Meeting produktiv verläuft. Diese Phasen weisen spezifische Merkmale auf und gehen mit unterschiedlichen Herausforderungen und Erfolgsfaktoren einher. Trotz dieser Erkenntnis gibt es bisher jedoch nur wenig Forschung, die sich mit verschiedenen Phasen innerhalb eines Meetings beschäftigt (Jarzabkowski & Seidl, 2008). Die existierenden Modelle unterscheiden sich zudem in der Anzahl und dem Inhalt der einzelnen Schritte des Besprechungsprozesses (u. a. Kießling-Sonntag, 2005; Mosvick & Nelson, 1996; Schnöring, 2007). Hendry und Seidl (2003) haben ein Konzept erstellt, das drei strategische Episoden in Meetings unterscheidet, die durch spezifische Handlungen gekennzeichnet sind, sodass es eine hohe Praxisrelevanz hat. Demnach beginnt das Meeting mit der (1) *Initiation*. Dies ist die Einstiegsphase, in der das Meeting vom fortlaufenden organisationalen Arbeitsprozess abgekoppelt wird und neue Strukturen etabliert werden. (2) Die *Durchführung* stellt die Arbeitsphase dar, in der Aufgabenbesprechung und Diskussion stattfinden. (3) Die *Termination* ist die Abschlussphase, in der die Meetingstrukturen aufgelöst werden und der organisationale Prozess wiedereinsetzt.

4.2.1 Einstiegsphase

Ausschlaggebend für Erfolg oder Misserfolg von Meetings ist der Einstieg. Auch wenn die Einleitung nur einen kurzen Teil der Gesamtzeit des Meetings ausmacht, werden in den ersten Minuten die Weichen für einen effizienten Ablauf des Meetings gestellt. Auf dem Primacy-Recency-Effect basiert der Ausspruch »Der erste Eindruck zählt« (Asch, 1952). Dieser Reihenfolgeeffekt beschreibt eine Urteilsverzerrung, durch die Informationen, die zuerst und zuletzt präsentiert werden, besser in Erinnerung bleiben, sodass ihnen ein stärkeres Gewicht beigemessen wird (Hoffmann & Engelkamp, 2013). Dadurch hat der erste Eindruck eine elementare Bedeutung für die Gesamtbewertung des Meetings.

Einen positiven Effekt auf die wahrgenommene Zufriedenheit der Teilnehmenden haben Pünktlichkeit und das Einhalten des festgelegten Zeitrahmens (Cohen et al., 2011). Daher sollte das Meeting pünktlich gestartet werden, auch wenn noch nicht alle Teilnehmenden eingetroffen sind, um die Relevanz des Meetings zu verdeutlichen. Andernfalls kommt es zu Unruhe oder Unzufriedenheit bei den Teilnehmenden. Im Praxishack 4.1 stellen wir Ihnen einen Impuls vor, mit dem Sie auf relativ einfache Art und Weise den Fokus der Teilnehmenden auf das Meeting lenken können.

Praxishack 4.1: Ladestation

Häufig verzögert sich der Start in Meetings, da die Teilnehmenden noch mit der Bearbeitung der neusten Nachrichten auf ihren Smartphones beschäftigt sind. Auch während der Meetings können Smartphones immer wieder die Konzentration stören.

Daher verwendet Google ein einfaches Prinzip. In den Meetings des Konzerns wird am Eingang des Meetingraums eine Ladestation platziert. Die Meetingleitung bittet die Teilnehmenden bei ihrer Ankunft, diese zu nutzen. Dadurch wird die Ablenkungsquelle Smartphone auf elegante Weise ausgeschaltet.

(Eppler & Kernbach, 2018)

Neben der Einhaltung der Zeitfenster ist die Abgrenzung von laufenden Arbeitsaktivitäten entscheidend. Dabei geht es darum, dass alle Teilnehmenden ihre aktuellen Aufgaben und Probleme mental abschließen, damit sie sich voll und ganz auf die anstehenden Meetingthemen fokussieren können. Dazu reicht das Abgeben des Smartphones allerdings nicht aus. Wenn die Teilnehmenden noch die Aufgaben aus dem vorherigen Meeting ordnen oder schon die Tätigkeiten des weiteren Arbeitstages planen, können sie sich schlecht für die aktuellen Themen motivieren. Daher muss die Meetingleitung sicherstellen, dass alle Teilnehmenden nicht nur physisch, sondern auch psychisch angekommen sind. Um dieses Problem zu bewältigen, wird in der Forschung aktuell das Thema *Pre-Meeting Talk* als effektive Methode zum Einstieg erforscht, welches wir Ihnen im Meetingflash 4.2 vorstellen (Allen, Lehmann-Willenbrock & Landowski, 2014).

Meetingflash 4.2: Pre-Meeting Talk

Aktuelle Forschung zeigt, dass ein positiver Verlauf von Meetings nicht erst vom Start des Meetings geprägt wird, sondern bereits durch die Kommunikation vor dem Beginn des Meetings beeinflusst wird. *Pre-Meeting-Talk«* beschreibt die Kommunikation, die vor Beginn eines Meetings, meist in einem Zeitrahmen von fünf bis zehn Minuten, stattfindet. In dieser Phase werden soziale Bindungen zwischen den Teilnehmenden gebildet. Dieser Prozess beeinflusst nicht nur die Gruppenidentität, sondern hat eine positive Wirkung auf die wahrgenommene Effektivität des folgenden Meetings. So reduziert *Small Talk* die Unsicherheit der Teilnehmenden und fördert dadurch eine bessere Zusammenarbeit (Goldsmith & Baxter, 1996; Mills, 2010). Dabei hat die Persönlichkeit der Teilnehmenden einen Einfluss auf die Stärke des Effektes. So ist der Nutzen von *Pre-Meeting-Talks* bei Teilnehmenden, die als weniger extrovertiert eingestuft werden, stärker ausgeprägt. Vor allem zurückhaltende Beschäftigte können von der positiven Wirkung des *Pre-Meeting Talks* während der Meetingsituation profitieren und eine aktivere Rolle einnehmen. Somit ist es empfehlenswert, vor dem Beginn des Meetings Raum und Zeit für *Pre-Meeting Talk* zu etablieren, um die Effektivität von Meetings zu fördern (Allen et al., 2014).

Insgesamt werden vier *Pre-Meeting-Gesprächsformen* unterschieden:
Small Talk betrifft Gespräche ohne expliziten Arbeits- oder Aufgabenfokus, z. B. Diskussionen über das Wetter. Im organisatorischen Kontext kann *Small Talk* helfen, Beziehungen aufzubauen, die für eine angenehme Arbeitsatmosphäre sorgen (Coupland, 2000; Holmes, 2000).
Preparatory Talk bezieht sich auf die Kommunikation zur Vorbereitung des bevorstehenden Treffens, wie z. B. die Diskussion der Tagesordnung. Das vorbereitende Gespräch betrifft ausschließlich die konkrete Situation und damit keine arbeitsbezogenen Themen außerhalb des Meetings (Allen et al., 2014).
Work Talk bezeichnet Gespräche zwischen Beschäftigten, die sich direkt auf die Arbeitsumgebung beziehen, in der sich die Personen befinden. Ziel ist die tatsächliche Erfüllung von Aufgaben im Zusammenhang mit der Arbeit der Beschäftigten, wie z. B. die Koordination von Projekten. *Work Talk* dient als Informationsaustausch, der für die Erfüllung oder Durchführung von Aufgaben unerlässlich ist (Mirivel & Tracy, 2005).
Shop Talk ist eine kurze Konversation über Menschen, Ereignisse und Themen, welche direkt mit der Organisation zu tun haben. Demnach stehen arbeitsbezogene Themen im Fokus. Anders als beim Work-Talk geht es allerdings nicht um die konkrete Situation, sondern globaler um den Arbeitsplatz an sich (Mirivel & Tracy, 2005).

Zum Einstieg in das Meeting gilt es für die Moderation, den Ablauf der Besprechung im Zeitraffertempo zu skizzieren, sodass der Verlauf sinnbildlich an den Teilnehmenden vorüberzieht. Die *Initiation* umfasst die Begrüßung der Teilnehmenden und die Vorstellung der Rahmenbedingungen. Im Praxishack 4.2 stellen wir einen Impuls für die Begrüßungsrunde vor, mit dem alle Teilnehmenden direkt in die Interaktion einbezogen werden. Die Dauer der Begrüßungsrunde hängt von Art und

Kontext des Meetings ab. So benötigt ein neu zusammengestelltes Team mehr Zeit, damit sich die einzelnen Teilnehmenden kennenlernen können. Insgesamt sollte es sich aber um einen kurzen Abschnitt handeln, der vor allem für gruppendynamische Prozesse genutzt wird.

> **Praxishack 4.2: Spotlight**
>
> Mit diesem Impuls wird in der Begrüßungsrunde der Fokus direkt auf die Maßnahmenumsetzung gerichtet. So muss zu Beginn jeder Teilnehmende ins Rampenlicht treten, um kurz und bündig in nicht mehr als zwei Minuten zu berichten, welche Aufgaben erledigt wurden, welche in Bearbeitung sind und welche als nächstes in Angriff genommen werden.
>
> Durch die Nutzung dieses Impulses wird erreicht, dass sich alle Teilnehmenden auf das Meeting vorbereiten, da jeder vermeiden möchte, vor den Augen der anderen schlecht dazustehen oder ahnungslos auszusehen. Damit wird gleichzeitig die Nachhaltigkeit von Meetings erhöht, da die Umsetzung der Maßnahmen aus dem Meeting relevant für das nächste Meeting ist.
>
> (Eppler & Kernbach, 2018)

Neben dem Ablauf muss die Moderation die Relevanz des Meetings verdeutlichen, damit das Meeting nicht abschweift und sich die Teilnehmenden nicht in irrelevanten Themen verlieren (Kauffeld, 2006). In der Praxis wird beim Einstieg die Zielsetzung häufig vernachlässigt, weil davon ausgegangen wird, dass die Ziele allgemein klar sind. Auch wenn die Moderation bereits in der Einladung die Zielsetzung aufgeführt hat, darf nicht erwartet werden, dass alle Teilnehmenden die Ziele ausführlich gelesen oder studiert haben. Dies ist in der Realität leider nur selten der Fall.

Empirische Studien haben jedoch belegt, dass relevante und klare Ziele zu einer fokussierteren Kommunikation führen, was eine positive Wirkung auf die Effektivität des Meetings hat (Bang et al., 2010). Wenn die Teilnehmenden gar nicht erst wissen, warum sie an dem Meeting teilnehmen und worum es überhaupt geht, dann hilft auch eine lockere Stimmung nichts. Daher muss die Moderation den Werdegang des aktuellen Problems umreißen und Hintergrundinformationen geben. Dies kann den Charakter einer Geschichte haben. Allerdings muss dabei der konkrete Grund für die Wichtigkeit und die Tragweite deutlich werden, sodass jedem Teilnehmenden nicht nur der Inhalt, sondern auch die Notwendigkeit bewusst werden. Wie die Moderation dies erreichen kann, wird im Praxishack 4.3 verdeutlicht.

Für eine effiziente Vermittlung der Ziele ist eine begleitende Visualisierung höchst wirksam. So zeigen zahlreiche Studien die positive Wirkung von Visualisierungsmethoden auf die Qualität von Meetings (Green & Lazarus, 1991). Ein Flipchart, auf dem das Ziel des Meetings steht, sowie ein weiteres Flipchart auf dem die Agendapunkte dargestellt werden, tragen auf einfache Art und Weise dazu bei, die Teilnehmenden konstant an die Themen zu erinnern. So kann die Moderation das Abschweifen der Diskussion verhindern, indem jederzeit auf die Agendapunkte bzw. das Meetingziel gezeigt werden kann. Dadurch lässt sich die Kommunikation elegant auf das Meetingthema zurückführen (Streibel, 2003).

> **Praxishack 4.3: Alle Wege führen ... ins Meeting**
>
> Um die Relevanz zu verdeutlichen, sollte sich die Moderation im Vorfeld folgende Fragen beantworten:
>
> - Welche Aufgabengebiete der Teilnehmenden sind betroffen?
> - Warum ist der aktuelle Zeitpunkt entscheidend?
> - Welche Konsequenzen entstehen für die Teilnehmenden?
> - Welche weiteren Schritte werden beeinflusst?

Wenn die Zielsetzung verdeutlicht wurde, muss die Moderation aufzeigen, wie die Ziele konkret erreicht werden sollen. Dazu dient die Agenda, da sie den Ablauf und die einzelnen Themenschwerpunkte aufzeigt. In Kapitel 3.1.2 haben wir vorgestellt, wie eine logische Struktur für das Meeting erarbeitet wird. In der Einstiegsphase muss dieser

Aufbau den Teilnehmenden vorgestellt werden, sodass der rote Faden deutlich wird.

Zum Abschluss der Einstiegsphase müssen die Regeln für den Meetingablauf festgelegt werden. Die Moderation muss den Zeitplan vorstellen, damit der zeitliche Rahmen allen Teilnehmenden bewusst ist. Darüber hinaus muss der Protokollmodus geklärt werden. Um die positive Arbeitsatmosphäre nicht zu dämpfen, empfiehlt es sich, dass die Moderation nicht eine Person mitten im Meeting mit der ungeliebten Protokollantenaufgabe überfällt, sondern die entsprechende Person schon im Vorhinein darum bittet, das Protokoll für die Besprechung zu führen. Gerade bei Teams, die sich regelmäßig zu Meetings treffen, sollte es der Fairness halber eine feste Regel geben: Wechselt das Protokollieren reihum, sodass jeder mal dran ist, oder ist es eine feste Rolle, die immer von einer bestimmten Person übernommen wird?

4.2.2 Arbeitsphase

Die Arbeitsphase bildet das Kernstück des Meetings, da in dieser Phase die gewünschten Ergebnisse erarbeitet werden. Die Moderation tritt aus dem Rampenlicht, da sie nicht mehr den Hauptinput gibt. Im Fokus steht stattdessen der Austausch zwischen den Teilnehmenden. Damit dieser konstruktiv verläuft, muss die Moderation sicherstellen, dass der rote Faden nicht aus den Augen verloren wird, indem vordefinierte Einzelschritte abgearbeitet und die Meetingregeln eingehalten werden. Das Hauptaugenmerk der Moderation muss darauf liegen, (1) den Kommunikationsfluss zu steuern und (2) die Entwicklung dynamischer Bedingungen zu beachten.

Kommunikationsfluss in Meetings

Für den Erfolg des Meetings ist es elementar, dass die Teilnehmenden ihre Aufmerksamkeit auf die relevanten Themen des Meetings fokussieren und konzentriert zusammenarbeiten, um Lösungen und Ideen zu entwickeln (Kauffeld & Lehmann-Willenbrock, 2012). Im Praxishack 4.4 sind Fokussierungsfragen aufgelistet, die von der Moderation genutzt werden können, um die Aufmerksamkeit auf die relevanten Meetingthemen zu lenken und eine intensive Auseinandersetzung mit den Inhalten zu fördern.

> **Praxishack 4.4: Fokussierungsfragen**
>
> 1) Ist der Punkt ein zentraler Faktor für das Ziel des aktuellen Meetings?
> 2) Betrifft der Punkt das aktuelle Problem?
> 3) Ist es effizienter, den Punkt im Anschluss an das aktuelle Meeting in kleiner Runde zu klären?
> 4) Gibt es zentrale Punkte, die zuerst besprochen werden sollten?
> 5) Ist der Grund klar, warum der aktuelle Punkt diskutiert wird?
> 6) Ist es sinnvoll, Details zu besprechen, bevor der Gesamtkontext geklärt ist?
> 7) Kann der aktuelle Punkt abgeschlossen und zum nächsten Thema übergegangen werden?
>
> (Eppler & Kernbach, 2018)

Die Moderation hat die Aufgabe die Diskussion so zu steuern, dass alle Teilnehmenden in die Ursachensuche involviert sind. Denn die Expertise und das Wissen aller ist nötig, um das Problem von allen Seiten zu beleuchten (Romano & Nunamaker, 2001). Während der Diskussion muss auf die Tendenz zum sozialen Faulenzen einzelner Teilnehmender geachtet werden. *Social Loafing* ist ein sozialpsychologischer Effekt, der beschreibt, dass sich Menschen in Gruppen weniger anstrengen, als wenn sie allein für die Aufgabe verantwortlich wären. Dies gilt allerdings nur, wenn ihr Einzelbeitrag nicht im Gesamtergebnis sichtbar wird (Latané, Williams & Harkins, 1979). Um dem Effekt des sozialen Faulenzens zu begegnen, ist es daher empfehlenswert für die Moderation, die Interaktion so zu steuern, dass alle Teilnehmenden explizit Beiträge einbringen. Dazu sollte die Moderation konstant den Diskussionsfluss beobachten. Wenn über einen längeren Diskussionszeitraum einzelne Personen durch Zurückhaltung auffallen, können diese direkt angesprochen und nach ihrer Meinung gefragt werden. Um alle Teilnehmenden in die Problemanalyse zu involvieren, kann auch die *Osborn Methode* genutzt werden. Diese Methode stellt einen Fragenkatalog dar, der alle relevanten Punkte für eine umfassende Problemanalyse auflistet (▶ Praxishack 4.5).

Praxishack 4.5: Die Osborn Methode

Fragenkatalog zur Problemanalyse

1) Wofür können wir die Ideen noch verwenden? Können wir sie anders einsetzen?
2) Weist das Problem auf andere Ideen hin? Ähnelt es anderen Ideen?
3) Was lässt sich ändern? Welche Eigenschaften lassen sich umgestalten?
4) Lässt sich etwas vergrößern, hinzufügen, vervielfältigen oder verkleinern, wegnehmen, verkürzen?
5) Welche Bedingungen können geändert werden? Kann etwas ersetzt werden?
6) Kann die Reihenfolge oder Struktur geändert werden?
7) Kann die Idee ins Gegenteil gekehrt werden? Kann der Ablauf umgekehrt werden?
8) Können Ideen kombiniert oder Personen verbunden werden?

(Osborn, 1953; Stangl, 2016

Im Anschluss an die Problemanalyse ist es Aufgabe der Moderation eine Überleitung zur Lösungsfindung zu finden. Dabei ändert sich der Schwerpunkt der Zusammenarbeit, da nun nicht mehr die präzise Analyse im Vordergrund steht, sondern die gezielte Förderung von Ideen. Daher gilt es, den Fokus auf Fantasie und kreatives Denken zu lenken. Für diesen Übergang bieten sich innovative Methoden an (Rogeldberg et al., 2007). Die bekannteste Methode zur Ideenfindung ist das *Brainstorming*, welches im Praxishack 4.6 vorgestellt wird.

Praxishack 4.6: Brainstorming

Das *Brainstorming* ist eine Kreativitätstechnik mit dem Ziel, die Kreativität in Gruppen bei der Generierung von Ideen zu fördern, um so die Quantität und Qualität von Ideen zu steigern. Damit das Brainstorming erfolgreich ablaufen kann, müssen sechs feste Regeln eingehalten werden:

- Keine Kritik äußern!
- Keine Wertungen vornehmen!
- Gedanken frei äußern!
- Quantität über Qualität setzen!
- Keine Totschlagargumente anführen!
- So fantasievoll wie möglich sein!

In der ursprünglichen Version findet das Brainstorming in zwei Schritten statt.

Schritt 1: An erster Stelle steht die Ideensammlung. Dabei machen alle Teilnehmenden spontan Vorschläge zur Lösungsfindung. Der Zeitrahmen sollte auf 30 bis 45 Minuten begrenzt werden. Im Rahmen des Brainstormings werden alle Ideen durch die Moderation (z. B. an einem Flipchart oder auf einem Whiteboard) festgehalten.
Schritt 2: Im zweiten Schritt findet die Bewertung statt. Dazu werden alle Ideen vorgelesen und thematisch sortiert bevor alle Teilnehmenden jeden einzelnen Vorschlag bewerten.

(Osborn, 1957)

Die Orientierung in Meetings wird durch visuelle Kommunikation gefördert, da eine bildbasierte Darstellung den Umgang mit Informationen erleichtert und intelligente Interpretation unterstützt (Meekings, 2005). So haben Studien gezeigt, dass bei den produktivsten Meetings fast durchgängig Visualisierungstechniken eingesetzt werden. In unproduktiven Meetings wird dagegen nur etwa die Hälfte der Zeit visuelle

Unterstützung genutzt (Green & Lazarus, 1991; Oelert, 2003). Die positive Wirkung von Visualisierungen basiert auf der Wahrnehmungsfähigkeit des Menschen, denn die Fähigkeit zu visueller Wahrnehmung ist zehnmal höher als die auditive und einhundertmal höher als die haptisch taktile Wahrnehmung (Maier, 2013). Dadurch stellt die Unterstützung der Teilnehmenden durch Visualisierungstechniken einen entscheidenden Faktor für die Qualität und den Erfolg von Meetings dar (Rief, 2015).

Um die Problemanalyse und Ideensammlung zu unterstützen, gilt es daher gezielt Visualisierungsmethoden einzusetzen. Die Moderation sollte im Verlauf der Arbeitsphase wichtige Punkte auf Flipcharts oder auf einem Whiteboard festhalten und spontane Ideen auf Moderationskarten sammeln. Effektive Besprechungsnotizen umfassen die stichpunktartige Zusammenfassung der Diskussion. Zudem beinhalten sie Ausformulierungen von beschlossenen Entscheidungen, auszuführenden Maßnahmen und Zuständigkeiten (Carlozzi, 1999). In der Forschung wird argumentiert, dass Visualisierung das *Commitment* der Teilnehmenden erhöht und weiteren Austausch anstößt, da die Diskussionsthemen durch das visuelle Festhalten als relevant wahrgenommen werden (Topman, 2003). Zusätzlich wird die Transparenz in der Gruppe erhöht und vermieden, dass relevante Themen wieder vergessen werden (Leach et al., 2009).

Emergente Bedingungen in Meetings

Alle Meetings haben gemein, dass sie Arbeitssituationen darstellen, in denen zu Beginn noch nicht klar ist, welches Ergebnis am Ende herauskommt (Busch & von Ölnitz, 2016). Durch die Eigendynamik der Zusammenarbeit entwickeln sich innerhalb der Arbeitsphase spezifische Bedingungen, die einzigartig sind und das Verhalten der Teilnehmenden beeinflussen (Hackman, 2012). Daraus folgt, dass es eine bestimmte Anzahl an Grundbedingungen gibt, die sich je nach Verlauf der Interaktion unterschiedlich auswirken können. Diese dynamischen Phänomene werden emergente Teamzustände genannt, die sich auf Denk-, Gefühls- und Beziehungsmuster beziehen und somit vor allem auf drei Aspekte der Zusammenarbeit auswirken: (1) Teamkognitionen, (2) Teamemotionen und (3) Teamstrukturen (Kozlowski, 2015).

Teamkognitionen

Teamkognitionen beziehen sich auf die gemeinsamen Denk- und Wissensstrukturen der Teilnehmenden im Meeting. Durch die gemeinsame Zusammenarbeit entsteht ein Wissensaustausch, sodass sich ein gemeinsames Verständnis von Ressourcen, Prozessen, Zuständigkeiten und Zielen herausbildet. Der emergente Charakter wird dadurch deutlich, dass sich das gemeinsame Wissen erst über die Zeit aufbaut und im weiteren Verlauf der Zusammenarbeit immer weiterentwickelt und verändert. Dieses kollektive Wissen wird unter dem Begriff *Gemeinsame Mentale Modelle* zusammengefasst und ist im Meetingflash 4.3 ausführlich beschrieben (Cannon-Bowers, Salas & Converse, 1993).

Meetingflash 4.3: Gemeinsame mentale Modelle

Jeder Mensch verfügt über eine vereinfachte Abbildung der Umwelt, die dabei hilft, relevante Reize aus dem kontinuierlichen Informationsstrom herauszufiltern. Aus diesem Grund haben Menschen unterschiedliche Denk- und Bewertungsschemata, sodass sie dieselben Informationen unterschiedlich interpretieren. Dieses Phänomen lässt sich von der Individualebene auch auf die Gruppenebene übertragen (Salas & Fiore, 2004).

Gemeinsame mentale Modelle der Teamarbeit beziehen sich auf geteilte Vorstellungen über die Art und Weise, wie Aufgaben im Team zu erledigen und die Zusammenarbeit zu gestalten ist. Es sind Wissensstrukturen, die es Individuen ermöglichen, das Verhalten in ihrer Umwelt beschreiben und vorhersagen zu können (Rouse & Morris 1986). Man spricht von geteilten mentalen Modellen, wenn Teams eine Übereinstimmung ihrer individuellen mentalen Modelle erreichen (Mathieu et al., 2020).

Die Entstehung geteilter mentaler Modelle ist gerade bei virtuellen Teams aufgrund des oft reduzierten Wissensaustausches schwierig. Es ist damit umso wichtiger, den Aufbau geteilter mentaler Modelle durch regelmäßiges Feedback und Reflexion zu fördern. Dabei können vier Aspekte der mentalen Modelle unterschieden werden (Ellwart & Antoni, 2017; Müller & Antoni, 2019):

- **Team:** Gemeinsames Wissen über das Team bzw. die Teammitglieder selbst, z. B. Fähigkeiten und Einstellungen.
- **Aufgaben:** Gemeinsames Wissen über die Aufgaben im Team, z. B. die erforderlichen Bearbeitungsschritte oder Aufgabenziele.
- **Zeit:** Gemeinsames Wissen über zeitliche Abläufe, z. B. Deadlines, Bearbeitungszeiten und -schritte.
- **IKT:** Gemeinsames Wissen über die verfügbaren Medien sowie die Nutzung von Informations- und Kommunikationstechnologien, z. B. Regeln und Normen bei der Durchführung von virtuellen Meetings.

Damit ein Team ein *gemeinsames mentales Modell* entwickeln kann, sind geteilte Reflexion und gegenseitiges Feedback notwendig (Konradt, Schippers, Garbers & Steenfatt, 2015).

Die *gemeinsamen mentalen Modelle* sind ein entscheidender Prädiktor für das Funktionieren eines Teams, da sie eine gemeinsame Sicht auf die anstehenden Aufgaben erlauben. Um eine produktive Zusammenarbeit zu ermöglichen, müssen daher die individuellen Denk- und Bewertungsschemata offengelegt werden. Durch gemeinsame Entwicklung von Zielen, Klärung von Verantwortlichkeiten, Aufstellung von Regeln und Stärkung des Wir-Gefühls müssen *gemeinsame mentale Modelle* aktiv im Team entwickelt und gestaltet werden (Busch & Lorenz, 2010).

Wenn sich z. B. ein neu zusammengestelltes Projektteam zu seinem ersten Meeting trifft, um die Strategie der Zukunft des Unternehmens zu entwickeln, dann haben alle Teilnehmenden eine unterschiedliche Vorstellung davon, wie sie an die Aufgabe herangehen sollten. Ein Teammitglied sieht in dem Projekt eine einmalige Karrierechance und will möglichst eigenständig arbeiten, während ein anderes Mitglied jede Entscheidung von den Vorgesetzten absegnen lassen möchte. Ein drittes Teammitglied will genau nach Lehrbuch vorgehen und ein umfassendes Konzept ausarbeiten, während das vierte Mitglied auf *Best-Practice-Beispiele* aus dem eigenen Unternehmen setzt, um sofort loszulegen. Durch die unterschiedlichen Vorstellungen kommt es im Meeting ständig zu Missverständnissen. Erst nachdem sich die Teammitglieder über ihre individuellen Vorstellungen ausgetauscht und gemeinsam Regeln für die Zusammenarbeit aufgestellt haben, können sie effektiv miteinander arbeiten und effiziente Meetings führen.

Gemeinsame mentale Modelle stellen kollektive Denkmuster dar, die sich zwar dynamisch entwickeln, aber relativ stabil sind. Nach dem Aufbau einer kollektiven Wissensbasis werden die Inhalte nicht so schnell wieder vergessen und nur noch schrittweise ergänzt. Dagegen hat das Kontextverständnis eine sehr viel höhere Dynamik und Volatilität. Es bezieht sich auf die gemeinsame Wahrnehmung und Interpretation der Situation im Meetingkontext sowie im relevanten organisatorischen Umfeld (Uitdewilligen, Waller & Zijlstra, 2010). Die rechtzeitige Identifikation von Trends und Veränderungen im Unternehmen sowie die richtige Deutung und kritische Bewertung sind gerade in der *Arbeitswelt 4.0*, die von Unsicherheit und Komplexität geprägt ist, von elementarer Bedeutung für die Zusammenarbeit. Nur so kann sichergestellt werden, dass sich Meetings nicht in irrelevanten Nebensächlichkeiten verheddern oder Zeit mit dem Verfolgen kurzfristiger, aber unbedeutsamer Trends vergeudet wird. Hinzu kommt, dass sich die dynamischen Interpretationen der Situation wiederum auf die *gemeinsamen mentalen Modelle* des Teams auswirken.

Teamemotionen

Die Zusammenarbeit findet nicht isoliert von emotionalen Einflüssen statt. Stattdessen entsteht im Rahmen eines Meetings eine positive oder negative Grundstimmung, die sich unter den Teilnehmenden ausbreitet. Die Teamstimmung kann sehr schwankend und flüchtig sein. Dabei ist sie sehr diffus, sodass die spezifischen Auslöser meist unbekannt oder ungreifbar bleiben (Barsade & Gibson, 2007). Emotionen sind dagegen konkreter, da sie intensive physiologische Reaktionen hervorrufen. So führt der Emotionsausdruck einer Person zu einer emotionalen Reaktion anderer Personen. Durch emotionale Ansteckung kommt es so zu Stimmungskonvergenz, die sich auf das komplette Team auswirkt und somit das gesamte Meeting beeinflusst (Lehmann-Willenbrock, Meyer, Kauffeld, Neininger & Henschel, 2011). Die emotionale Ansteckung geschieht durch Mimikry und läuft meist unbewusst und automatisch ab (Barger & Grandey, 2006). Eine positive Stimmungskongruenz hat dabei signifikanten Einfluss auf die Zusammenarbeit, da sie die Kooperation und Kreativität steigert sowie Konflikte reduziert (Amabile, Barsade, Mueller & Staw, 2005; James, Brodersen & Eisenberg, 2004). Dagegen führt negative Stimmungskongruenz zur Verringerung prosozialen Verhaltens und *Teamkohäsion* (Aydin & Oztutuncu, 2001).

Emotionale Ansteckung wirkt sich nicht nur auf das nonverbale Verhalten aus, sondern auch auf die Kommunikation. Denn Äußerungen stehen nicht allein für sich, sondern sind in Interaktionsstrukturen eingebettet (Lehmann-Willenbrock et al., 2011). So führt die emotionale Äußerung einer Person zur verbalen Reaktion einer anderen Person und hat dadurch Einfluss auf den weiteren Verlauf der Diskussion. Kauffeld und Myers (2009) haben in Meetings emergente Interaktionszirkel gefunden, die sich häufig im Meetingverlauf entwickeln. So zeigt sich die Bedeutung von lösungsorientierten Äußerungen dadurch, dass sie Lösungszirkel auslösen. Sie bestehen aus einem Lösungsvorschlag, auf den weitere Äußerungen folgen, die auf die Problemlösung fokussiert sind. Am häufigsten treten jedoch Jammerzirkel auf. Sie werden durch Beschwerden ausgelöst und sind durch gemeinsames Jammern und gegenseitiges Bestärken geprägt. Die Jammerzirkel haben in Meetings eine besonders schwerwiegende Konsequenz, da nach einem Jammern kaum lösungsorientierte Äußerungen auftreten. Deshalb muss sich das Team nach jedem Jammerzirkel erst einmal wieder sammeln und fokussieren, bevor es zu einer zielorientierten Zusammenarbeit zurückkehren kann. So geht mit jedem Jammerzirkel auch wertvolle Meetingzeit verloren (Kauffeld & Lehmann-Willenbrock, 2012).

Im Gegensatz zur Teamstimmung ist *Teamkohäsion* ein stabileres Konstrukt, dass sich auf die positive Einstellung gegenüber dem Team bezieht und somit den Teamgeist beschreibt. Je größer die Attraktivität des Teams für den einzelnen, desto stärker ist das Ausmaß des Zusammenhaltes – also das Wir-Gefühl. Allgemein ist die *Teamkohäsion* umso stärker ausgeprägt, umso mehr Vorteile (wie z. B. Prestige) die Teamzugehörigkeit mit sich bringt. Eine hohe Kohäsion führt zu mehr Partizipation im Meeting und hat positiven Einfluss auf die Zufriedenheit und Arbeitsleistung des Teams (Muller & Copper, 1994). Dagegen können Konflikte die *Teamkohäsion* reduzieren, da die negativen Einstellungen, die mit Konflikten einhergehen, das Wir-Gefühl verringern (De Dreu & Weingart, 2003).

Eng verbunden mit der *Teamkohäsion* sind die emergenten Konstrukte Teamvertrauen und Respekt. Sie fördern vor allem die Wahrnehmung gegenseitiger Verlässlichkeit, die sich erst mit der Zeit entwickelt (Busch & von Ölnitz, 2016). Das Vertrauen in die Teammitglieder wirkt sich auf Themen der Hilfsbereitschaft und Rücksichtnahme aus. Respekt führt zu einem hohen *Commitment* gegenüber dem Team und damit zu höherer Kooperationsbereitschaft (Simon & Stürmer, 2003). Die Grundlagen des psychologischen Konzeptes *Commitment* sind im Meetingflash 4.4 erläutert.

> **Meetingflash 4.4: Commitment**
>
> Der Begriff *Commitment* stammt vom lateinischen Wort *committere = vereinigen* ab.
> Das Konzept beschreibt das Gefühl der psychologischen Bindung an eine spezifische Beziehung in Kombination mit der Verhaltenstendenz, diese Beziehung aufrechtzuerhalten. Es stellt damit die Selbstverpflichtung einer Person, die entsteht, wenn sich Menschen auf eine Handlung oder Entscheidung festlegen. Durch die Selbstverpflichtung erhöht sich die Wahrscheinlichkeit, dass die Aktion ausgeführt wird, da es sonst zu einem Zustand der *kognitiven Dissonanz* zwischen der Intention und der Handlung kommt (Schmohr & Bierhoff, 2006).

> In der Arbeitswelt beschreibt *Commitment* vor allem die Position von Beschäftigten gegenüber verschiedenen organisationalen Aspekten. Dabei zeigen Metaanalysen, dass *Commitment* mit Arbeitszufriedenheit zusammenhängt (Matheir & Zajac, 1990; Tett & Meyer, 1993). So entspricht ein hohes *organisationales Commitment* dem Gefühl der Verbundenheit und Verpflichtung gegenüber dem Unternehmen. Es kann aber auch *Commitment* gegenüber dem Team, der Tätigkeit oder dem Beruf empfunden werden.
> Allen und Meyer (1996) differenzieren drei Formen des *Commitments*:
>
> - *Affektives Commitment* – Zustimmung und Akzeptanz der organisationalen Ziele und Werte
> - *Kalkulatorisches Commitment* – rationaler Verbleib im Unternehmen aufgrund nachteiliger Alternativen
> - *Normatives Commitment* – moralische Verpflichtung gegenüber der Organisation

In Meetings, die sich durch gegenseitiges Vertrauen und Respekt der Teilnehmenden auszeichnen, werden Informationen eher geteilt, stärker nach Hilfe und Feedback gefragt sowie höheres Engagement gezeigt. Dadurch wirken sich Teamvertrauen und Respekt positiv auf die Effektivität der Zusammenarbeit sowie die Leistung und Zufriedenheit der Meetingteilnehmenden aus (Orlikowski, 2002).

Teamstrukturen

Teamstrukturen umfassen die informellen Beziehungsmuster, die sich unabhängig von den offiziellen Hierarchien im Team herausbilden. Diese inoffizielle *Hackordnung* ist meist nicht auf den ersten Blick ersichtlich, hat aber erheblichen Einfluss auf die Zusammenarbeit (Stadler, 2013). Die Beziehungsgeflechte lassen sich durch soziale Netzwerke abbilden. Dabei geht die Netzwerkperspektive davon aus, dass alle sozialen Interaktionen in ein Netz eingebettet sind, das durch die Beziehungen zwischen den Akteur*innen definiert wird (Wasserman & Faust,

1994). Die Grundidee der *sozialen Netzwerkanalyse* fokussiert daher auf Sozialstrukturen und Beziehungsmuster zwischen den Akteuren. Es geht weniger um individuelle Merkmale einzelner Personen, sondern vielmehr um die Position der Akteure und ihre Einbettung im Netzwerk (Thiele, Sauer & Kauffeld, 2018).

Organisationsnetzwerke

In Unternehmen ergeben sich soziale Netzwerke aus dem Geflecht der organisationalen Kontakte aller Beschäftigten, welche über unterschiedliche Verbindungen miteinander in Bezug stehen. Es kann sowohl offizielle (z. B. Mitglieder eines Teams) als auch inoffizielle Beziehungen (z. B. Beschäftigte, die privat befreundet sind) umfassen. So ermöglicht es die Netzwerkperspektive, Beziehungsmuster im Team sowie soziale Strukturen im Unternehmen zu erfassen (Barthauer, Sauer & Kauffeld, 2019). Anhand der individuellen Position und strukturellen Einbettung der Akteure im Unternehmensnetzwerk kann eine Vielzahl an Informationen gewonnen werden, die für die Zusammenstellung und den Verlauf von Meetings wichtig sind (Sauer, 2015). So kann identifiziert werden, wer bereits mit wem zusammengearbeitet hat und daher gemeinsames Wissen teilt. Auch kann erfasst werden, wer wichtige informelle Kontakte in Unternehmensbereiche hat, aus denen relevante Informationen benötigt werden. Neben solch strukturellen Aspekten haben vor allem Attribute der Akteure (z. B. Alter oder Expertise) eine hohe Relevanz, da sie Netzwerkrollen und spezifische Beziehungsmuster definieren. Netzwerkrollen sind wichtig, um eine Verbindung zwischen verschiedenen Bereichen, wie z. B. Teams oder Abteilungen, herzustellen, durch die der Informationsaustausch gefördert wird. Die Erfassung von Beziehungsmustern ermöglicht es, Subgruppen zu identifizieren, die z. B. die Zusammenarbeit behindern (Sauer, Meinecke & Kauffeld, 2015).

Interaktionsnetzwerke

Auch innerhalb von Meetings lassen sich Netzwerke abbilden, da die Interaktion nicht statisch, sondern höchst dynamisch ist. Im Verlauf eines Meetings ruft die Äußerung einer Person die Reaktion einer anderen Person hervor, sodass sich ein relationaler Austauschprozess zwischen den Teilnehmenden entwickelt (Cook, Cheshire, Rice & Nagakawa, 2013). Dieser konstante Austausch führt im Verlauf eines Meetings zur Bildung sozialer Strukturen, welche die Teilnehmenden miteinander vernetzen. Dadurch kann die Interaktion als ein Netzwerk verstanden werden, bei dem die aufeinanderfolgenden Antworten als Verbindungen zwischen den Teilnehmenden dargestellt werden (Sauer et al., 2015). So lassen sich (1) *strukturelle Interaktionsmuster* und (2) *individuelle Netzwerkpositionen* der Teilnehmenden identifizieren.

Strukturelle Interaktionsmuster: Der dynamische Austausch und das wechselseitige Aufeinandereinwirken der Teilnehmenden führen dazu, dass einige Personen stärker und andere weniger häufig miteinander interagieren. Dadurch entstehen übergeordnete Muster der Interaktion. *Zentralisierung* beschreibt, wie sehr sich die Interaktion um einen zentralen Akteur dreht. In einem Meeting mit zentralisierter Netzwerkstruktur steht somit ein Akteur im Mittelpunkt des Austauschprozesses und tätigt die meisten Äußerungen (Sauer & Kauffeld, 2013).

Die Interaktionsstruktur lässt sich an einem Praxisbeispiel leicht versinnbildlichen. Gehen wir davon aus, dass in zwei gleich großen Teams jeweils ein Meeting abgehalten wird, um ein Problem mit einer neuen Produktionsmaschine zu diskutieren. In Team 1 beginnt Teilnehmer Adrian (A) mit einem Verfahrensvorschlag. Im Anschluss spricht Teilnehmerin Britta (B) das aktuelle Problem an, welches von Adrian (A) im Detail ausgeführt wird. Allerdings wirft dann Teilnehmer Christoph (C) seine negative Meinung in den Raum, da er nichts von der neuen Maschine hält. Sein Wort wird jedoch von Britta (B) abgeschnitten, sodass Adrian (A) und Britta (B) anfangen Pro und Kontra der Maschine zu diskutieren. Währenddessen halten sich die weiteren Teilnehmenden David (D), Elke (E), Fabian (F) und Gesa (G) zurück, sodass sich die Interaktion fast vollständig zwischen Adrian (A) und Britta (B) in einem stark zentralisierten Netzwerk abspielt.

Die Diskussion in Team 2 verläuft dagegen völlig anders. Teilnehmer Alexander (A) beginnt die Besprechung, indem er die anderen Teilnehmenden zum Problem befragt. Teilnehmerin Bianka (B) beschreibt das aktuelle Problem. Teilnehmer Carsten (C) ist zwar unzufrieden mit der neuen Maschine, wird allerdings von Alexander (A) zu seiner Erfahrung mit ähnlichen Maschinen gefragt, da er am längsten im Unternehmen arbeitet. Dadurch macht Carsten (C) keine abwertende Äußerung, sondern führt die Probleme bei den anderen Maschinen im Detail aus. Teilnehmerin Dana (D) erklärt einige Spezifikationen der Maschine, während Teilnehmerin Elisabeth (E) einen Vorschlag zum weiteren Vorgehen macht. Alexander (A) fragt Teilnehmer Frederik (F) direkt zur Nutzung der Maschine in anderen Abteilungen, weil er nach einem internen Wechsel neu im Team ist. Teilnehmerin Greta (G) hat vorher bei einem Konkurrenten gearbeitet. Deshalb bittet Alexander (A) sie, der Gruppe zu erklären, wie bei diesem Unternehmen mit dem Problem umgegangen worden ist. Durch die Moderation von Alexander (A) werden alle Teilnehmenden in den Meetingprozess einbezogen und es entsteht ein dezentralisiertes Interaktionsmuster. Die *Soziogramme* für die beiden Meetings sind in Abbildung 4.1a und Abbildung 4.1b dargestellt.

Zentralisierung hat sich als ein geeigneter Prädiktor für Meeting- und Teamerfolg erwiesen. Die Beispiele spiegeln die Forschungsergebnisse wider, dass eine hohe Zentralisierung einen negativen Einfluss auf die Teamleistung hat. Dadurch ist es wichtig, alle Teilnehmenden in den Austauschprozess einzubeziehen und eine dezentralisierte Struktur zu schaffen (Sauer & Kauffeld, 2016).

Neben der Gesamtstruktur lassen sich durch die *soziale Netzwerkanalyse* auch Subgruppen identifizieren (Sauer et al., 2014). *Cliquen* sind Gruppen von Teilnehmenden, die alle direkt miteinander interagieren und dadurch vollständig vernetzt sind. Die Cliquenanalyse erlaubt es, kohäsive Gruppen in Meetings zu erfassen, die eng zusammenarbeiten. Allerdings kann die Bildung von Cliquen die Einheit im Team stören und den Zusammenhalt reduzieren, sodass die Zusammenarbeit leidet. *Strukturelle Äquivalenz* stellt ein Netzwerkmaß dar, das Teilnehmende gruppiert, die ähnliche Interaktionsmuster aufweisen. So können in Meetings Subgruppen von Akteuren aufgedeckt werden, die nur untereinander und nicht mit anderen Teilnehmenden interagieren. Neben diesen Netzwerkmaßen wird die *soziale Netzwerkanalyse* auch zur Identifikation von *Faultlines* genutzt, die Teams in Subgruppen trennen. Die Auswirkungen von *Faultlines* haben wir in Kapitel 3.1.1 beschrieben.

4.2 Zusammenarbeit in Meetings

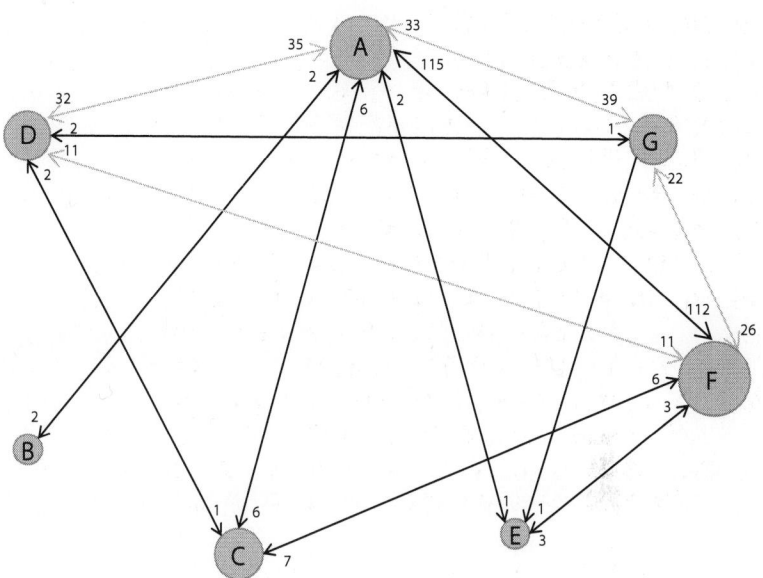

Abb. 4.1a : Meeting A – zentralisiertes Interaktionsmuster. Pfeile repräsentieren die Antworten der Teilnehmenden, Zahlen an den eingehenden Pfeilen beziffern die Anzahl an Antworten (Sauer et al., 2014)

Netzwerkpositionen. Der Netzwerkansatz ermöglicht es nicht nur Interaktionsmuster, sondern auch Schlüsselfiguren in Meetings zu identifizieren (Sauer & Kauffeld, 2015). So unterstreichen die Ergebnisse der *sozialen Netzwerkanalyse* die Bedeutung der Moderationsrolle für den Meetingverlauf. Denn die Moderation nimmt eine zentrale Position ein und steuert den Meetingprozess. Dabei agiert sie als Vermittlungsrolle, die den Informationsaustausch zwischen den Teilnehmenden erleichtert und Beiträge dezentraler Teilnehmender fördert. Umso stärker die Moderation die Steuerung des Meetings übernimmt, umso mehr Maßnahmen werden geplant. Durch die Förderung dezentraler Akteure und Akteurinnen steigt die Zufriedenheit der Teilnehmenden und die Produktivität des Teams nimmt zu. Daher gilt es für die Moderation zu beachten, dass sie ihre zentrale Position mit der Vermittlungsrolle ausbalanciert, damit die Meetings erfolgreich ablaufen.

4 Meetingprozess: Die Interaktion als Prozessfaktor

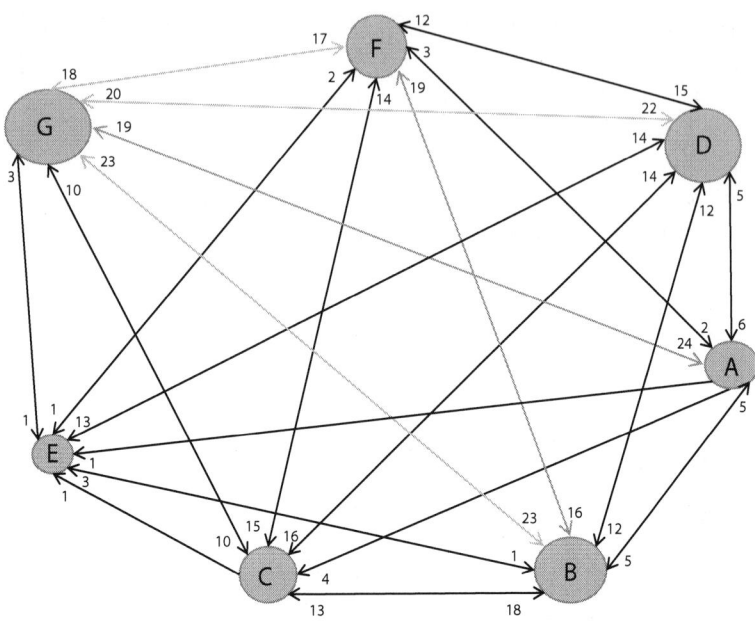

Abb. 4.1b : Meeting B – dezentralisiertes Interaktionsmuster. Pfeile repräsentieren die Antworten der Teilnehmenden, Zahlen an den eingehenden Pfeilen beziffern die Anzahl an Antworten (Sauer et al., 2014)

Das Netzwerkmaß, welches am häufigsten zur Identifikation von Schlüsselfiguren genutzt wird, ist die *Zentralität*. Da es sich um ein Individualmaß handelt, fokussiert *Zentralität* immer auf eine*n Akteur*in (*Ego*). Zentralität beschreibt den Umfang des Austausches, den *Ego* mit anderen Teilnehmenden im Meetingverlauf hat. Die Gradzentralität (*Degree*) misst, wie häufig *Ego* direkt mit anderen interagiert und auf ihre Äußerungen reagiert. Die Zwischenzentralität (*Betweeness*) berücksichtigt auch die indirekten Verbindungen im Netzwerk. Dadurch drückt das Maß aus, wie sehr *Ego* die Interaktion zwischen Teilnehmenden vermittelt und so den Informationsaustausch fördert. Die Nähezentralität (*Closeness*) misst nicht nur den unmittelbaren Austausch, sondern erfasst auch, wie sehr *Ego* alle Teilnehmenden im Meeting in die Interaktion miteinbezieht. Die Assortativität (*Assortativity*) ist ein Indikator für die

Präferenz, mit ähnlichen Teilnehmenden zu interagieren. So kann es in Meetings vorkommen, dass *Ego* zumeist mit anderen zentralen Teilnehmenden agiert und es kaum Austausch mit dezentralen Akteur*innen gibt (Sauer et al, 2014).

Neben Schlüsselfiguren können anhand *sozialer Netzwerkanalysen* Vermittlungsrollen identifiziert werden. Dies sind strategische Positionen im Netzwerk, durch die Teilnehmende in den Austauschprozess bzw. in den Informationsfluss eingebunden werden (Barthauer & Kauffeld, 2018). Insgesamt wurden fünf strategische Positionen in Netzwerken definiert. Diese sind in Abbildung 4.2 dargestellt (Fernandez & Gould, 1994). Die Rolle als Verbindungsglied bietet Einfluss und Macht, da Personen in Vermittlungspositionen viele informelle Informationen erhalten und ihre Arbeitsleistung insgesamt höher eingeschätzt wird (Mehra, Kilduff & Brass, 2001).

Die Vermittlungsrollen lassen sich wieder gut an einem Praxisbeispiel versinnbildlichen. Stellen wir uns ein Meeting vor, in dem drei Parteien (ein Projektpartner, ein Zulieferer und zwei Unternehmensvertreterinnen) miteinander interagieren und eine Akteurin (*Ego*) die Vermittlungsrolle einnimmt. In diesem Fall unterscheidet sich die Vermittlungsrolle je nach der Situation und den Attributen der verschiedenen Parteien. Wenn die zwei Unternehmensmitglieder nicht direkt miteinander interagieren, vermittelt *Ego* zwischen den zwei Akteurinnen. Dabei agiert *Ego* als (A) *Coordinator*, wenn sie ebenfalls Beschäftigte des Unternehmens ist, sodass sie als interne Mediation den Informationsaustausch fördert. Dagegen agiert *Ego* als (B) *Consultant*, wenn sie kein Mitglied des Unternehmens ist und somit als externe Moderation vermittelt. In der Rolle des (C) *Gatekeepers* stellt *Ego* als Unternehmensvertretung die Verbindung zu externen Kontakten her. Im Meeting ist *Ego* also in der *Gatekeeper-Rolle*, wenn sie den externen Zulieferer integriert, der Informationen von außen präsentiert. Als (D) *Representative* ist *Ego* das Unternehmensmitglied, welches als Kontakt für externe Akteur*innen dient. Im Meeting nimmt *Ego* demnach die *Representative-Rolle* ein, wenn sie dem externen Projektpartner Informationen aus dem Unternehmen präsentiert. Wenn *Ego* zwischen drei Akteur*innen vermittelt, die verschiedenen Parteien angehören, agiert sie als (E) *Liaison*. Dies tritt im Meeting auf, wenn *Ego* als Unternehmensvertreterin den Austausch zwischen Zulieferer und Projektpartner herstellt (Sauer, Kauffeld & Spurk, 2014).

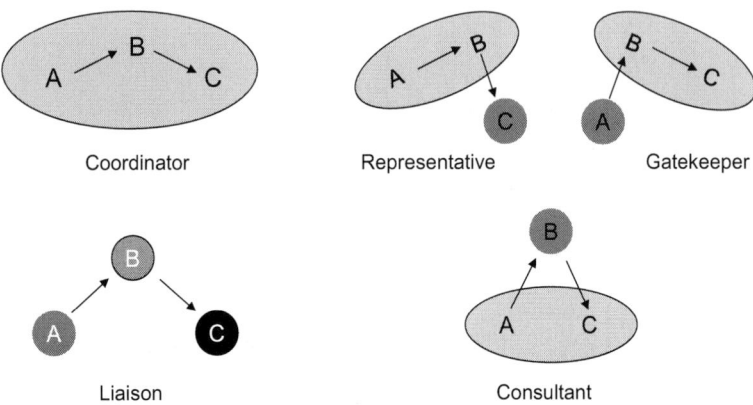

Abb. 4.2: Vermittlungsrollen. Die Farbkreise zeigen die Zugehörigkeit zu unterschiedlichen Parteien (Organisationen, Abteilungen, etc.) an (angelehnt an Fernandez & Gould, 1994).

Kommunikationstypen

Im Verlauf von Meetings entwickeln sich nicht nur Interaktionsnetzwerke und soziale Beziehungsgeflechte, es bilden sich auch spezifische Kommunikationstypen heraus (Beebe & Masterson, 2003). Dabei muss betont werden, dass diese nicht von spezifischen Prädispositionen oder Persönlichkeitsmerkmalen abgeleitet sind wie beim *Team-Role Self-Perception Inventory* oder dem *Meeting-Enneagram* (▶ Kap. 3.2). Stattdessen handelt es sich um eine Taxonomie, die auf der Basis empirischer Befunde abgeleitet wurde (Hambrick, 1984). So fanden Lehmann-Willenbrock et al. (2015) fünf Kommunikationstypen, die signifikant häufig in Meetings auftreten und durch typische Interaktionsmuster gekennzeichnet sind. Diese sind im Meetingflash 4.5 aufgelistet.

Meetingflash 4.5: Kommunikationstypen

(1) Engagierte Lösungsorientierte
Sie zeigen ein hohes Maß an proaktivem Verhalten, indem sie viele Lösungsideen beitragen und Probleme mit Lösungen verknüpfen.
(2) Problemanalytiker*innen
Sie zeichnen sich durch ihr Fachwissen aus. Dies zeigt sich durch ihre hohe Problemorientierung, sodass ihr Fokus auf dem Benennen und Erläutern von Problemen liegt.
(3) Moderator*innen
Sie sind sehr auf die Strukturierung von Meetings fokussiert. So zeigen sie überdurchschnittlich viel prozedurales Verhalten, indem sie Diskussionen durch Visualisierung oder Verfahrensvorschläge strukturieren.
(4) Jammerernde Nörgler*innen
Sie zeichnen sich durch signifikant häufiges dysfunktionales Verhalten aus. So beschweren sie sich viel und kritisieren unternehmerische Entscheidungen und Prozessen. Darüber hinaus verlieren sie sich häufig in Details. Zwar nehmen sie aktiv an der Diskussion teil, behindern dabei jedoch den Problemlösungsprozess.
(5) Desinteressierte
Sie zeigen vermehrt negatives sozio-emotionales Verhalten. Ihr Auftreten in Meetings ist durch ablenkendes Verhalten geprägt. So verwickeln sie sich und andere Teilnehmende häufig in Seitengespräche, die nichts mit dem Thema zu tun haben, anstatt aktiv an der Diskussion teilzunehmen.

(Lehmann-Willenbrock, Beck & Kauffeld, 2016)

Zur Illustration der Kommunikationstypen bietet sich die Vorstellung eines Meetings mit sechs Teilnehmenden an. Es kommen zwei *Problemanalytikerinnen*, zwei *jammernde Nögler* sowie zwei *Desinteressierte* zusammen, sodass es zu einer ziellosen Diskussion kommt. Die *Pro-

blemanalytikerinnen analysieren zwar das Gesagte der *jammernden Nörgler* und leiten daraus Probleme ab, es führt jedoch lediglich zu einer Verstärkung des Jammerns, da das Eingehen auf die dysfunktionalen Äußerungen eine bestätigende Wirkung hat. Dieser Problemfokus weitet sich noch weiter aus, wenn sich die Desinteressierten von der negativen Stimmung anstecken lassen. Sie beginnen Randgespräche zu führen, die zu weiteren Jammerzirkeln werden. Dadurch steht die Moderation vor der kaum lösbaren Aufgabe, die Kommunikation in eine funktionale Richtung zu steuern, denn die Jammerzirkel verstärken sich immer wieder gegenseitig. Wenn man in dieses Team *lösungsorientierte* Personen integrieren würde, könnte es zu einem entscheidenden Wandel in der Kommunikationsdynamik kommen, da auf Probleme mit Lösungen reagiert wird. Die Moderation könnte so den Fokus der Diskussion auf die Lösungsideen lenken und funktionale Lösungszirkel anregen. Dadurch kann der negative Effekt der *jammernden Nögler* abgefangen werden. Auch die Nebengespräche der Desinterssierten können von der Moderation eher in die Lösungszirkel integriert werden, wenn sie mögliche Beiträge zur Problemlösung beinhalten.

Allerdings darf nicht davon ausgegangen werden, dass der Kommunikationstyp des *engagierten Lösungsorientierten* der alleinige Schlüssel zum Erfolg für erfolgreiche Meetings ist (Lehmann-Willenbrock, Beck & Kauffeld, 2016). Stattdessen muss auf eine ausbalancierte Kommunikation im Meeting geachtet werden. Ein Gespräch, das von *engagierten Lösungsorientierten* geprägt ist, kann ebenfalls negativ verlaufen, da viele Lösungen in den Raum geworfen werden, diese allerdings nicht auf einer fundierten Problemanalyse basieren, sodass elementare Probleme übersehen werden. Auch kann es dazu kommen, dass vor lauter kreativer Ideen, die Konkretisierung einer ausgewählten Lösung und die Maßnahmenplanung zur Umsetzung der Lösung übergangen werden.

Ergebnisse aus der Forschung demonstrieren, dass die Kommunikationstypen den Erfolg von Meetings signifikant beeinflussen (Lehmann-Willenbrock et al., 2015). So haben *Problemanalytiker*innen* und *Moderator*innen* einen positiven Effekt auf die Meetingzufriedenheit. *Lösungsorientierte* haben zusätzlich einen positiven Einfluss auf die Umsetzung von Maßnahmen aus dem Meeting. *Moderator*innen* führen darüber hinaus zu einer besseren Orientierung und Strukturierung von Besprechungen. Dagegen behindern *Jammernde Nörgler*innen* den Meetingerfolg. Sie verringern die Meetingzufriedenheit anderer Teilnehmenden und haben negativen Einfluss auf die Umsetzung von Maßnahmen aus dem Meeting. Die Bedeutung der Identifikation von Kommunikationstypen zeigt sich daran, dass der *Jammertyp* nicht nur negativen Einfluss auf die Produktivität im Meeting hat, sondern mit 35 % des gesamten Verhaltens einen großen Raum einnimmt. Dabei kann die Jammerrolle einen doppelten negativen Effekt haben. Denn es behindert nicht nur die lösungsorientierte Diskussion, sondern führt auch zu einer Stigmatisierung der entsprechenden Personen (Kauffeld & Meyers, 2009). Dies zeigt die Relevanz, gezielt auf dysfunktionale Kommunikationstypen zu achten. Auch wenn dies ein elementarer Teil der Moderationsrolle sein sollte, gilt es für alle Teilnehmenden, Verantwortung für eine funktionale Diskussion zu übernehmen (Galinsky, Ku & Wang, 2005). Eine ausführliche Darstellung von Ansätzen zur Förderung der funktionalen Diskussion und zum Umgang mit Jammern in Meetings befindet sich in Kapitel 2.1.2.

Geteilte Führung

Neben Interaktionsstrukturen und Kommunikationstypen entwickelt sich im Verlauf von Meetings auch die Form der Führung. So bündelt sich die Führungsfunktion nicht nur in der formalen Meetingleitung, sondern wird informell im Meetingprozess je nach Situation und benötigter Expertise von verschiedenen Teilnehmenden übernommen. Dieser Führungsansatz nennt sich *Shared Leadership* (Grille & Kauffeld, 2015).

Das Konzept der *geteilten Führung* postuliert, dass die heutige Teamarbeit zu vielfältig ist, als dass alle Führungsfunktionen von einer einzelnen Führungskraft übernommen werden können. Dafür sind in der *Arbeitswelt 4.0* zu viele Einflussvariablen beteiligt, sodass die Prozesse eine zu hohe Komplexität erreicht haben. Aus diesem Grund wird zusätzlich zur formalen Teamleitung eine gegenseitige Führung im Team nötig, bei der die Verantwortung auf mehrere Schultern verteilt wird (Kauffeld, Sauer & Handke, 2017). Das *Shared-Leadership-Konzept* versteht unter geteilter Führung einen dynamischen und interaktiven Gruppenprozess, bei dem Führung aus der Gruppe hervorgeht und sich im Verlauf der Zusammenarbeit auf mehrere Teammitglieder verteilt (Piecha, Wegge, Werth & Richter, 2012). Dabei werden Führungsfunktionen autonom untereinander aufgeteilt. Dies geschieht jedoch nicht direkt, sondern unausgesprochen, sodass Führungsrollen im Prozess der Zusammenarbeit emergent übertragen werden (Carsten & Uhl-Bien, 2013).

Damit die Übernahme der Führungsfunktion als legitim angesehen wird, benötigen die Teammitglieder die in der Situation benötigten Kompetenzen und müssen eine hohe Selbstwirksamkeit ausstrahlen (Weibler, 2016). Der Vorteil *geteilter Führung* zeigt sich vor allem an der hohen Flexibilität, situations- und themenspezifisch reagieren zu können. So kann immer das Teammitglied, welches für eine bestimmte Aufgabe am geeignetsten ist, temporär die Führungsfunktion im Team übernehmen (Quinn, Cameron, DeGraff & Thakor, 2006). Dabei zeigen Studien, dass die Aufteilung von Verantwortung die Leistung in Teams verbessert (Carson, Tesluk & Marrone, 2007; Hiller, Day & Vance, 2006; Seibert, Wang & Courtwright, 2011). Darüber hinaus argumentieren Forscher*innen, dass *geteilte Führung* den Zusammenhalt und das gegenseitige Vertrauen im Team stärkt sowie Kohäsion und *Commitment* fördert, sodass *geteilte Führung* eine zusätzliche Stärke für Teams darstellen kann (Hoch & Kozlowski, 2014).

Aufgaben, die erfolgreich durch geteilte Führung übernommen werden können, umfassen vier verschiedene Aspekte (Grote, Kauffeld & Weide, 2009): (1) Das Aufgabenmanagement bezieht sich auf das gemeinsame Verteilen von Aufgaben. Dabei steht die Kommunikation klarer Erwartungen und die Bereitstellung aller relevanten Informationen im Vordergrund. (2) Das Beziehungsmanagement fokussiert auf die Anerkennung guter Leistungen und Förderung der Teamkohäsion. Dazu gehört es, sich für Anliegen aller Teammitglieder Zeit zu nehmen und sie einzeln zu motivieren. (3) Das Veränderungsmanagement beinhaltet das gemeinsame Verstehen und Reagieren auf aktuelle organisatorische Geschehnisse sowie die konstante Reflexion der Zusammenarbeit. (4) Das mikropolitische Management umfasst das gegenseitige Unterstützen beim Networking und Nutzen sozialer Beziehungen im Unternehmen (Kauffeld & Schulte, 2013; Grille & Kauffeld, 2015). In

4.2 Zusammenarbeit in Meetings

Abbildung 4.2 ist das Zusammenspiel der vier Aspekte im Detail dargestellt.

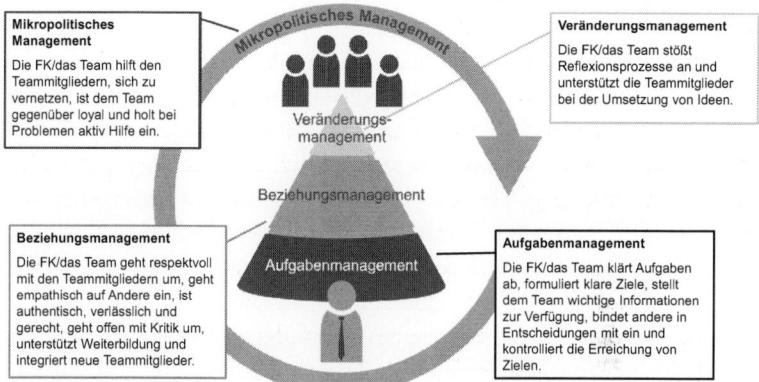

Abb. 4.3: Dimensionen geteilter Führung (Grille & Kauffeld, 2015)

Geteilte Führung entwickelt sich aus der Interaktion der Teammitglieder. Dies zeigt die Relevanz des Ansatzes für Meetings. So kommt es in der Praxis häufig vor, dass die offizielle Führungskraft nicht am Meeting teilnimmt oder die Rolle der Meetingleitung nicht explizit vergeben wurde. Dadurch entwickeln sich die verschiedenen Führungsfunktionen im Verlauf des Meetings, indem z. B. ein Teammitglied, welches sich durch eine hohe Methodenkompetenz auszeichnet, im Meetingprozess zunehmend die Moderationsrolle übernimmt, um die Interaktion zu strukturieren und Ergebnisse festzuhalten. Ein anderes Teammitglied bringt dafür Spezialwissen ein, das zur Lösung des aktuellen Problems benötigt wird, und übernimmt somit die Führungsfunktion bei der Problemanalyse. Ein drittes Teammitglied zeichnet sich durch eine hohe Kreativität aus und übernimmt deshalb die Führung bei der Ideensammlung und Lösungsentwicklung. Durch die Interaktion im Meeting entsteht somit ein Führungsnetzwerk, dass die Handlungen des gesamten Teams beeinflusst (Carson et al., 2007). Forschungsergebnisse demonstrieren, dass sich emergente Führung in der Häufigkeit und Länge der Äußerungen zeigt. Dabei zeichnet sich das Teammitglied, das aktuell die Führung im Meeting übernimmt, durch ein hohes Ausmaß an aufgabenorientiertem Verhalten aus (Nordbäck & Sivunen, 2013).

Insgesamt stellt sich durch die Gegebenheiten der *Arbeitswelt 4.0* weniger die Frage, ob *geteilte Führung* für Meetings geeignet ist, sondern eher, wie *geteilte Führung* implementiert werden sollte, damit sie die Meetingeffizienz fördert. Die Nutzung der Vorteile hängt dabei von mehreren Faktoren ab. Neben dem Verständnis des Führungskonzeptes ist ein gemeinsames Verständnis von Zielen und Aufgaben des Teams (▶ Kap. 4.2.1 *Shared Mental Models*) eine wichtige Grundlage zur Förderung *geteilter Führung*. Elementare Voraussetzung ist allerdings die Akzeptanz des Ansatzes auf organisationaler Ebene sowie eine Organisationskultur, in der Autonomie und Verantwortungsteilung befürwortet werden. Auf jeden Fall bedeutet die Förderung *geteilter Führung* in keinster Weise, dass vertikale Hierarchien aufgegeben werden. Stattdessen stellt das *Shared-Leadership-Konzept* eine Ergänzung der klassischen Führung dar, um der komplexen und dynamischen Arbeitssituation besser Herr werden zu können (Grille et al., 2015; Kauffeld et al., 2017).

4.2.3 Abschlussphase

Wenn sich die Teilnehmenden auf eine oder mehrere Lösungen geeinigt haben, ist die Arbeitsphase abgeschlossen. Im Fokus der Abschlussphase steht die Fixierung der Ergebnisse. An dieser Stelle tritt die Moderation wieder ins Rampenlicht, um die Ergebnisse zusammenzufassen und zu resümieren. Dadurch werden die Anwendbarkeit und der Nutzen noch einmal reflektiert. Zudem gilt es, die Ergebnisse schriftlich festzuhalten, um den Fortschritt aufzuzeigen.

Bei der Festlegung von Entscheidungen ist es entscheidend, die Teilnehmenden zur Übernahme und Erledigung von Aufgaben zu motivieren. Nur so kann eine Umsetzung der besprochenen Lösungen und Maßnahmen sichergestellt und damit der nachhaltige Erfolg des Meetings garantiert werden. Damit sich die Teilnehmenden zur Übernahme der Aufgaben verpflichtet fühlen, lassen sich Appelle nutzen. Dies ist in der Kommunikationsforschung eine Aufforderung zur Handlung, die ein bestimmtes Verhalten erreichen soll (Bühler, 1933). Es werden drei

Arten von Appellen unterschieden: (1) Der *rationale Appell*, bei dem die Betonung von Nutzen im Vordergrund steht, (2) der *emotionale Appell*, durch den positve oder negative Gefühle hervorgerufen werden sowie (3) der *moralische Appell*, der auf das Verständnis der Adressaten abzielt. Allerdings gilt es, bei der Nutzung von Appellen zu beachten, dass die Teilnehmenden auf sehr direkte Art und Weise angesprochen werden. So können Appelle leicht auf Ablehnung stoßen, wenn die Beziehungsebene zwischen Sender*in und Empfänger*in beeinträchtigt ist, da dann die emotionalen Aspekte die inhaltlichen überlagern. In solchen Fällen kann es eher zu Reaktanz als zu Befolgung kommen (Schulz von Thun, 1981). Neben den genannten verbalen Appellen gibt es auch visuelle Appelle. Eine Methode, die diese Art des Appells nutzt, ist im Praxishack 4.7 beschrieben.

> **Praxishack 4.7: Empty Chair Appell**
>
> Bei Amazon wird in Meetings ein nonverbaler Appell genutzt. So wird immer ein Stuhl freigelassen, der für den Kunden steht. Dadurch soll allen Teilnehmenden bewusst gemacht werden, für wen das Meeting gehalten wird. Durch den visuellen Appell sollen sich die Teilnehmenden in die Perspektive des Kunden versetzen und sich so verpflichtet fühlen, den Kunden durch Erledigung der Aufgaben zufriedenzustellen.
>
> (Eppler & Kernbach, 2018)

Die Motivierung der Teilnehmenden kann auch durch weniger direkte Methoden erreicht werden. Schon Lewin (1947) empfahl, Gruppendiskussionen mit einer »öffentlichen Entscheidung« zu beenden, wie z. B. einer gemeinsamen Abstimmung in der Gruppe, wer welche Aufgabe übernimmt. Im Meeting kann dies in einer Schlussrunde umgesetzt werden, die im Praxishack 4.8 ausführlicher dargestellt ist.

> **Praxishack 4.8: Schlussrunde**
>
> Um die »öffentliche Entscheidung« in der Praxis umzusetzen, bietet sich die Schlussrunde an. Alle Teilnehmenden sollen den folgenden Satz beenden:
>
> > »Ich werde das Projekt voranbringen, indem ich bis Ende der Woche…«
>
> Die öffentliche Selbstverpflichtung kann auch in schriftlicher Form umgesetzt werden, indem ein Flipchart genutzt wird, auf dem der Satzbeginn bereits notiert ist. Bevor die Teilnehmenden den Meetingraum verlassen, müssen sie den Satz beenden und zusätzlich unterschreiben. Durch das Autogramm wird die Eigenverpflichtung und damit das anschließende Engagement weiter gesteigert.
>
> (Burn & Oskamp, 1986)

Durch den Öffentlichkeitsaspekt wird die Aufgabenverteilung allen Teilnehmenden bewusst und erhöht so die Motivation zur Umsetzung der Maßnahmen. Aufbauend auf dieser »öffentlichen Entscheidung« können sich alle Teilnehmenden am Ende des Meetings laut verpflichten, die Aufgabe im vorgegebenen Zeitraum zu bearbeiten. Dieses *Public Commitment* erhöht das Pflichtgefühl, weil es ein Versprechen an die anderen Teilnehmenden ist. Durch die öffentliche Selbstverpflichtung entsteht Handlungsdruck, wodurch sich die Verhaltensbereitschaft der Person erhöht, da sonst eine innere Spannung zwischen der öffentlich geäußerten Intention und dem tatsächlichen Handeln entsteht. Nach der Theorie der kognitiven Dissonanz entsteht dieser Spannungszustand, wenn Menschen unvereinbare Kognitionen (z. B. Einstellungen, Absichten, Gedanken) haben (Festinger, 1957). Da Menschen bestrebt sind, sich konsistent zu ihren öffentlichen Aussagen zu verhalten, ist diese Technik sehr effektiv, um den inneren Schweinehund zu überwinden. Aus Fairnessgründen sollte die Moderation darauf achten, dass alle Teilnehmenden gleich viele Aufgaben übernehmen, da dies dem Prinzip der *distributiven Gerechtigkeit* entspricht (Colquitt & Greenberg, 2005). Bereits Steve Jobs hat sich das Prinzip der »öffentlichen Entscheidung« zunutze gemacht und in seinen Meetings sogenannte *DRIs* (*Directly Responsible Individual*) eingeführt. Dabei wird jedem Punkt auf der Agenda öffentlich eine Person zugeordnet, die für die Umsetzung und Überwachung dieses Punktes verantwortlich ist.

Wenn die Verpflichtung der Teilnehmenden zur Umsetzung der Maßnahmen eingeholt wurde, schließt die Moderation die gemeinsame Arbeit ab, indem sie die Ergebnisse zum Zweck einer kurzen Reflexion noch einmal zusammenfasst. Dabei bietet es sich an, die Agenda zu nutzen, um jeden erfolgreich bearbeiteten Tagesordnungspunkt abzuhaken. So wird noch einmal öffentlich aufgezeigt, was die Teilnehmenden im Meeting geleistet haben. Dadurch kann ein Gefühl von Produktivität vermittelt und die Zufriedenheit der Teilnehmenden mit dem Meeting gesteigert werden (Allen et al., 2015).

Falls im Meeting nicht alle offenen Themen abgeschlossen werden konnten, eignet sich der *Zeigarnik-Effekt* (1927) als Erinnerungsfunktion. Dieser besagt, dass sich Menschen unbeantwortete Fragen oder unvollendete Aufgaben besser merken (Franke & Kühlmann, 1990). Deswegen kann es dienlich sein, einen *Cliffhanger* am Ende des Meetings einzubauen. Die Moderation kann eine spezifische Frage, bei der keine Lösung im Meeting gefunden werden konnte, noch einmal explizit als unbeantwortet herausstellen. Dadurch ergibt sich die Möglichkeit, den Teilnehmenden den Auftrag zu erteilen, bis zum nächsten Meeting eine eigene Lösung zu überlegen. Dies bietet direkt eine gute Einstiegsmöglichkeit für das nächste Meeting, wenn die Moderation zu Beginn auf den *Cliffhanger* zu sprechen kommt.

4.3 Fazit

Der Prozess stellt den Hauptaspekt von Meetings dar, denn er bildet die Interaktion innerhalb des Meetings ab. Das Verhalten der Teilnehmenden beinhaltet funktionale und dysfunktionale Aspekte, die als Katalysatoren oder Barrieren für den konstruktiven Austausch wirken können. Die Zusammenarbeit ist durch drei kritische Phasen geprägt. In der Einstiegsphase steht die Abgrenzung zur vorherigen Arbeit sowie die Verdeutlichung der Relevanz und der konkreten Ziele im Fokus. In der Arbeitsphase stehen der Kommunikationsverlauf sowie die dynamische Entwicklung emergenter Bedingungen im Vordergrund. Die Abschlussphase ist gekennzeichnet durch die Festlegung der Entscheidungen und Umsetzungsmotivierung.

> **Weiterführende Literatur**
>
> Endrejat, P. C., Meinecke, A. L. & Kauffeld, S. (2019). Get the crowd going. Eliciting and maintaining change readiness through solution-focused communication. *Journal of Change Management, 20*(1), 35–58.
> Lehmann-Willenbrock, N. & Allen, J. A. (2020). Well, now what do we do? Wait…: A group process analysis of meeting lateness. International Journal of Business Communication, 57(3), 302–326.
> Nayak, P. (2020). U.S. Patent No. 10, 542,126. Washington, DC: U.S. Patent and Trademark Office.
> Schulte, E.-M. & Kauffeld, S. (2020). Does my attitude toward meetings matter? The impact of supervisors' and team members' team meeting attitudes on counterproductive meeting behaviour and outcomes. *International Journal of Management Practice, 13*(6), 674–697.

5 Meetingerfolg: Effizienz und Effektivität als Outputfaktoren

MeetingSample: Umsetzen oder Nichtumsetzen, das ist hier die Frage!

Nach dem Meeting brauchte Melanie Neumann erstmal eine Kaffeepause. Als sie wieder in ihrem Büro saß, ging sie die Besprechung noch einmal im Kopf durch. Da sie die Maßnahmen nicht klar definiert hatte, war sie sich nicht sicher, ob die anderen Führungskräfte auch wirklich alle wichtigen Informationen mitgenommen hatten. Es ging ja schon ziemlich drunter und drüber bei der Diskussion. Daher entschied sich Melanie, ein Protokoll zu schreiben und an alle Teilnehmenden zu verschicken.

Am nächsten Tag traf Melanie Herrn Wagner auf dem Flur. Aus Interesse fragte sie, ob alle Punkte im Protokoll verständlich gewesen wären. Dabei runzelte ihr Kollege jedoch nur die Stirn und gab offen zu, dass er es sich noch gar nicht angeschaut hatte: »*Ich dachte, das wäre eher so eine Pro-forma-Sache.*« Allerdings bedankte er sich für die Erinnerung, denn er hatte die beschlossenen Maßnahmen schon wieder ganz vergessen: »*Es ist ja im Alltagsgeschäft immer so viel los.*«

»*Du meine Güte!*« – Melanie Neumann wurde bewusst, dass auch die Maßnahmenumsetzung eine stärkere Koordination benötigte. Daher setzte sie sich noch einmal hin und erstellte eine To-do-Liste als Maßnahmenplan. Die Liste umfasste alle Aufgaben mit Zuständigkeit, Ziel und Terminierung. Diesen Maßnahmenplan verschickte Melanie Neumann an alle Teilnehmenden. Zudem beschloss sie, ihn auszudrucken und in das nächste Meeting mitzunehmen. So konnten sie gemeinsam überprüfen, ob alle Beschlüsse umgesetzt worden waren. Schon kurze Zeit später erhielt sie eine Dankes-E-Mail von Herrn Bauer für die Gedächtnisstütze.

Ziel des Kapitels ist es, die Vielzahl an Nutzen aufzuzeigen, die aus Meetings gewonnen werden können. Dabei unterscheiden wir zwischen den Erfolgsfaktoren Effizienz und Effektivität, denn Meetingerfolg bedeutet nicht gleich Meetingerfolg. Für die praktische Anwendung stellen wir mit Maßnahmenplanung und Protokollführung Methoden zur Steigerung der Nachhaltigkeit von Meetings vor.

5.1 Nutzen des Meetings

Lange Zeit wurde in der Forschung das reine Arbeitsergebnis als Meetingleistung deklariert. Für eine präzisere Bestimmung erfolgreicher Meetings definierten Forscher*innen verschiedene Erfolgsmerkmale, die von der Beteiligung und Zufriedenheit der Teilnehmenden über Konsens bis zu Produktivität und Qualität des Meetings reichen (Davison, 1997; Fulk & Collins-Jarvis, 2001; Miranda & Bostrom, 1997; Volkema & Niederman, 1996). Becker-Beck und Kollegen (1995) haben zusätzlich die Beurteilung der Zusammenarbeit als Erfolgskriterium erhoben.

In den genannten Studien wurde dabei zwischen den Begriffen Output und Outcome variiert, obwohl meistens dieselben Elemente gemeint sind (Espinosa & Pickering, 2006; Nunamaker et al., 1989). So bezeichnet Davison (1997) in seiner Studie die Gruppeneffektivität als Outcome, während Gladstein (1984) dieselbe Variable als Output definiert. Dagegen ordnen Pinto und Kollegen (1993) den Output als ein Element dem Outcome unter.

Erst im sogenannten 3-E-Konzept unterscheiden Budäus und Buchholtz (1997) explizit zwischen Output und Outcome, indem sie beide Faktoren klar voneinander abgrenzen. Dabei definieren sie den Output als Ertrag, also als das unmittelbare Ergebnis bzw. die Ist-Leistung. Der

Outcome wird als die Auswirkung des Outputs angesehen. Somit ist der Outcome nicht das direkte Ergebnis des Prozesses, sondern die Konsequenz der Aktivitäten bzw. die Wirkung der Leistung (Eichhorn, 2005; Schalock, 2001). Eine graphische Darstellung des 3-E-Konzeptes ist in Abbildung 5.1 dargestellt.

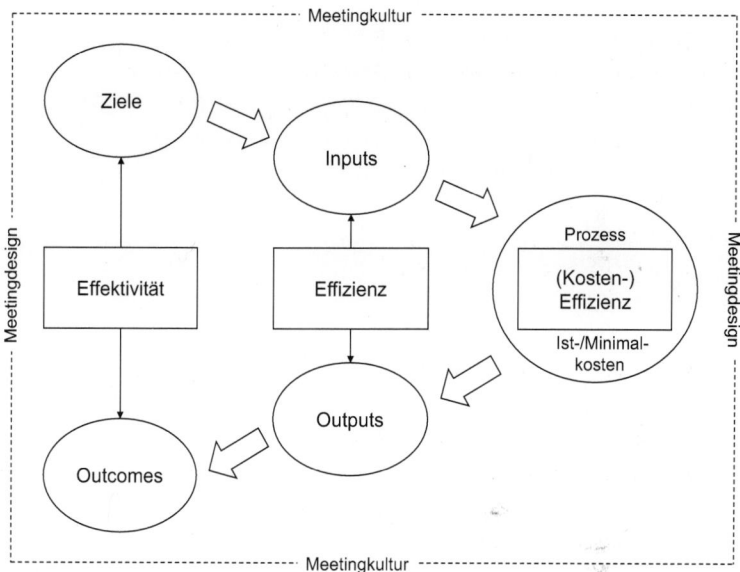

Abb. 5.1: 3-E-Konzept (angelehnt an Budäus & Buchholtz, 1997)

5.2 Effizienz als Output

Aufgrund der Variabilität und Heterogenität bei der Erfolgsmessung von Meetings nutzen wir das 3-E-Konzept, um Output und Outcome voneinander zu unterscheiden. Adaptiert auf Meetings lässt sich das unmittelbare Ergebnis als Effizienz und die Wirkung der Leistung als Effektivität definieren (Rausch, 2008). Somit stellt Effizienz den Output dar und beschreibt das Verhältnis von Kosten und Nutzen im Rahmen des Meetings.

Tab. 5.1: Messung der Meetingeffizienz (erweiterte Tabelle von Rausch, 2008)

Vorschläge zur Messung der Meetingeffizienz	Quelle
Einschätzung der Effizienz und Produktivität von Meetings	Schell Marketing Consulting, 2005
Anzahl der Maßnahmen im Protokoll im Verhältnis zur Anzahl der Tagesordnungspunkte	Malik, 2012
Anzahl der getroffenen Entscheidungen	Doppler & Lauterburg, 2000
Ausmaß der Ergebnisorientierung	Davison, 1997
Wahrgenommene Entscheidungsqualität	Wong & Aiken, 2003
Anzahl eigenständiger Ideen	Wong & Aiken, 2003
Einhaltung des Zeitplans gemäß der Tagesordnung	Spinks & Wells, 1995
Einschätzung der Effizienz und Produktivität von Meetings	Schell Marketing Consulting, 2005
Einschätzung der Ineffizienz von Meetings	Petrovic & Rausch, 1992
Gehaltskosten pro Minute in einem Meeting	Eunson, 1990
Zeit in Meetings ausgedrückt in Lohnkosten	Petrovic & Krickl, 1993
Anzahl der Lösungen in dem Meeting, die in einen Maßnahmenplan übernommen werden	Kauffeld, 2006; Kauffeld & Lehmann-Willenbrock, 2012
Meetingzufriedenheit mit dem Prozessverlauf und dem Ergebnis des Meetings	Kauffeld, 2006; Allen; Lehmann-Willenbrock & Sands, 2016

Wie die Tabelle 5.1 zeigt, basiert die Messung der Effizienz häufig auf der Einschätzung der Teilnehmenden. Dies zeigt die Notwendigkeit,

Output und Outcome getrennt voneinander zu betrachten, da die Wahrnehmung von Ereignissen im Meeting subjektiv ist und somit die tatsächliche Qualität nicht akkurat erfasst (Cohen-Powless, 2002). Menschen formen auf Grundlage ihrer Wahrnehmung persönliche Einstellungen und diese Einstellungen beeinflussen ihr Verhalten (Ajzen & Fishbein, 1977). Dadurch kann die Erfassung der Einstellung, die Personen zu Meetings haben, genutzt werden, um das Verhalten der Teilnehmenden im Meeting vorherzusagen. Zusätzlich haben Einstellungen einen Effekt über das Meeting hinaus, denn sie beeinflussen den Erfolg der Personen in Organisationen signifikant (Mitchell, 1987). Somit muss festgehalten werden, dass die Meetingeffizienz ein elementares Erfolgsmaß für Meetings darstellt. Sie wirkt sich auf die Einstellung von Personen aus, beeinflusst das konkrete Verhalten der Teilnehmenden im Meeting und hat einen Effekt auf die Aktivitäten im Anschluss an das Meeting.

5.2.1 Maßnahmenplanung

Bei der Vielzahl an Variablen zur Messung der Meetingeffizienz, die in Tabelle 5.1 aufgelistet sind, fällt auf, dass ein Faktor immer wieder genannt wird, da er die höchste praktische Relevanz hat. So tritt das Merkmal *Anzahl an Maßnahmen/Entscheidungen/nächsten Schritten* gehäuft auf. Aufgrund der elementaren Bedeutung der Maßnahmenplanung sollte diese als Abschluss des Meetings gemeinsam mit den Teilnehmenden formuliert werden. In Tabelle 5.2 ist für die Planung eine praktische *To-do-Liste* dargestellt, die leicht handhabbar ist und eine präzise Konkretisierung der Maßnahme ermöglicht. Das größte Hindernis bei der Planung ist die zeitliche Umsetzung, da Meetings meist eine Vielzahl kontroverser oder komplexer Themen umfassen, sodass sich die Diskussion hinzieht und die Maßnahmenplanung am Ende hintenüberfällt. An dieser Stelle muss die Moderation eine klare Struktur vorgeben. Dazu bietet sich die Aufteilung in klare Meetingphasen sowie die Nutzung der Methoden an, die wir im Kapitel 4 vorgestellt haben.

Tab. 5.2: To-do-Liste

	Maßnahme	Zuständigkeit	Beteiligte	Ziele und Meilensteine	Endtermin
1.					
2.					
3.					
4.					

Wenn nur eine kleine Gruppe der Teilnehmenden für die Ergebnisumsetzung zuständig ist, empfiehlt es sich, den Maßnahmenplan mit den beteiligten Personen in einer kurzen Follow-Up-Runde zu erstellen. So wird nicht die Zeit der restlichen Teilnehmenden mit Detailplanungen verschwendet. Auf jeden Fall muss der Maßnahmenplan so erstellt werden, dass er genau mit den Beschlüssen übereinstimmt, die gemeinsam während der Besprechung diskutiert und entschieden wurden.

Im Maßnahmenplan müssen die spezifischen Aufgaben genau formuliert werden. Dazu bietet sich die *SMART-Regel* an, die wir in Kapitel 3 zur Zielsetzung vorgestellt haben. Im Anschluss muss festgelegt werden, wer für welche Aufgaben zuständig ist. Zusätzlich zur verantwortlichen Person müssen alle weiteren Personen benannt werden, die zur Umsetzung der jeweiligen Maßnahme benötigt werden. Der finale Maßnahmenplan sollte im Anschluss per E-Mail an alle Teilnehmenden gesendet werden, egal ob sie in die Umsetzung involviert sind oder nicht, damit alle auf dem aktuellsten Stand sind und ein Gefühl der Nachhaltigkeit gewinnen.

Eine übersichtliche Darstellung von Verantwortlichkeiten bietet die *RACI-Matrix* (*Responsible-Accountable-Consulted-Informed*). Dabei werden für jede Aufgabe die verantwortlichen Rollen zugeteilt, sodass Klarheit bei der Bearbeitung der Aufgabe herrscht (Jacka & Keller, 2009). Die Details der RACI-Matrix sind im Praxishack 5.1 dargestellt.

5.2 Effizienz als Output

> **Praxishack 5.1: RACI-Rollen**
> **R** esponsible – der*die Verantwortliche für die Ausführung der Aufgabe
> **A** ccountable – der*die Haftbare für die Erfüllung der Aufgabe
> **C** onsulted – der*die Konsultierten zur Beratung, bevor die Aufgabe bearbeitet wird
> **I** nformed – der*die Informierte zur Informierung nach getaner Arbeit
>
> (Jacka & Keller, 2009)

Eine einfache Möglichkeit, die verschiedenen Aufgaben aus dem Meeting zu priorisieren, ist die Eisenhower-Methode. Dabei handelt es sich um ein gängiges Prinzip aus dem Zeitmanagement, mit dem Aufgaben nach Dringlichkeit und Wichtigkeit eingeteilt werden. Der Name der Methode basiert auf einem Zitat des Präsidenten Dwight D. Eisenhower, der einst sagte: »*Was wichtig ist, ist selten dringend, und was dringend ist, ist selten wichtig*« (Eisenhower, 1954). Aus dieser Aussage resultieren vier Kombinationsmöglichkeiten, die in einer Vier-Felder-Matrix dargestellt werden können (▶ *Abb. 5.2*). So ergeben sich vier Arten von Auf-

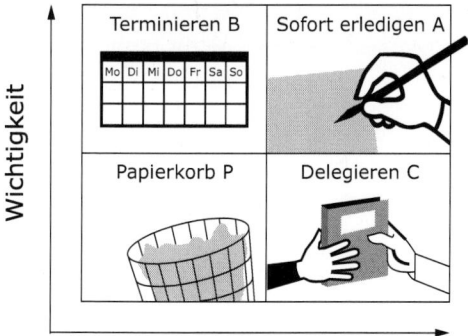

Abb. 5.2: Die Eisenhower-Methode (© Kauffeld & Lorenzo, 2021)

gaben: *A-Aufgaben* sind wichtig und dringend. Daher sollten sie sofort und selbst erledigt werden. *B-Aufgaben* sind wichtig, aber nicht so dringend. Deshalb sollte dafür ein Termin geplant werden. *C-Aufgaben* sind dringend, aber nicht so wichtig. Diese sollten delegiert werden. *P-Aufgaben* (P – wie Papierkorb) sind weder dringend noch wichtig, sodass sie einfach gelöscht werden sollten (Covey, 2012).

5.3 Effektivität als Outcome

Im 3-E-Konzept wird der Outcome als Folge des Outputs definiert (Buchholtz, 2001). Wenn der Output die Effizienz darstellt, dann ist der Outcome die Effektivität des Meetings. Damit ist gemeint, wie sehr die Ergebnisse des Meetings auch tatsächlich zu den Problemen passen. So können Teilnehmende zwar effizient im Meeting zusammenarbeiten, aber trotzdem ineffektiv sein, da sie sich mit den falschen Problemstellungen beschäftigen (Tropmann, 2014). Somit weist die Effektivität auf die generellen Auswirkungen hin – also die tatsächliche Produktivität bei der Problemlösung und Entscheidungsfindung. Im Fokus der Effektivität stehen vor allem zwei Merkmale: (1) Einerseits die Umsetzung der Meetingergebnisse, die vom *Commitment* und der Einstellung der Teilnehmenden gegenüber den Ergebnissen beeinflusst wird. (2) Andererseits die Zufriedenheit der Teilnehmenden mit dem Meeting (Burba, 2017; Geimer et al., 2015).

5.3.1 Umsetzungsorientierung

Damit im Anschluss an das Meeting das Engagement der Teilnehmenden nicht nachlässt, gilt der Spruch »*Nach dem Meeting ist vor dem Meeting!*« So sollte die Meetingleitung innerhalb von 24 Stunden eine klare, präzise Zusammenfassung der Inhalte verschicken. Diese Zusammenfassung stellt das Protokoll des Meetings dar, in dem alle wichtigen Erkenntnisse und Beschlüsse schriftlich festgehalten werden. Meetingprotokolle sind essenziell, damit die Entscheidungen auch tatsächlich umgesetzt werden und ein transparenter Entscheidungsfindungsprozess gewährleistet ist. So kann jederzeit nachgeschaut und überprüft werden, was im Meeting genau besprochen und beschlossen wurde. Mit der *DOCS Box* haben wir eine Vorlage für ein Meetingprotokoll in Kapitel 3.1.2 vorgestellt.

Die Meetingleitung muss im weiteren Arbeitsprozess über den Stand der Umsetzung informiert bleiben. In regelmäßigen Zeitabständen muss ein Austausch mit den Teilnehmenden stattfinden, um sicherzugehen, dass sich alle Beschäftigten an ihre Zusagen halten. Falls Hindernisse in der Umsetzung oder unerwartete Entwicklungen auftreten, gilt es zu besprechen, ob Pläne revidiert und Deadlines neu gesetzt werden müssen.

Für die Begleitung dieses Prozesses ist es für die Meetingleitung empfehlenswert, Zwischenziele zur besseren Strukturierung zu setzen und diese als Meilensteine zu definieren. Dabei muss überprüft werden, wie sich die verschiedenen Meilensteine untereinander bedingen, um Abhängigkeiten zu erkennen. Die Meetingleitung sollte daher mit den Verantwortlichen klären, wie die Meilensteine miteinander in Beziehung stehen und welche Voraussetzungen es für die einzelnen Aufgaben gibt. Um der Umsetzung Gewicht zu verleihen, sollte zum Abschluss ein fester Endtermin mit jedem Verantwortlichen vereinbart werden, bei dem das Endergebnis final geprüft und abgenommen wird.

Um die Teilnehmenden an die Umsetzung der festgelegten Maßnahmen zu erinnern, gibt es die Möglichkeit, drei Tage vor dem nächsten Meeting eine Erinnerungs-E-Mail zu verschicken. Darin werden die offenen Aufgaben und Verantwortlichen aufgelistet. So kann die Meetingleitung sicherstellen, dass alle Teilnehmenden kurz vor dem Meeting noch einmal an ihre Aufgaben erinnert werden und einen Überblick erhalten, welche Verpflichtungen sie aus dem letzten Meeting haben.

Bei der Umsetzung von Maßnahmen kann sich die Meetingleitung wieder das *öffentliche Commitment* zunutze machen. Ein Impuls, um die Verpflichtung der Teilnehmenden zu erhöhen, ist die Einführung einer standardmäßigen Erfolgsmeldung. Dabei schreibt jeder Teilnehmende bei erfolgreicher Erledigung einer Aufgabe aus dem letzten Meeting eine Nachricht via E-Mail an die Gruppe. Diese öffentliche Bekundung aktiviert soziale Normen und spornt die anderen Teilnehmenden an, sich ebenfalls um ihre Aufgaben zu kümmern (Mirsch, Lehrer & Jung, 2017). Statt der digitalen Variante lässt sich auch eine analoge Version nutzen, indem ein Flipchart in den Meetingraum gestellt wird, auf dem die einzelnen Aufgaben aufgelistet sind, sodass die Verantwortlichen ihre Tätigkeit bei erfolgreichem Abschluss abhaken können.

5.3.2 Meetingzufriedenheit

Eine Vielzahl an Studien konnte zeigen, dass Meetingzufriedenheit eine bedeutsame Rolle für Organisationen spielt, da sie einen Einfluss darauf ausübt, wie sich die Teammitglieder im Unternehmen einbringen (für einen Überblick siehe Burba, 2017). Obwohl Zufriedenheit ein häufig erhobenes Konstrukt in der Meetingforschung darstellt, gibt es dennoch kein einheitliches Konzept zur Messung. Definiert ist die Meetingzufriedenheit als subjektive Beurteilung bestimmter Kriterien, die im Meeting angetroffen werden (Mejias, 2007). Die Bedeutung der Zufriedenheit liegt nicht nur im Potenzial für die aktuelle, sondern vor allem für die zukünftige Zusammenarbeit. Nur wenn das Team zufrieden ist, kann es in Zukunft erfolgreich zusammenarbeiten (Hackman, 1987)

Insgesamt wird häufig zwischen zwei Bestandteilen unterschieden: (1) Die Zufriedenheit mit dem Prozess bezieht sich auf die Interaktion während des Meetings und ist wichtig für ein positives Befinden im Team. (2) Die Zufriedenheit mit den Ergebnissen beschreibt die positive Einstellung der Teilnehmenden zu den Zielen, die im Meeting erreicht wurden, und ist relevant für die nachfolgende Umsetzung der Entscheidungen (Miranda & Bostrom, 1999).

Die Bedeutung von Meetingzufriedenheit zeigt sich an ihrem Einfluss auf die gesamte Organisation. Eine hohe Meetingzufriedenheit hat eine positive Wirkung auf das *affektive organisationale Commitment* und die Gesamtzufriedenheit der Teilnehmenden mit ihrer Arbeitstätigkeit. Beschäftigte, die mit der Meetingkultur ihrer Organisation zufrieden sind, haben also eine hohe affektive Bindung an ihr Unternehmen und sind auch insgesamt mit der Arbeit zufrieden (Rogelberg et al., 2010). Aller-

5.3 Effektivität als Outcome

dings zeigen Studien, dass mehr als 50 % der Teilnehmenden unzufrieden mit Meetings sind (Geiner et al., 2015; Lortie, Allen, Darling, Walshe, Abrahams & Wharton, 2019). Diese Zahl ist deshalb so dramatisch, weil eine geringe Meetingzufriedenheit zum Sinken der Arbeitsproduktivität führt und die Absicht steigert, das Unternehmen verlassen zu wollen (Rogelberg et al., 2006; Romano & Nunamaker, 2001).

Eine immense Bedeutung für die Ausprägung der Meetingzufriedenheit hat die funktionale Interaktion im Meeting (Kauffeld, 2006; Kauffeld & Lehmann-Willenbrock, 2012). Problemorientiertes Verhalten wie das Erläutern und Verknüpfen von Problemen mit Lösungen hat einen signifikant positiven Effekt. Auch prozedurale Kommunikation wie das Konkretisieren von Inhalten und der Einsatz von Visualisierungen wirken sich positiv auf die Meetingzufriedenheit aus. Dagegen hat das Verlieren in Details und Beispielen einen negativen Einfluss. Sozio-emotionale Äußerungen wie Lob und Feedback haben einen positiven Effekt, während Kritik eine negative Wirkung hat. Auch eine hohe Handlungsorientierung wirkt positiv. Dagegen hat fehlendes Interesse an Veränderungen einen negativen Effekt auf die Zufriedenheit der Teilnehmenden (Burba, 2017; Kauffeld & Lehmann-Willenbrock, 2012). Insgesamt zeigt sich, dass in Meetings dysfunktionales Verhalten einen stärkeren Einfluss als funktionales Verhalten hat, was zur Wirkung vieler psychologischer Phänomene passt. So entsteht ein negativer Eindruck schneller als ein positiver. Auch hat negatives Feedback eine größere Wirkung als positive Interaktionen (Baumeister et al., 2001). Diese Befunde unterstreichen noch einmal die Bedeutung der Interaktion und emergenter Zustände im Meeting, die wir in Kapitel 4 im Detail ausgeführt haben.

Über das Verhalten in Meetings hinaus hat die Forschung gezeigt, dass Designcharakteristika eine bedeutsame Rolle für die Zufriedenheit der Teilnehmenden spielen. So hat vor allem die Gruppengröße eine negative Wirkung. Mit zunehmender Anzahl an Teilnehmenden steigt die Gefahr, dass die Situation verworren und schlecht überblickbar wird, da es zu viele Akteur*innen gibt, die eine Rolle spielen. Dadurch kann das eigentliche Ziel des Meetings aus den Augen verloren werden. Diese Ergebnisse zeigen die Relevanz der Inputfaktoren für den Meetingerfolg, die wir in Kapitel 2 und 3 präsentiert haben.

5.4 Fazit

Meetingerfolg kann sich in einer Vielzahl an positiven Auswirkungen zeigen. Dabei muss zwischen den unmittelbaren Ergebnissen (Effizienz) und den nachhaltigen Konsequenzen (Effektivität) unterschieden werden. Die Effizienz kann durch die Nutzung von *To-do-Listen* und *SMARTEN Zielen* gezielt verbessert werden. Um die Effektivität von Meetings zu steigern, ist es notwendig, die Umsetzungsorientierung und Meetingzufriedenheit der Teilnehmenden zu fördern.

> **Weiterführende Literatur**
>
> Guo, Z., Tan, F. B., Turner, T. & Xu, H. (2010). Group norms, media preferences, and group meeting success: A longitudinal study. Computers in Human Behavior, 26(4), 645–655.
>
> Kocsis, D. J., de Vreede, G. J. & Briggs, R. O. (2015). Designing and executing effective meetings with codified best facilitation practices. In J. A. Allen, N. Lehmann-Willenbrock & S. G. Rogelberg (Eds.), Cambridge handbooks in psychology. The Cambridge handbook of meeting science (pp. 483–503). Cambridge University Press.

6 Meetingimpulse: Wege aus dem Jammertal!

MeetingSample: Aus der Forschung in die Praxis!

Am Freitagnachmittag saß Melanie Neumann wieder in ihrem Büro. Eine weitere Woche voller Meetings war geschafft. Ihre Vorbereitung mit der Einladungs-E-Mail und Agenda auf dem Flipchart hatte sich als gute Idee erwiesen, ebenso wie die Übungen während des Meetings. Die Dankes-E-Mails auf ihren Maßnahmenplan bestätigten ihr, dass die Konkretisierung der Nachbereitung ebenfalls ein guter Einfall war.

Kurz vor Feierabend kam ihr Chef zu Melanie ins Büro. Er war erfreut, dass sie den Ablauf der Führungskräftemeetings verändert hatte und war von ihrer Initiative begeistert. Allerdings meinte er, dass dies alles nur erste Ansätze wären. Daher gab er Melanie den Auftrag, ein Konzept zu erarbeiten, wie die Problematik mit viel zu vielen Meetings im Unternehmen gelöst werden könnte.

Melanie Neumann war überrascht, aber auch erfreut über das Lob ihres Chefs. Sein Auftrag war aber keine Kleinigkeit. Schließlich gab es so viele Punkte und Themen, bei denen man ansetzen müsste. Am besten wäre es natürlich, wenn man die Meetingkultur im gesamten Unternehmen verändern und positiver gestalten würde. Mit der Einführung der neuen Software gab es doch die Möglichkeit, die Digitalisierung im Unternehmen voranzutreiben. Sie ließ sich ja ohnehin nicht aufhalten. So könnte man ja vielleicht die Nutzung von virtuellen Meetings fördern oder professionelle Methoden zur Meetinggestaltung online stellen. Aber vielleicht gab es auch weniger umfassende Ansätze, die schnell und einfach umgesetzt werden könnten.

> Für so etwas müsste es doch Experten oder Expertinnen geben! Nach einer kurzen Recherche entschied sich Melanie Neumann eine Personalberaterin zu kontaktieren. Sie vereinbarten einen Termin, bei dem sie der Expertin die Situation vorstellen wollte, sodass sie gemeinsam konkrete Lösungsmöglichkeiten erarbeiten könnten.

Ziel des Kapitels ist es, praktische Techniken und Methoden für eine Verbesserung von Meetings zu präsentieren. Dabei umfassen unsere Vorschläge verschiedene Ansätze, die bei kleinen, leicht umsetzbaren Impulsen beginnen und bei groß angelegten Kampagnen zur Umgestaltung der Organisationskultur enden.

6.1 Meetingregeln

Wie in den bisherigen Kapiteln deutlich geworden ist, sind Meetings ein fester Bestandteil des Arbeitslebens und erfüllen eine Vielzahl an Funktionen. Sie ziehen sich durch alle Hierarchien und nehmen einen großen Anteil der Arbeitszeit in Anspruch (Kauffeld, 2006; Allen, Lehmann-Willenbrock & Rogelberg, 2015). Lortie und Kollegen (2019) haben in einer aktuellen Forschungssynthese Ergebnisse aus empirischen Studien, Reviews und Metaanalysen zum Thema Meetings zusammengefasst. Auf dieser Basis haben sie zehn Regeln abgeleitet, die in der Forschung als effektive Maßnahmen zur Produktivitätssteigerung von Meetings identifiziert wurden.

1. Experimentieren

Meetings sind die Schlüsselsituation zum Interagieren und Kommunizieren in Organisationen. Deshalb sollten Führungskräfte gemeinsam mit Teilnehmenden die Möglichkeiten von Meetings austesten (Ruxton & Colgrave, 2018). So können verschiedene Praktiken und Techniken ausprobiert werden, um Schlüsselfaktoren von Meetings (u. a. Dauer, Häufigkeit, Nutzung technischer und methodischer Hilfsmittel) auf kreative Art und Weise zu variieren und im Anschluss zu testen. Die Neuartigkeit des Experimentierens in Kombination mit der Einführung neuer Praktiken und Techniken setzen ungenutzte Potenziale frei und können dadurch die Produktivität und Zufriedenheit fördern. Im Rahmen der kreativen Ideenentwicklung hat vor allem der *Design-Thinking-*Ansatz in den letzten Jahren große Berühmtheit erlangt, der im Meetingflash 6.1 ausgeführt wird.

> **Meetingflash 6.1: Design Thinking**
>
> *Design Thinking* gründet sich auf eine bestimmte Geisteshaltung, welche mithilfe einer Vielzahl von Methoden und Prozessmodellen umgesetzt wird. Im Fokus steht ein Vorgehen, das eine stetige Rückkopplung vorsieht. Dabei werden Lösungen in Form von Prototypen iterativ entwickelt und mehrfach vorgestellt, um Rückmeldung einzuholen. Um eine gemeinschaftliche Arbeits- und Denkkultur zu erschaffen, liegt ein besonderes Augenmerk auf den drei »P«s als Kernelemente, die verdeutlichen, dass der Fokus nicht nur auf dem neuen Endprodukt (z. B. der neuen Meetingart) liegt, sondern immer auch die Gestaltung des Arbeitsprozesses und des Arbeitsumfeldes einbezogen wird:
>
> (1) *Place* – Gestaltung des physischen (Arbeits-)Raumes zur Förderung der Innovationsarbeit
> (2) *People* – Entwicklungsteam, welches verschiedene, möglichst komplementäre Arbeits- und Denkweisen sowie Fähigkeiten und Expertisen benötigt
> (3) *Process* – Vorgehen in iterativen Schleifen
>
> (Brown, 2008, 2009; Carlgren, Rauth, Elmquist, 2016)

6 Meetingimpulse: Wege aus dem Jammertal

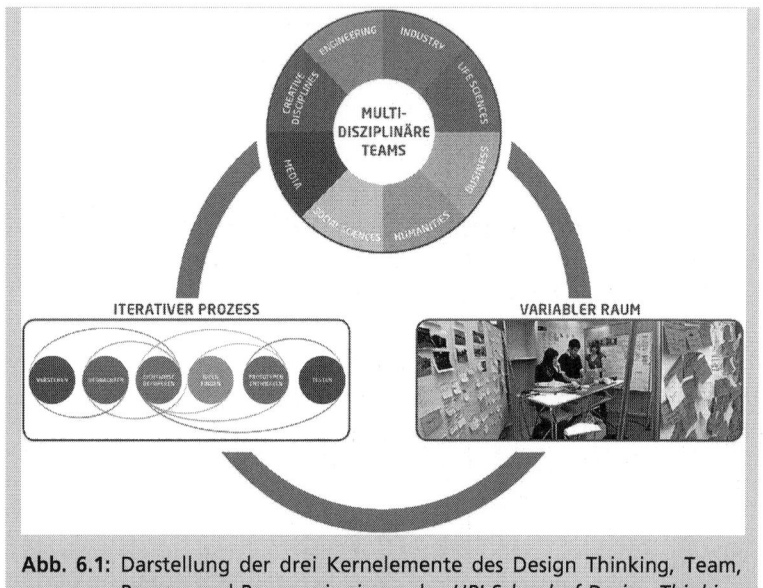

Abb. 6.1: Darstellung der drei Kernelemente des Design Thinking, Team, Prozess und Raum, wie sie an der *HPI School of Design Thinking* am *Hasso-Plattner-Institut* in Potsdam vermittelt werden.

Beim *Design Thinking* muss beachtet werden, dass der Ansatz nicht aus einer einzelnen Kreativitätstechnik besteht, die kurz und knapp angewandt werden kann. Daher benötigt der Einsatz einen größeren Rahmen zum Entwickeln und Testen neuer Lösungen. Dies kann z. B. die Überarbeitung der gesamten Meetingkultur im Unternehmen oder die Entwicklung neuer Meetingarten spezifisch für die Organisation sein.

2. Gemeinsame soziale Semantik

Zweck und Sinnhaftigkeit sind bedeutsame Faktoren, um Interaktionen in Organisationen zu fördern (Meyer & Maltin, 2010). Daher müssen Ziele und Funktionen für jedes noch so kurze Meeting eindeutig definiert werden, sodass allen Teilnehmenden die Relevanz deutlich wird (Allen & Rogelberg, 2013). Führungskräfte sollten zusammen mit den Teilnehmenden ein gemeinsames Meetingvokabular entwickeln, das spezifische Vokabeln für Ziele und Funktionen umfasst. Diese gemeinsame soziale Semantik fördert *gemeinsame mentale Modelle* und damit das Verständnis und die Synchronizität unter den Teilnehmenden (Yu, Zhou & Nakamura, 2013).

3.   Technische Hilfsmittel

Technik und digitale Tools sind in modernen Organisationen allgegenwärtig (Wu & Shang, 2019). Daher sollten die technischen und digitalen Möglichkeiten in Meetings ausgeschöpft werden, um die Kreativität zu fördern und die Verarbeitung neuer Inhalte zu vereinfachen (Tilahun & levinson, 2017; Pacauskas & Rajala, 2017). Dabei muss allerdings die Integration der Technologien beachtet werden (Lortie et al., 2019). Eine Übersicht zu aktuellen technischen Hilfsmitteln für Meetings umfasst das Kapitel 2.2.

4.   Dynamik

Dynamische Interaktion ist eine einflussreiche Komponente für die Produktivität (Pacauskas & Rajala, 2017). Daher sollten Führungskräfte das Erleben von Flow und Momentum in Meetings fördern. Prozedurale Kommunikation zur Steuerung der Diskussion ist dabei besonders relevant, um funktionale Interaktionszirkel zu begünstigen und das Verlieren in Details zu vermeiden (Kauffeld & Lehmann-Willenbrock, 2012). Die Beschreibung von emergenten Zuständen in Meetings ist in Kapitel 4.2 ausgeführt.

5.   Großgruppen

Die Gruppengröße ist eine vermittelnde Variable, die elementar zum Meetingerfolg beiträgt. Wenn Innovation und Ideengenerierung die Ziele sind, sollten Führungskräfte die Großgruppen nutzen. Schließlich gilt allgemein, dass eine Schwalbe keinen Sommer macht, vor allem beim *Brainstorming* (▶ Kapitel 5.2). Allerdings ist der Schlüssel für den Erfolg großer Meetings die Nutzung effektiver Moderationsmethoden zur Steuerung von Großgruppen (Lortie et al., 2019).

6. Diversität

Die Integration Teilnehmender mit vielfältigen Eigenschaften und Hintergründen fördert die
 Ideenvielfalt und die Zufriedenheit. Daher sollten Führungskräfte Meetings so zusammenstellen, dass die Teilnehmenden nicht aufgrund ihrer organisationalen Verpflichtung, sondern wegen ihrer gemeinsamen Ziele zusammenarbeiten. Im Verlauf des Meetings ist es dabei wichtig, den vielfältigen Sichtweisen Raum zur Äußerung zu verschaffen (Malouff et al., 2012).

7. Commitment

Prosoziales Verhalten ist eine relevante Komponente, um Stress und dysfunktionales Verhalten in Meetings zu verringern (Lehmann-Willenbrock, Allen & Kauffeld, 2013; Liu et al., 2016). Aufgrund der Häufigkeit von Meetings und des Anteils an der Gesamtarbeitszeit muss die Förderung des Wohlbefindens der Teilnehmenden ein bedeutsamer Aspekt für Führungskräfte sein (Meyer & Maltin, 2010).

8. Gestaltung

Eine positive Umgebung ist ein wichtiger Einflussfaktor für den Meetingerfolg (Hill, Ferris & Märtinson, 2003). Analog zur ersten Regel sollten Führungskräfte gemeinsam mit den Teilnehmenden die Möglichkeiten zur Gestaltung von Meetings austesten (Dorst, 2011). Mit *Design-Thinking-Ansätzen* können physikalische Faktoren (u. a. Sitzen vs. Stehen) auf kreative Art und Weise variiert und im Anschluss getestet werden.

9. Moderation

Die Moderation spielt eine entscheidende Rolle in Meetings, deren Bedeutung nicht überbewertet werden kann (Mroz, Yoerger & Allen, 2018). Auch wenn eine einzelne Person für die Moderation verantwortlich sein sollte, können Führungsarten und -funktionen variieren. So sollten verschiedene Führungsformen getestet werden (u. a. höher- vs. gleichgestellte Meetingleitung, interne vs. externe Moderation, *Shared Leadership*). Entscheidend ist, dass die Moderation die Interaktion steuert und funktionale Kommunikation fördert (Kauffeld & Lehmann-Willenbrock, 2012).

10. Nachhaltigkeit

Kreativität ist eine fundamentale Komponente in Meetings, um Lösungen zu finden und Probleme zu lösen (Lehmann-Willenbrock et al., 2013). Daher ist es elementar, dass die Ergebnisse des kreativen Prozesses festgehalten werden. Dazu können verschiedene digitale Tools oder Moderationsmethoden genutzt werden (▶ Kap. 5). Die Führungskraft sollte mit den Teilnehmenden verschiedene Techniken testen und gemeinsam eine *Best-Practice-Lösung* finden (Reiter-Palmon & Sands, 2015).

6.2 Kommunikationskampagne

Die Berechnungen zum Kostenfaktor Meetings haben gezeigt, dass eine Vielzahl an Faktoren dazu führen, dass Meetings als Jammertal gesehen werden. Dadurch können Maßnahmen zur Effizienzsteigerung von Meetings nur dann nachweisbare Erfolge liefern, wenn sie an der ganzen Organisation ansetzen. Daher ist es sinnvoll, ein einheitliches Konzept zu etablieren, dass alle Hierarchieebenen umfasst. Um die Aufmerksamkeit im Unternehmen auf das Thema Meetings zu steigern, ist eine umfassende Kommunikationskampagne notwendig.

Die Zielgruppe umfasst alle Mitarbeitenden, die regelmäßig einen Großteil ihrer Arbeitszeit in Meetings, Besprechungen oder Konferenzen verbringen. Die umfassende Ansprache sollte alle Meetingräume und Besprechungszonen im Unternehmen einbeziehen, sodass Informationen jederzeit für alle verfügbar sind. Klassische Poster mit Informationen konfrontieren somit jede Hierarchieebene mit den gesteigerten

Ansprüchen und dem Ziel der Effizienzsteigerung. Durch Verlinkungen mit QR-Codes auf den Postern können vertiefende Inhalte im Intranet angeboten werden (siehe *Digitales Wiki*). Dabei werden die QR-Codes bewusst mit kurzen Überschriften kombiniert (z. B. Meetingflash oder Praxishack wie in diesem Buch), um das Prinzip des *Information Gap* zu aktivieren, bei dem durch die Informationslücke wie bei einem *Cliffhanger* die Neugierde geweckt wird und Personen zur Suche nach weiteren Informationen animiert werden (Loewenstein, 1994).

6.2.1 Meeting Nudges

Die angesprochenen leicht umsetzbaren Impulse werden *Meeting Nudges* genannt. Der Begriff *Nudging* stammt aus der Verhaltensökonomie und bedeutet so viel wie »Anstupsen«. Sunstein und Thaler (2009) beschreiben damit Impulse, die Menschen bei bestimmten Verhaltensweisen in eine sinnvolle Richtung stupsen sollen. So kann einerseits ineffektives oder unerwünschtes Verhalten verringert und andererseits produktives oder effektives Verhalten gefördert werden, ohne dass auf Verbote oder Regeln zurückgegriffen werden muss. Der *Nudging-Ansatz* setzt somit auf Verhaltensveränderung ohne Ausübung von Zwang. Stattdessen wird die Situation angepasst, indem der Handlungs- und Entscheidungskontext bewusst gestaltet wird. Die *Nudges* können entweder transparent sein, sodass sie bewusst wirken, oder subtil, sodass ihre Wirkung unbemerkt geschieht. Berühmte Beispiele für erfolgreiche *Nudges* sind z. B. die Fliegen-Aufkleber in Pissoirs oder kleinere Teller um Einfluss auf Portionsgrößen zu nehmen (Sunstein & Thaler, 2009).

Eppler und Kernbach (2018) haben diesen Ansatz auf Meetings übertragen. Sie nutzen *Nudges* als Impulse, um dysfunktionales Verhalten in Meetings zu reduzieren und funktionales Verhalten zu steigern. Der Fokus liegt dabei auf geringfügigen Veränderungen, die leicht und ohne großen Aufwand umgesetzt werden können. Einige einfache *Meeting Nudges* wie der *Timer* in der Mitte des Meetingtisches oder das *Spotlight* zu Beginn von Meetings haben wir Ihnen bereits im Laufe des Buches vorgestellt. Im Folgenden stellen wir ihnen etwas umfassendere *Nudges* vor, die im Rahmen eines Konzeptes zur Effizienzsteigerung von Meetings in Unternehmen als Gestaltungsoptionen angeboten werden können.

Meetingbudget

Um der Menge an Meetings und der damit einhergehenden Frustration Herr zu werden, kann ein Meetingbudget pro Abteilung oder Team eingeführt werden. Damit ist gemeint, dass jede Abteilung bzw. Team ein Kontingent an fünf Stunden für Meetings pro Monat erhält. Diese Meetingzeit können sich die Beschäftigten in gemeinsamer Absprache frei einteilen. Sind die Stunden aufgebraucht, gelten die weiteren Meetings als freiwillig, sodass keine Anwesenheitspflicht besteht. Auch wenn dieser *Nudge* nicht wirklich das Grundproblem der Meetingmenge löst, führt es dennoch zu einem Gedankenanstoß, sodass sich alle Beschäftigten mit dem Thema beschäftigen und bewusster mit der Einberufung von Meetings umgehen. Dadurch steigt auch das Bemühen, effizienter mit der Meetingzeit umzugehen und Meetings effektiver zu gestalten.

Um ein *Live-Tracking* des Meetingsbudgets zu ermöglichen, können die Möglichkeiten des Intranets genutzt werden. Dadurch wird eine Sensibilisierung für verbrauchte Ressourcen geschaffen. Neben dem Zeitbudget können auch Kosten, die durch Meetings anfallen, als *Feature* im *Online-Tool* integriert werden, sodass Abteilungen und Teams nicht nur ihre Ressourcen, sondern auch ihr Finanzbudget monitoren können. Dadurch lässt sich der Fortschritt beim Verbrauch der Ressourcen beobachten, sodass gemeinsame Ziele zur Steigerung der Meetingeffizienz gesetzt werden können.

Um das Gefühl der verlorenen Zeit durch endlose Meetings anzugehen, kann der Hebel direkt an der Meetingdauer angesetzt werden. So schlagen Eppler und Kernbach (2018) vor, die Standardzeit von Meetings auf eine halbe Stunde festzusetzen. Durch die Vorgabe einer neuen Ausgangszeit wird den Teilnehmenden bewusst, wieviel Zeit sie bisher in Meetings verschwendet haben. So entsteht implizit ein gewisser Zeitdruck und das Bemühen effektiver zu arbeiten, um alle relevanten Themen in der verkürzten Zeit zu schaffen.

Walking Meeting

Anstatt mehrere Meetings in engen Besprechungsräumen und auf unbequemen Stühlen zu verbringen, bietet sich die Möglichkeit, Meetings außerhalb von Räumen und in Kombination mit physischer Aktivität abzuhalten. Beim *Walking Meeting* gehen die Teilnehmenden eine bestimmte Strecke, die körperlich nicht anstrengend sein sollte, und tauschen sich währenddessen zu einem Thema aus (Oppezzo & Schwartz, 2014). Durch die Bewegung werden Dynamik und Kommunikation gefördert und durch die vorgegebene Strecke kann die Zeit im Rahmen gehalten werden. Das *Walking Meeting* bietet sich vor allem für kleine Gruppen von zwei bis drei Personen an. So ist es z. B. nach der Mittagspause sinnvoll, wenn viele Teilnehmende eher träge ins Meeting starten. Auf diese Weise kann sogar der Weg von der Kantine zum Besprechungsraum effektiv genutzt werden. In England wird diese Form von Meetings sogar von der Gesundheitsbehörde unter dem Slogan »*Sitting ist the new smoking*« verschrieben (Eppler & Kernbach, 2018).

Interaktive Meetings

Die Vorstellung von Postern ist ein Standardformat bei wissenschaftlichen Konferenzen, das auch auf Meetings angewendet werden kann, um die Vorstellung von Präsentationen und die Informierung der Teilnehmenden kreativer und dynamischer zu gestalten. Denn Präsentationen in Meetings sind meistens eine passive Angelegenheit. Dadurch passiert es allzu häufig, dass die Zuhörenden immer tiefer in ihre Sitze rutschen, weil ihre Konzentration nachlässt oder ihre Gedanken abschweifen. So fehlt am Ende der Präsentation jegliche Dynamik in der Gruppe und es kommen keine effektiven Diskussionen zustande.

Wenn im Meeting eine umfangreiche Präsentation geplant ist, bietet sich der *Gallery Walk* als eine aktivere Form an. Gibt es mehrere Themen, zu denen Präsentationen gehalten werden sollen, bietet es sich an, für jedes Thema ein Poster zu erstellen und eine *Poster Session* zu gestalten. Im Praxishack 6.1 sind die beiden Varianten ausgeführt. Unabhängig von der Art des interaktiven Meetings empfiehlt es sich bei der Gestaltung der Poster, einen weißen Rand zu lassen. Diesen können die Teilnehmenden nutzen, um Ideen aus der gemeinsamen Diskussion direkt zu notieren. So konnten Eppler und Pfister (2010) zeigen, dass durch solche Annotationen die Qualität von Meetings erhöht und bessere Entscheidungen getroffen werden.

Praxishack 6.1: Interaktive Meetings

Gallery Walk

Anstelle einer Powerpoint-Präsentation gestalten die Vortragenden mehrere Flipcharts oder Poster, auf denen die wichtigsten Punkte zusammengefasst werden. Im Meeting wandern die Teilnehmenden als Gruppe von einer Station zur nächsten wie in einer Kunstgalerie. Durch die Bewegung werden sie aktiviert und durch das Stehen wird die Diskussionszeit pro Station verkürzt. So entsteht eine völlig andere Dynamik als bei frontalen Präsentationen. Die Freiheit, direkt reagieren und sich untereinander austauschen zu können, führt dazu, dass intensivere und ergiebigere Diskussionen in der Gruppe entstehen.

Poster Session

Für jedes Thema wird eine Station im Raum gestaltet, sodass die Poster gleichzeitig vorgestellt und diskutiert werden können. Jede Gruppe wählt eine Person aus, die bei dem eigenen Poster bleibt, um die Ergebnisse den anderen Gruppen vorzustellen und Feedback aufzunehmen. Während der Präsentationsphase teilen sich die restlichen Teilnehmenden auf die verschiedenen Stationen auf, lassen sich die Themen vorstellen und diskutieren diese gemeinsam. Die Gruppen sollten 5–10 Minuten an jeder Station verweilen, bis sie zur nächsten weiterziehen. Wie beim Gallery Walk entsteht durch die Bewegung eine Dynamik, durch die die Teilnehmenden aktiviert und zur Diskussion angeregt werden.

Im Vorfeld der *Poster Session* muss die Meetingleitung den Ablauf der Präsentationsphase genau strukturieren. So muss sie entscheiden, ob die Gruppe gemeinsam von Station zu Station geht (z. B. im Uhrzeigersinn) oder ob die Teilnehmenden die Freiheit haben, sich bunt durchzumischen und individuell die Stationen abzulaufen. Ein Nachteil des Formats ist die Präsentationsrolle, da die ausgewählte Person beim eigenen Poster bleiben und die Ergebnisse vorstellen muss. So ist es eine Möglichkeit, die Rolle im Verlauf der Präsentationsphase unter den Gruppenmitgliedern durchzutauschen. Eine weitere Option ist es, sie als Expertenrolle zu definieren und mit der Aufgabe zu verknüpfen, so viel Feedback wie möglich einzuholen.

Hackathon

Eine Methode, um die Nachhaltigkeit von Meetings zu steigern und die Umsetzung der geplanten Maßnahmen zu fördern, ist ein *Hackathon*. Die Methode stammt ähnlich wie *SCRUM* aus der Softwareentwicklung und setzt sich aus den Begriffen »*Hack*« und »*Marathon*« zusammen (Briscoe & Mulligan, 2014). Bezogen auf Meetings ist ein *Hackathon* ein Workshop, den die Teilnehmenden im Anschluss an ein Meeting durchführen. Dabei vereinbart die Gruppe gemeinsam einen Termin, zu dem sich alle Teilnehmenden in einem Raum treffen und konzentriert die Aufgaben abarbeiten, die sich aus dem letzten Meeting ergeben haben.

Die Methode ermöglicht es der Gruppe, sich in einem vorgegebenen Zeitrahmen konkret auf die Meetingaufgaben und die Maßnahmenumsetzung zu konzentrieren, ohne dass es zu Ablenkungen oder Unterbrechungen kommt. Durch die gemeinsame Räumlichkeit und Nähe wird zudem die Kollaboration zwischen den Meetingteilnehmenden gefördert und somit die Produktivität gesteigert (Teasley, Covi, Krishnan & Olson, 2000).

6.3 Transferfokussierte Trainingsbegleitung

Das Herzstück für die Umsetzung von Veränderungen in Unternehmen stellen Weiterbildungsmaßnahmen dar. Dabei investieren Unternehmen jährlich hohe Summen in Trainingsprogramme (Bundesamt für Statistik, 2014). Der Erfolg von Weiterbildung basiert allerdings nicht nur auf der Trainingsgestaltung, sondern vor allem auf dem Lerntransfer im Anschluss an das Training (Kauffeld, Bates, Holton & Müller, 2008). Dennoch wird die Wirkung der Maßnahmen in der Praxis immer noch weitestgehend durch direktes Feedback (*Happy Sheets*) oder Wissenstests gesichert (Grohmann & Kauffeld, 2013; Sandmeier, Hanke & Grubler, 2018). Für den Lerntransfer sind neben dem kurzfristigen Erfolg, der die Reaktion und Zufriedenheit der Teilnehmenden nach dem Training umfasst, vor allem die langfristigen Effekte relevant. So wird der langfristige Erfolg erst durch die Anwendung im beruflichen Kontext sowie die subjektiven Auswirkungen auf die Organisation deutlich (Grohmann & Kauffeld, 2013).

Wenn Trainings zur Effizienzsteigerung in Meetings konzipiert werden, muss daher neben der Trainingsgestaltung auch die anschließende Transferbegleitung beachtet werden (Gessler, 2012). Die transferfokussierte Trainingsbegleitung gewährleistet den praktischen Transfer gelernter Inhalte in die Arbeitspraxis durch Reflexions- und Transferaufgaben und ermöglicht damit eine hohe Nachhaltigkeit der Maßnahmen.

Im Folgenden präsentieren wir zuerst zwei Ansätze für Vor-Ort-Trainings. Der erste Ansatz fokussiert auf die Förderung der Interaktion im Meeting. Das Thema des zweiten Ansatzes ist die Mediennutzung. Im Anschluss präsentieren wir Methoden zur effektiven und digitalen Transferbegleitung.

6.3.1 Training zur Meetinggestaltung

Auf Basis etablierter Meetingforschung wurden verschiedene Ansätze zum Training der Meetingeffizienz entwickelt (u. a. Aksoy-Burkert & König, 2015). Die Zielgruppe sind dabei zumeist Führungskräfte, da der Meetingleitung durch den direkten Einfluss auf den Input (u. a. Meetinggestaltung) und den Prozess (u. a. Steuerung der Interaktion) eine Schlüsselfunktion zukommt. So zeigen Studien, dass die Interaktion zwischen Meetingleitung und Teilnehmenden nicht nur Einfluss auf die Qualität, sondern auch auf die wahrgenommene organisationale Unterstützung hat (Baran et al., 2012). Der Ansatz von Aksoy-Burkert und König (2015) teilt das Training in fünf Module auf, die starke Übereinstimmung zum IPOI-Modell aufweisen (▶ Kap. 1.2). So beziehen sich die ersten beiden Module auf den Input, Modul drei und vier auf den Prozess und das finale Modul auf den Output. Die einzelnen Module sind im Meetingflash 6.2 ausführlich dargestellt.

Meetingflash 6.2: Training der Meetingeffizienz

(1) *Input: Sensibilisierung für Meetingkultur:* Ziel des Einstiegsmoduls ist es, die Teilnehmenden für eine gute Meetingpraxis zu sensibilisieren. Dazu wird die vorherrschende Meetingpraxis im Unternehmen reflektiert und der Einfluss auf die Meetingkultur hervorgehoben.

(2) *Input: Planung des Meetings:* Im zweiten Modul liegt der Fokus auf der Vermittlung von Sicherheit bei der Planung von Meetings. Die Bedeutung von zielorientierter und systematischer Vorbereitung wird verdeutlicht, indem relevante Gestaltungseigenschaften vorgestellt werden, die von der Meetingleitung direkt beeinflusst werden können.

(3) *Prozess: Vermittlung von Kommunikationskompetenz:* Ziel des ersten Prozessmoduls ist es, die Teilnehmenden mit allgemeinen Kommunikationstechniken vertraut zu machen. Dazu liegt der Fokus auf der Unterscheidung von funktionaler und dysfunktionaler Kommunikation sowie der Identifikation emergenter Interaktionszirkel.

(4) *Prozess: Vermittlung von Moderationstechniken:* Im zweiten Prozessmodul liegt der Fokus auf der Strukturierung der Interaktion im Meeting. So benötigt die Moderation eine hohe Kommunikationskompetenz, um die Vielzahl an Aufgaben zu bewältigen, darunter die Förderung der Diskussion, das Zeitmanagement sowie das Festhalten von Maßnahmen und Lösungen. Neben Moderationstechniken werden zusätzlich die Unterschiede zwischen aufgaben- und mitarbeiter*innenorientierter Führung vermittelt.

(5) *Output: Monitoring der Maßnahmen:* Ziel des Outputmoduls ist es, die Relevanz der Maßnahmenplanung und Protokollerstellung zu vermitteln, da das Festhalten von Entscheidungen und Lösungen für die anschließende Umsetzung und Nachhaltigkeit des Meetings entscheidend ist.

(Aksoy-Burkert & König, 2015)

6.3.2 Training zur motivierenden Gesprächsführung

Die motivierende Gesprächsführung ist eine Methode, um Teilnehmende dabei zu unterstützen, Argumente für die Maßnahmenplanung und -umsetzung zu finden (Miller & Rollnick, 2004). Klonek und Kauffeld (2012) haben die Methode auf Meetings übertragen, um die intrinsische Motivation und funktionale Kommunikation in Meetings zu erhöhen. Dabei setzt die Gesprächstechnik bei der Moderationsrolle an. So ist es die Aufgabe der Moderation, eigene Lösungsvorschläge zurückzuhalten und stattdessen Maßnahmen von den beteiligten Personen selbst formulieren zu lassen. Denn eine nachhaltige Umsetzung ist nur dann wahrscheinlich, wenn die Lösungen von den Teilnehmenden selbstständig erarbeitet wurden (Klonek & Kauffeld, 2012).

Im Fokus der motivierenden Gesprächsführung steht die Unterscheidung von *Change* und *Sustain Talk*. *Change Talk* umfasst funktionale Äußerungen, die Veränderungsmotivation zeigen. Dies umfasst Gründe, Wünsche, Bedürfnisse oder Engagement für Veränderungen bzw. für die Maßnahmenumsetzung. Dagegen handelt es sich bei *Sustain Talk* um dysfunktionale Aussagen, die Veränderungen blockieren. Wenn in einem Meeting eine hohe Anzahl an *Sustain Talk* zum Ausdruck gebracht wurde, ist davon auszugehen, dass im Anschluss wichtige Aktionen nicht durchgeführt werden. Im Gegensatz dazu fördert ein hohes Maß an *Change Talk* die Festlegung notwendiger organisatorischer Aktionen zur Umsetzung von Veränderungen (Klonek, 2014).

Das Erkennen und Reflektieren von *Change Talk* stellt eine wichtige Ressource dar, um die Motivation der Teilnehmenden zu fördern und die Maßnahmenumsetzung zu erleichtern (Klonek et al., 2014). An dieser Stelle setzt das Training an. So wird die Sensibilität der Moderation zum Erkennen von Veränderungswiderstand in Meetings geschult, sodass *Change* und *Sustain Talk* frühzeitig erkannt werden (Endrejat & Kauffeld, 2020; Güntner, Endrejat & Kauffeld, 2019; Klonek & Kauffeld, 2016: Klonek, Lehmann-Willenbrock & Kauffeld, 2014).

6.3.4 Live-Kodierung

Die Nachhaltigkeit von Meetingtrainings kann durch den Einsatz von *Live-Kodierungen* gefördert werden, indem nach einem Training ein reales Meeting in der Praxis analysiert wird. So kann ein *Monitoring* der Umsetzung der Trainingsinhalte geleistet und der Lerntransfer gefördert werden. Durch die aktuellen technischen Möglichkeiten, wie einer *App*, ergeben sich nun ganz neue Einsatzmöglichkeiten. So erlaubt eine *appgestützte Live-Kodierung* die direkte Erfassung und Kodierung einfacher Verhaltensweisen. Dabei können neben den Häufigkeiten auch die Auftrittszeitpunkte erfasst werden.

Der große Vorteil der *Live-Kodierung* ist es, dass sie im Vergleich zur Videoanalyse weniger zeitintensiv ist. So ist es nicht nötig, Gespräche erst auf Video aufzuzeichnen, um diese post hoc aufzubereiten und zu kodieren. Infolgedessen kann die Führungskraft direkt im Anschluss ein Feedback bekommen und muss nicht langwierig auf die Auswertung warten. Dadurch sind die Gesprächsinhalte noch präsent, sodass die Rückmeldung nachvollziehbar bleibt und von den Beteiligten eher angenommen wird (London & Sessa, 2006). Wenn durch die *Live-Kodierung* Entwicklungspotenziale aufgedeckt wurden, können zudem Maßnahmen direkt eingeleitet werden.

Windmann, Handke und Kauffeld (in Vorbereitung) haben auf Basis des *act4teams©-Kodierschema* eine *App* entwickelt, die *Live-Kodierungen* in Meetings ermöglicht. Dafür wurde das umfassende *act4teams-Instrument* auf neun Kompetenz-Kategorien (Probleme, Lösung, Verknüpfungen und Vernetzungen, Informationsweitergabe & Wissenstransfer, Methodisch-strukturierendes Verhalten, Proaktives Verhalten, Kollegiales Verhalten, Destruktives Verhalten sowie Sonstiges) zusammengefasst (▶ Meetingflash 6.3).

Meetingflash 6.3: act4teams-short

Mit *act4teams-short* wurde das *act4teams-Kodierschema* (Kauffeld, 2006; Kauffeld et al., 2018) für *Live-Kodierungen* adaptiert (Windmann, Handke & Kauffeld, in Vorbereitung). Dazu mussten die vorhandenen Kategorien auf acht inhaltliche Kategorien reduziert und zusammengefasst werden, weil es nicht möglich ist, live zwischen den über 40 Kategorien zu unterscheiden. Darüber hinaus wurde eine weitere Kategorie hinzugefügt, mit der Verhaltensweisen kodiert werden, die sich nicht den acht inhaltlichen Kategorien zuordnen lassen.

Zusätzlich zum Kodierschema wurde eine *Kodier-App* entwickelt. Durch einen einfachen Klick auf die passende Kategorie wird eine Verhaltensweise mit Zeitstempel erfasst. Nach Beendigung der *Live-Kodierung* werden die prozentualen Anteile der Kategorien automatisiert berechnet und visualisiert. Außerdem ist es möglich, sich die Abfolge der kodierten Verhaltensweisen als Zeitstrahl anzeigen zu lassen. Die Auswertung bietet damit in Kombination mit der Visualisierung die Grundlage für die anschließende Reflexion der Führungskraft.

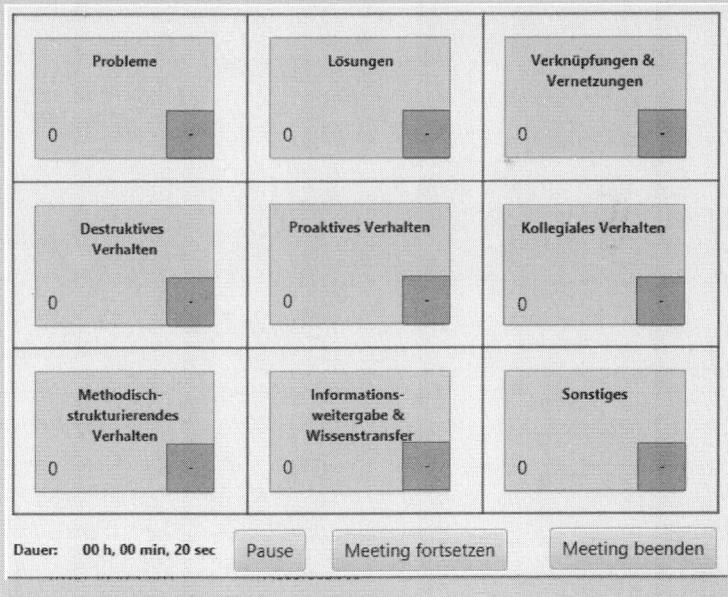

Abb. 6.2: Eingabe der Live-Kodierung

6 Meetingimpulse: Wege aus dem Jammertal

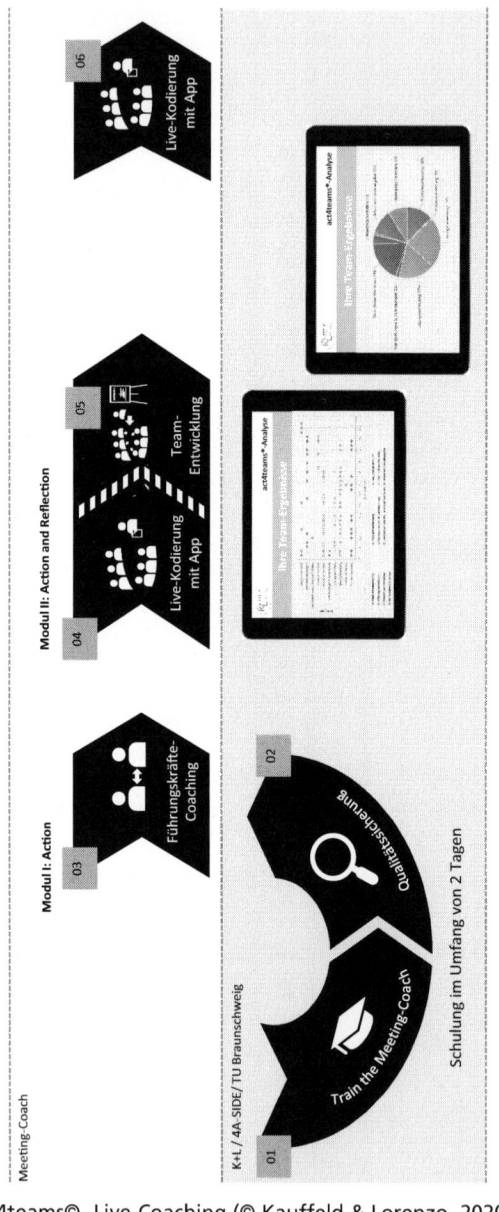

Abb. 6.3: act4teams©- Live-Coaching (© Kauffeld & Lorenzo, 2020)

Zur Durchführung ist es notwendig, Erfahrung mit dem *act4teams-Instrument* oder eine spezielle Ausbildung in der *act4teams-short*-Kodierung zu haben (Kauffeld et al., 2012). Im Anschluss an das Training findet ein kurzes Coachinggespräch statt, in dem die Führungskraft ein spezifisches Meeting plant, dessen Leitung sie innehat. Dabei werden die Erwartungen diskutiert und vorhandene Problembereiche formuliert. Die*der Coach ist im Meeting anwesend, um anhand der *App* die *Live-Kodierung* durchzuführen, nimmt aber nicht aktiv teil. Im Anschluss findet die Analyse statt und die Ergebnisse werden durch die*den Coach an die Führungskraft zurückgespiegelt. So lässt sich anhand eines realen Meetings identifizieren, welche Inhalte aus dem Training auf die Praxis übertragen wurden und welche Probleme bei der Umsetzung aufgetreten sind. Auf Basis der Resultate können damit Katalysatoren und Barrieren des Transfers aufgedeckt werden. In einem anschließenden Workshop mit dem Team werden die Ergebnisse genutzt, um passgenaue Maßnahmen zur Verbesserung der Meetingeffizienz abzuleiten. In einem späteren realen Meeting sollte die*der Coach erneut eine *Live-Kodierung* durchführen, um die Umsetzung der Maßnahmen und Verbesserungen der Meetingpraxis zu überprüfen.

6.3.5 Digitale Reflexion

Neben dem Anbieten von speziellen Trainings empfiehlt es sich für Unternehmen auch eine transferbegleitende *Online-Plattform* im *Intranet* zu etablieren. Über diese Plattform wird ein Austausch zwischen den Teilnehmenden ermöglicht und die Reflexion gefördert. Der Fokus liegt dabei auf der selbstbestimmten und nutzungsorientierten Anwendung (Weinbauer-Heidel, 2016). Per E-Mails werden Erinnerungen verschickt, die an die Wiederholung relevanter Inhalte oder Umsetzung persönlicher Pläne erinnern. Lösungsorientierte und realitätsnah gestaltete Reflexionsaufgaben zum Meetingverhalten oder zur Maßnahmenumsetzung ermöglichen das Ausprobieren der Trainingsinhalte in der Praxis, um das Gelernte zu festigen (Kauffeld, 2016).

Darüber hinaus bietet es sich an, ein *Message Board* einzurichten. Dort können zusätzliche Videos und weitere Arbeitsmaterialien (z. B. Checklisten für effektive Meetings) hochgeladen werden, die bei der Vertiefung und Auffrischung der Inhalte unterstützen. Zusätzlich können sich die Teilnehmenden des Trainings gemeinsam über die Reflexionsaufgaben sowie die Anwendung in der Praxis austauschen, sodass sie sich gegenseitig mit Tipps und Tricks helfen. So wird eine Weiterbildung mit vertiefenden Inhalten unterstützt (Kuhlmann & Sauter 2008).

Um die Nachhaltigkeit der Trainings zu fördern, wird in der Forschung die Nutzung von Transfertagebüchern empfohlen (Kauffeld, 2016). Diese sind als eine Form des schriftlichen Nachdenkens definiert, die eine Reflexion des Fortschritts ermöglichen und damit den Lerntransfer erhöhen. So werden Erkenntnisse aus dem Training durch den Prozess des Niederschreibens gesichert und gefestigt (Fischer, 2003). Auf der *Online-Plattform* sollte daher ein *E-Tagebuch* als zusätzliches *Feature* integriert werden. Darin finden sich Leitfragen zum Arbeitsalltag, die sich auf die Umsetzung der gelernten Inhalte und die Bearbeitung konkreter Aufgaben aus dem Training beziehen. Das Niederschreiben der gelungenen Transfervorhaben führt zu einem Erfolgserlebnis und stärkt dadurch die weitere Anwendung (Weinbauer-Heidel, 2016). Um den Aufwand des Tagebuchführens gering zu halten, können Einträge mit *Multiple-Choice-Aufgaben* vorgegeben werden, die konkrete Fragen zu Reflexionsaufgaben umfassen (Kauffeld, 2016).

Wenn das Training aus mehreren Modulen besteht, die an verschiedenen Tagen stattfinden, kann das Tagebuch zur Bearbeitung von Aufgaben zwischen den Modulen genutzt werden, indem *Transferaufgaben* gestellt werden, die leicht in den Arbeitsalltag integriert werden können. Dies ist gerade bei Meetings aufgrund der Häufigkeit von Besprechungen im Arbeitsleben leicht umsetzbar. In der Praxis herrscht zumeist eine gewisse Skepsis gegenüber der Nutzung von Tagebüchern, da diese als »Hausaufgabenhefte« gesehen werden. Daher muss der Sinn der Methode im Rahmen des Trainings verdeutlicht werden und das Tagebuchführen auf Freiwilligkeit basieren, da es sonst zu Reaktanz der Teilnehmenden kommen kann.

Insgesamt gilt es zu beachten, dass eine *Online-Plattform* gepflegt werden muss, um ihre kontinuierliche Nutzung zu gewährleisten. So müssen stetig neue Inhalte hochgeladen und die Teilnehmenden angesprochen werden, um eine aktive Beteiligung zu erreichen.

6.4 Individuelle Teamentwicklung

Analog zur *app-basierten Live-Kodierung* gibt es ein *Coaching-Programm*, welches das vollständige *act4teams-Kodierschema* nutzt, um Videoanalysen zur Förderung der Meetingeffizienz durchzuführen. Dabei kombiniert das *Coaching-Programm* die Analyse der Meetinginteraktion mit Team- und Führungskräfteentwicklung. Das Programm umfasst sechs Bausteine, die aufeinander aufbauen und zeitlich nacheinander abfolgen. Dadurch stellt es im Vergleich zur *Live-Kodierung* keine einmalige Maßnahme, sondern einen begleitenden Prozess dar, der individuell an die organisationalen Rahmenbedingungen sowie die Bedürfnisse des Teams angepasst werden kann (▶ Praxishack 6.2).

Praxishack 6.2: act4teams-Coaching-Programm

(1) *Initialization*: Der Coaching-Prozess beginnt mit einem Orientierungsgespräch mit der Führungskraft, in dem die Erwartungen diskutiert und die vorhandenen Problembereiche formuliert werden. Im Anschluss wird ein Team-Workshop durchgeführt, in dem gemeinsam mit dem Team eine erste Bestandsaufnahme der vorhandenen Meetingkultur und -praxis durchgeführt wird, um die Problembereiche zu identifizieren und die konkreten Handlungsbedarfe im Detail zu erfassen.

(2) *Action:* In der ersten Coaching-Sitzung mit der Führungskraft wird der Ablauf des realen Meetings festgelegt, dass per *act4teams* analysiert werden soll. Dabei wird eine Auswahl aus den zuvor identifizierten Problembereichen getroffen, die im Rahmen des Meetings bearbeitet werden sollen. Das anschließende Meeting wird per Video aufgezeichnet, in dem das Team Lösungen für die gewählten Handlungsbereiche erarbeitet.

(3) *Reflection:* In der zweiten Coaching-Sitzung mit der Führungskraft werden die bisherigen Entwicklungen reflektiert und die nächsten Schritte für Veränderungen festgelegt. Im Anschluss werden im zweiten Team-Workshop die Ergebnisse der *act4-*

6 Meetingimpulse: Wege aus dem Jammertal

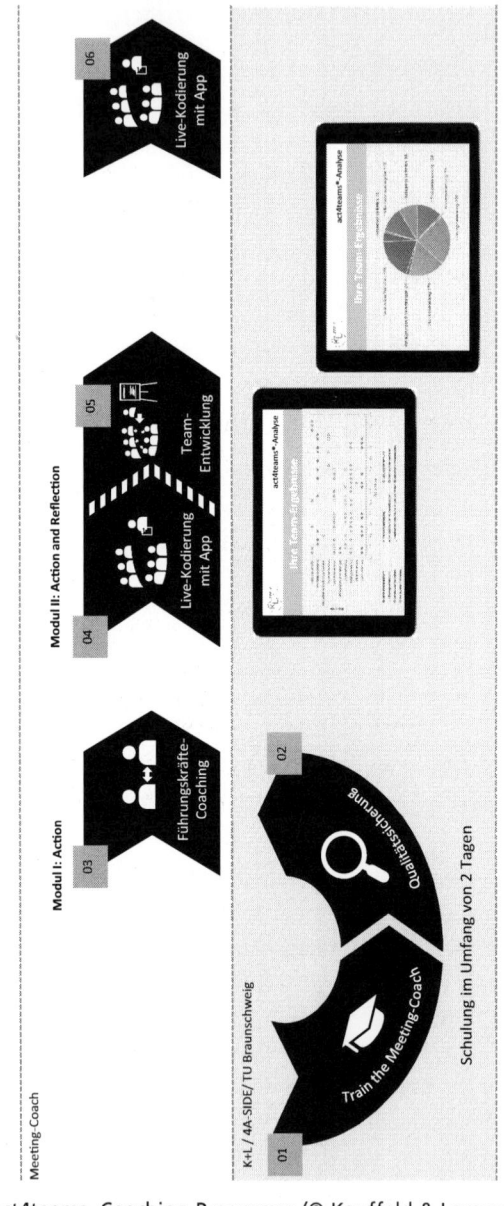

Abb. 6.4: act4teams- Coaching-Programm (© Kauffeld & Lorenzo, 2020)

teams-Analyse zurückgemeldet und hinterfragt. Dabei werden spezifische Problembereiche mit Handlungsbedarf identifiziert und Maßnahmen zur Teamentwicklung abgeleitet.

(4) *Progress:* Die dritte Coaching-Sitzung mit der Führungskraft dient der Reflexion der bisherigen Entwicklungen auf Basis der ersten *act4teams* Ergebnisse und Definition der nächsten Schritte für die Weiterentwicklung der Meetingeffizienz des Teams. Im dritten Team-Workshop wird eine Bestandsaufnahme der bisher umgesetzten Maßnahmen vorgenommen und weitere Maßnahmen festgelegt. Dabei sollten objektiv messbare Erfolgsfaktoren im Fokus stehen, um die Prozesse im Meeting nach klar definierten Kriterien weiterzuentwickeln.

(5) *Advanced Action*: In der vierten Coaching-Sitzung mit der Führungskraft wird ein zweites reales Meeting geplant, dass per *act4teams* analysiert werden soll. Dabei werden erneut der Ablauf und die Inhalte festgelegt. Das anschließende Meeting wird wiederum auf Video aufgenommen, in dem das Team die vordefinierten Themen diskutiert und Maßnahmen zur Verstetigung des Entwicklungsprozesses definiert.

(6) *Evaluation*: Die fünfte Coaching-Sitzung mit der Führungskraft dient erneut der Reflexion der bisherigen Entwicklungen. Dabei werden Schritte für langfristige Weiterentwicklungen festgelegt. Im abschließenden Team-Workshop werden die Ergebnisse der zweiten *act4teams*-Analyse zurückgemeldet und die Veränderungen von Meeting eins zu zwei reflektiert. Das Team diskutiert, wie die Effizienzsteigerung im Meeting verstetigt werden kann und entscheidet, ob das Coaching weiter fortgeführt oder erfolgreich abgeschlossen wird (Kauffeld & Lorenzo, 2020)

Insgesamt bietet die Prozessbegleitung mit dem *act4team-Coaching-Programm* Teams die Möglichkeit, konkrete Problembereiche der Zusammenarbeit zu identifizieren. So können ihre Team- und Meetingkompetenz in den Bereichen Fach-, Methoden-, Sozial- und Selbstkompetenz erfasst werden. Darauf aufbauend werden passgenaue Maßnahmen entwickelt und umgesetzt, deren Wirksamkeit direkt überprüft werden kann (Kauffeld et al., 2009).

6.5 Fazit

Es gibt eine Vielzahl an Möglichkeiten zur Verbesserung von Meetings. Je nach Situation und Aufgabe muss dabei beachtet werden, welches Ziel verfolgt wird. Individuelle Ansätze wie Meeting Nudges können schnell und leicht umgesetzt werden, haben aber nur begrenzte Auswirkungen. Umfassende Maßnahmen wie Trainings- und Coachingansätze versprechen bei vollständiger Integration im Unternehmen sehr effektiv zu sein. Allerdings ist die Umsetzung sehr aufwändig und geht mit umfassenden organisationalen Veränderungsprozessen einher.

> **Weiterführende Literatur**
>
> Aksoy-Burkert, F. & König, C. J. (2015). Meeting training: A suggestion. In J. A. Allen, N. Lehmann-Willenbrock & S. G. Rogelberg (Eds.), *Cambridge handbooks in psychology. The Cambridge handbook of meeting science* (pp. 69–89). Cambridge University Press.
> Kauffeld, S. (2016). Nachhaltige Personalentwicklung und Weiterbildung. Betriebliche Seminare und Trainings entwickeln, Erfolge messen, Transfer sichern (2. überarbeitete Aufl.). Heidelberg: Springer.

7 Meetingful: Das Meeting der Zukunft

MeetingSample: Sind wir nicht flexibel, bleibt alles beim Alten!

»*Oh Mann!*« Melanie Neumann saß im *Home-Office*. Durch die *COVID-19-Pandemie* arbeitete sie im Moment sehr viel von zu Hause aus. Dadurch verbrachte sie manchmal den ganzen Arbeitstag in Videokonferenzen. Das war mehr als anstrengend!

Zum Glück hatte Melanie noch vor der Pandemie mit der Personalberaterin eine Strategie zur Verbesserung der Meetingkultur in ihrem Unternehmen ausgearbeitet. Dadurch hatten sie immerhin Richtlinien zur effizienten Durchführung von Meetings aufgestellt. Da Melanie für ihren Chef inzwischen die Meetingexpertin war, hatte sie den Auftrag bekommen, diese Regeln auf virtuelle Meetings zu übertragen, sodass die Videokonferenzen im Unternehmen effizienter verliefen. Allerdings veränderte sich die Kommunikation in den virtuellen Meetings deutlich. Auch waren die Unterschiede im Nutzungsverhalten schon gravierend. Einige Beschäftigten taten sich mit der Technik viel leichter als andere. Dazu musste sie auf jeden Fall Lösungen finden. Erst letztens hatte Melanie einen Artikel gelesen, in dem von künstlicher Intelligenz in Meetings gesprochen wurde. Vielleicht ließe sich ja damit die virtuelle Kommunikation erleichtern?

Aktuell musste sich Melanie aber mit ganz neuen Problemen herumschlagen. Durch die häufigen Änderungen der *Corona-Situation* und damit auch den Wechsel zwischen *Home-Office*, Präsenz und mobiler Arbeit gab es Probleme mit den Regelterminen im Unternehmen. Daher brauchten sie neue Ansätze für die flexible Durchführung von kurzfristig einberufenen Meetings, wenn sich die Situation mal wieder spontan und unerwartet ändern sollte. Dazu kannte die Personalberaterin sicher auch einige Ansätze.

Ziel des Kapitels ist es, den Blick nach vorne zu richten, um einen Ausblick zu skizzieren, wie die Meetingkultur in Organisationen in fünf Jahren aussehen könnte. Dabei nehmen wir einerseits aktuelle Entwicklungen aus der Praxis auf, die bereits in einigen innovativen Unternehmen Einzug gehalten haben. Andererseits stellen wir neue Forschungstrends auf, die aktuell noch nach Zukunftsmusik klingen mögen, im Zuge der immer weiter voranschreitenden Transformation der *Arbeitswelt 4.0* aber schneller Umsetzung finden könnten als gedacht.

7.1 Meetings in neuen Arbeitsformen

Durch die *COVID-19-Pandemie* sind in der Arbeitswelt eine Vielzahl an Themen in den Vordergrund gerückt, die sich bereits angedeutet hatten und zu vereinzelten Anpassungen geführt, jedoch noch nicht vollständig Einzug in die Unternehmenspraxis gehalten hatten. Dies betrifft an erster Stelle die digitale Transformation, durch die neue Meetingtechnologien und virtuelle Konferenzen möglich werden. Auch wenn virtuelle Meetings bereits seit längerer Zeit vor allem in global tätigen Organisationen etabliert waren, hat die Nutzung durch die Notwendigkeit von *Home-Office* im Rahmen des Lockdowns drastisch zugenommen. Auf einmal kennen alle Arbeitnehmer*innen und -geber*innen von international agierenden Berater*innen bis hin zu lokal tätigen Handwerker*innen *digitale Tools* zur Durchführung virtueller Meetings. Zudem war die Arbeit während der Corona-Pandemie stark durch Flexibilisierung geprägt. Ständig änderten sich die Bedingungen und Regeln, sodass jederzeit schnell und efiizient auf die neuen Gegebenheiten reagiert werden musste. Damit ist die *Arbeitswelt 4.0* nun vollständig in der Gesellschaft angekommen.

Neben Digitalisierung und Flexibilisierung zeichnet sich die *Arbeitswelt 4.0* durch Individualisierung und Modularisierung aus. Diese Einflüsse verändern nicht nur Arbeitsprozesse und -abläufe, sondern auch Organisationsstrukturen (Fischer, Weber & Zimmermann, 2017). In diesem Zusammenhang wird immer wieder das Schlagwort der *VUKA-Welt* genannt. Es beschreibt die Dynamik und Komplexität der modernen Arbeitswelt, welche von Volatilität, Unsicherheit, Komplexität und Ambiguität geprägt ist (Bennett & Lemoine, 2014). Im Meetingflash 7.1 sind die Einflussfaktoren der *VUKA-Welt* näher erläutert.

Meetingflash 7.1: Die VUKA-Welt

- **Volatilität:** Ausmaß von Veränderungen, die abrupt und unerwartet innerhalb kurzer Zeitspannen auftreten. Diese Kurzfristigkeit führt zu einem Zustand der Instabilität, Unvorhersagbarkeit und Unberechenbarkeit, sodass Unternehmen Spielräume zum flexiblen Reagieren benötigen.
- **Unsicherheit:** Ausmaß an Unklarheit über zukünftige Entwicklungen. Dies führt zu fehlender Sicherheit durch klare Vorhersagen oder feste Prognosen, sodass Unternehmen eine konstruktive Fehlerkultur und iterative Arbeitsweise benötigen.
- **Komplexität:** Vielschichtigkeit interagierender Systeme. Dies führt zu fehlender Klarheit über Funktionalitäten und Auswirkungen einzelner Aktionen, sodass die Vernetzung und Kooperation innerhalb und außerhalb von Unternehmen an Relevanz gewinnt, um die Vielzahl an Funktionen in ihrer Gesamtheit erfassen zu können.
- **Ambiguität:** Ambivalenz von Sachverhalten. Die Mehrdeutigkeit führt zu widersprüchlichen und paradoxen wirtschaftlichen Entwicklungen, sodass die Fähigkeit zur Identifikation und zum Umgang mit Widersprüchen elementare Bedeutung erhält.

7.1.1 Agile Meetings

Der etablierteste Ansatz, um der dynamischen und komplexen *VUKA-Welt* zu begegnen, ist das Konzept der agilen Arbeit. Agilität bedeutet, sich flexibel an wechselnde Bedingungen, Situationen und Herausforderungen anpassen zu können. Dazu wird in kleinen Schritten und iterativen Schleifen vorgegangen. Somit werden Zwischenstände konstant überprüft und kontinuierlich Feedback gegeben, um Entscheidungen schnell korrigieren oder verwerfen zu können.

Durch agiles Arbeiten verändern sich nicht nur die Arbeitsprozesse im Unternehmen, sondern auch die Zusammenarbeit. Eine effektive Umsetzung der Agilität setzt voraus, Informationen schnell zu teilen und die Teamarbeit selbstorganisiert zu steuern. Um jederzeit flexibel reagieren zu können, spielen Feedback und aktive Reflexion (▶ Kap. 2.1) eine entscheidende Rolle. Klassische Regeltermine decken diese Aspekte jedoch nicht zuverlässig ab, sodass im Rahmen der agilen Arbeit neue, flexible Meetingformate entstanden sind. Für einen tieferen Einblick in agiles Arbeiten sind in Tabelle 7.1 die Unterschiede von klassischem und agilem Projektmanagement einander gegenübergestellt.

Tab. 7.1: Klassisches vs. agiles Projektmanagement

	Klassisch	agil
Mensch	Ressource	Erfolgsfaktor
Organisation	Steuerung durch Projektleitung	Selbstorganisierte Teams
Vorgehen	Strenge Vorgaben einzelner Schritte	Flexible, iterative, kurze Entwicklungsphasen
Umsetzung	Methoden einzeln anwendbar	Ganzheitliche Umsetzung notwendig
Qualifizierung	Keine spezielle Schulung nötig	Geschulte Teammitglieder nötig
Zielsetzung	SMART-Technik	Unscharfe Vision, häufige Änderungen der Anforderungen

SCRUM als Arbeitsmethode

Um Agilität im Arbeitsprozess zu etablieren, gibt es eine Vielzahl an Methoden, von denen *SCRUM* am bekanntesten ist und am häufigsten eingesetzt wird. Im *SCRUM-Prozess* werden Anforderungen in einzelne Arbeitspakete – sogenannte *Inkremente* – unterteilt. Diese Inkremente werden dann in einem *Sprint* umgesetzt. Ein Inkrement stellt somit einen funktionierenden Prototyp dar, der einen Zwischenstand für das Gesamtprojekt abbildet. Die Inkremente werden getestet und den Entscheidern vorgestellt, sodass die Funktionalität bewertet und Feedback gegeben werden kann (Unger-Windeler et al., 2020). Aufbauend auf der Bewertung wird dann im nächsten Sprint weitergearbeitet. Im Praxishack 7.1 ist das Glossar für die *SCRUM-Methode* aufgelistet.

Praxishack 7.1: SCRUM

Definition von spezifischen SCRUM-Begriffen:

Sprint: Jede Iteration im SCRUM-Prozess. Ein Sprint sollte 2 bis 4 Wochen dauern. In der Zeit arbeitet das Team eine vordefinierte Menge an Aufgaben vollständig ab. Das Ergebnis muss ein funktionierender Prototyp sein.

Inkrement: Der nach einem Sprint vorliegende funktionierende Prototyp.

Definition of Done: Beschreibung der Anforderungen, die ein Inkrement erfüllen muss.

Product Backlog: Liste mit Aufgaben und Tätigkeiten für das Produkt. Jedes Item erhält einen Business Value, der den Wert für den Kunden beschreibt.

Sprint Backlog: Liste mit ausgewählten Aufgaben für den aktuellen Sprint. Jedes Item wird vom Team in Aufgaben aufgeteilt.

Definition des SCRUM-Entwicklungszyklus:

Apply: Ideen sollen direkt und aktiv umgesetzt werden, um überprüfbare Fakten zu schaffen.

> | | |
> |---|---|
> | **Inspect:** | Inkremente sollen kritisch überprüft werden, um Fehler zu erkennen. |
> | **Adapt:** | Die Überprüfung soll genutzt werden, um den Prozess zu verbessern, Spezifikationen zu präzisieren und rechtzeitig notwendige Änderungen vorzunehmen. |
>
> Rollen in SCRUM-Projekten:
>
> | | |
> |---|---|
> | **Product Owner:** | Der Auftraggeber, der Anforderungen stellt und überprüft, ob das umgesetzte Inkrement funktional und nutzbar ist sowie seinen Wünschen entspricht |
> | **SCRUM-Master:** | Der Vermittler, der für die Einhaltung des SCRUM-Prozesses verantwortlich ist und den Informationsfluss zwischen Team und Product Owner moderiert |
> | **SCRUM-Team:** | Die Gruppe von Entwickler*innen, die interdisziplinär zusammengestellt ist und sich selbst organisiert |

Der *SCRUM-Prozess* umfasst Rollen und Aktivitäten, die einen drastischen Unterschied zu klassischen Arbeitsweisen darstellen. Damit der *SCRUM-Prozess* effizient abläuft, muss es einen steten Informationsaustausch im selbstorganisierten Team geben. Um dies zu ermöglichen gibt es im *SCRUM* verschiedene Events, die eng mit den Sprints verbunden sind (Rubart & Freykamp, 2009). Bei diesen Events handelt es sich im Endeffekt um Meetings, bei denen sich die Einteilung in Informations-, Problemlöse-, Entscheidungs- und Reflexionsmeetings widerspiegelt.

Daily Scrums

Daily Scrums sind die *SCRUM-Variante* von Informationsmeetings. Wie der Name *SCRUM* bereits andeutet, handelt es sich um »Gedränge«, die jeden Morgen stattfinden. Diese Stehmeetings laufen analog zu den bereits vorgestellten täglichen *Check-in-Meetings* ab. Sie sollten eine maximale Dauer von 15 Minuten haben und dem kurzen und knappen Informationsaustausch dienen. Dabei teilen die Teammitglieder reihum mit, was sie seit dem letzten Daily Huddle erledigt haben, was sie bis zum nächsten Huddle erledigen wollen und welche Hindernisse es auf diesem Weg gibt. Sollten weiterreichende Fragen oder Probleme auftreten, werden diese an den *SCRUM-Master* gegeben, der sich um die Klärung kümmert.

Sprint Planning

Das Planning-Meeting bildet im *SCRUM-Prozess* das Problemlösemeeting, an dem alle Mitglieder des Entwicklungsteams (*SCRUM-Master, Product Owner* und Entwickler*innen) teilnehmen. *Product Owner* sind für die Organisation verantwortlich, während *SCRUM-Master* die Moderation übernehmen. Das Meeting ist in zwei Phasen unterteilt: Zuerst geht es um die konkreten Tätigkeiten. Dazu trägt der*die Product Owner die Vision des Sprints vor, sodass das *Sprint-Team* ein Verständnis für das Ziel des Sprints bekommt. Der*die Product Owner nutzt zu diesem Zweck eine Anwendungsgeschichte (die sogenannte *User Story*), um die gewünschten Funktionalitäten zu verdeutlichen. Anhand dieser Versinnbildlichung werden zunächst die einzelnen Elemente ausgewählt, die im *Sprint* umgesetzt werden sollen. Dann werden die fachlichen und technischen Hintergründe und Zusammenhänge diskutiert, sowie eine Aufwandsschätzung zur Realisierung vorgenommen. Zum Abschluss der ersten Phase verpflichtet sich das Team, die besprochenen Anforderungen im nächsten *Sprint* umzusetzen. Damit ist die Aufgabe des*der *Product Owners* abgeschlossen. In Phase zwei geht es darum, wie die vereinbarten Anforderungen umgesetzt werden können. Dazu diskutieren die Entwickler*innen die technischen Details, indem sie die *User Story* gliedern und Arbeitspakete (sogenannte *Tasks*) definieren. Zusätzlich werden die einzelnen *Tasks* visualisiert und eine Realisierungsstrategie definiert. Am Ende der zweiten Phase muss ein selbstorganisierter *Sprint-Plan* vorliegen, mit dem das Team das *Sprint-Ziel* erreichen will.

Sprint Review

Das Review ist im *SCRUM* das Entscheidungsmeeting. Es findet im *SCRUM-Prozess* immer am Ende jedes *Sprints* statt und sollte maximal vier Stunden dauern. Ziel ist es, dem*der Auftraggeber*in den Prototypen bzw. das *Inkrement*, welches im abgeschlossenen *Sprint* entwickelt wurde, mit allen Funktionen vorzustellen. Die Anwesenden geben den Entwickler*innen Feedback, das in den nächsten Sprint einfließt. Am Ende entscheidet der*die Kund*in, ob das *Inkrement* abgeschlossen, weiterentwickelt oder verworfen wird.

Sprint Retrospective

Das Retrospective Meeting stellt das Reflexionsmeeting dar. Im Fokus steht dabei der letzte *Sprint*. Aus diesem Grund sollte es auch immer nach dem *Sprint Review* und vor der Planung des nächsten *Sprints* stattfinden. Die Dauer des Meetings wird dabei abhängig vom Umfang des *Sprints* geplant (Faustregel: drei Stunden *Retrospective* bei vier Wochen *Sprint*). Das Ziel ist es, die Zusammenarbeit im letzten *Sprint* zu reflektieren, sodass gemeinsam überlegt werden kann, welche Abläufe und Prozesse in Zukunft verbessert werden können. Der Fokus des Meetings liegt darauf, Raum und Gelegenheit für offenes Feedback zu bieten, um Frust zu vermeiden und Missverständnisse zu beseitigen. Am *Sprint Retrospective* nehmen das komplette Team inklusive *SCRUM-Master* teil, welche*r die Moderation übernimmt.

Bei Durchführung des *Sprint Retrospective* gilt es, zu Beginn die allgemeine Stimmung im Team sowie die Zufriedenheit mit der aktuellen Situation zu erfassen. Zusätzlich muss es einen Rückblick auf den letzten *Sprint* und die Maßnahmen aus der letzten *Retrospective* geben. Danach erarbeiten alle Teilnehmenden individuell, was aus ihrer Sicht im letzten *Sprint* gut bzw. weniger gut lief. Im Fokus sollte zum einen stehen, ob die Ziele erreicht wurden und zum anderen, wie Prozesse verbessert werden können. Im Anschluss werden die Erkenntnisse in übergeordnete Themen gruppiert und priorisiert, damit sie im Team diskutiert werden können. Zum Abschluss gilt es, mit den Teilnehmenden konkrete Maßnahmen abzuleiten (*Actionable Improvements*), die im nächsten *Sprint* gemeinsam umgesetzt werden sollen. Darüber hinaus muss die Verantwortlichkeit für die Umsetzung festgelegt werden.

7.1.2 Briefings

Der Umgang mit abrupten und unerwarteten Veränderungen unter hoher Unsicherheit und Unklarheit hat drastisch an Relevanz gewonnen, sodass es im Arbeitsalltag immer wichtiger wird, schnell und kurzfristig auf unvorhergesehene Ereignisse reagieren zu können. Dafür sind jedoch die klassischen Regeltermine und langfristig angesetzte Besprechungen, die in Unternehmen immer noch vorherrschen, ungeeignet. Stattdessen bedarf es flexible Meetingformate, mit denen auf komplexe Situationen dynamisch reagiert werden kann.

Ansätze zum Umgang mit diesen neuen Bedarfen finden sich im Krisenmanagement von »Blaulichtorganisationen« (Polizei, Feuerwehr, Rettungsdienste). So sind Krisensituationen dadurch gekennzeichnet, dass sie überraschend und unvorhergesehen auftreten und zu direktem Handeln zwingen (Zinke & Hofinger, 2016). Aufgrund des dynamischen Verlaufs brauchen Einsatzteams dabei stets ein präzises Bild der aktuellen Lage. Die schnelle Informationsgewinnung und -verarbeitung steht hierbei im Vordergrund. Aus diesem Grund umfassen *Briefings* keine ausgeweiteten Meetings, sondern kurze Lagebesprechungen, die bis zum Ende der Krisensituation in regelmäßigen Abständen durchgeführt werden (Spielvogel, 2013). Damit jede Lagebesprechung straff und effizient abläuft, sollte die Dauer zwischen 15 bis 30 Minuten betragen. Zudem ist es wichtig, dass eine feste Struktur eingehalten wird und eine Person die Moderationsrolle übernimmt, welche die Einhaltung der Redezeiten kontrolliert. Für die Strukturierung gibt es im englischsprachigen Raum die sogenannte *IIMARCH-Methode* mit der die einzelnen Schritte in *Briefings* festgelegt werden. Die Methode ist im Meetingflash 7.2 abgebildet.

Meetingflash 7.2: IIMARCH-Methode

I	Information	• Was, wann, wo? • Zeitverlauf, Rahmenbedingungen, Schlüsselfaktoren
I	Intent	• Wieso, weshalb, warum? • Ziele, Strategien, Hierarchien
M	Method	• Wie? Welches Vorgehen? • Aufgaben, Maßnahmen, Aufträge
A	Administration	• Wer? Welche Vorgaben? • Aufgabenverteilung, Ressourcen, Hilfsmittel, Protokolle
R	Risk Assessment	• Was? Welche Gefahren? • Gemeinsames mentales Modell, Hindernisse, Risiken
C	Communications	• Wie? Welche Kommunikation? • Informierungsstrategien, Interaktionsmuster, Formen der Zusammenarbeit
H	Humanitarian Issues	• Was? Welche Schwierigkeiten? • Einfluss über das Team bzw. die Situation hinaus

In der ersten Lagebesprechung gibt die Leitung mit der sogenannten *ersten Lage* einen Überblick über alle vorliegenden Informationen. Dabei werden die Ziele skizziert sowie ein Überblick über die bisher getroffenen Maßnahmen, konkrete Aufgaben und vorhandene Ressourcen gegeben. Im Anschluss finden weitere Lagebesprechungen statt, deren Fokus auf der kurzen und prägnanten Informierung zur Entwicklung der Situation (*Lagevortrag*) liegt. So werden neue Erkenntnisse zusammengetragen, der Erfolg der bisherigen Maßnahmen überprüft und neue Ziele abgestimmt. Das Schweizer *Führungsbehelf für Angehörige ziviler Führungsorgane* macht zusätzlich die konkrete Vorgabe, dass der Lagebericht (*Ressortlage*) möglichst in visueller Form präsentiert werden sollte, um einen prägnanten und einheitlichen Einblick zu gewährleisten (Bundesamt für Bevölkerungsschutz, 2010).

In *Briefings* steht der Informationsabgleich und Aufbau eines *gemeinsamen mentalen Modelles* im Vordergrund (Zinke & Hofinger, 2016). Dies wird als Schlüssel zum Erfolg angesehen, da das gemeinsame Lageverständnis Voraussetzung dafür ist, dass sich alle Teammitglieder in der unsicheren und kritischen Situationen aufeinander verlassen können und ihr eigenständiges Handeln an den Zielen und Erfordernissen der Lage ausrichten können (Lim & Klein, 2006). Wie bereits in Kapitel 4.2.1 dargestellt, umfasst das *gemeinsame mentale Modell* nicht nur das geteilte Wissen, sondern auch die grundlegenden Werte und Erwartungen der Teammitglieder (Cannon-Bowers, Salas & Converse, 1993; Künzer, Knigge & Hofinger, 2012). Um ein *gemeinsames mentales Modell* innerhalb der Kürze des Briefings aufbauen zu können, müssen neben der aktuellen Lage die aktuellen Ziele, jegliche Unsicherheiten und Risiken sowie die nächsten Schritte mit den jeweiligen Zuständigkeiten explizit ausgetauscht werden (Zinke & Hofinger, 2016).

Zum Ende jeder Lagebesprechung muss eine konkrete Aufgabenzuweisung stehen, damit alle Teilnehmenden genau wissen, was sie als nächstes zu tun haben. Wichtig für eine effiziente Zusammenarbeit in dynamischen und unsicheren Situationen ist es, dass die Entscheidungen harmonisiert werden und für alle nachvollziehbar sind, sodass eine hohe Akzeptanz der Maßnahmen bei allen Teilnehmenden besteht und sich die Beschäftigten nicht im Anschluss mit Verständnisfragen oder Jammern aufhalten. Zusätzlich muss der Zeitpunkt für die nächste Lagebesprechung festgelegt werden, damit alle Teilnehmenden informiert sind, wie sie die Aufgabenbearbeitung zeitlich einteilen müssen.

Insgesamt gilt es zu beachten, dass es nach Bewältigung der Lage zwingend notwendig ist, ein *Debriefing* durchzuführen, welches auf die Reflexion des Vorgehens fokussiert. Den genauen Ablauf von Debriefings haben wir in Kapitel 2.2 beschrieben.

7.1.3 Holokratische Meetings

In der *Arbeitswelt 4.0* ändert sich nicht nur die Zusammenarbeit in Projekten und Teams, sondern die Arbeitsformen und -verhältnisse der gesamten Arbeitswelt. Ein Ansatz, der das Ziel hat, nicht nur die Zusammenarbeit in einzelnen Teams zu verändern, sondern die gesamte Struktur des Unternehmens umzukrempeln, ist das Konzept der *Holacracy* (Schermuly, 2019). Schwerpunkt des Konzeptes ist die Selbstorganisation in Unternehmen. Dies wird bereits am Begriff *Holokratie* deutlich, da sich dieser aus den zwei griechischen Wörtern *holos* (*Ganzheitlichkeit*) und *kratos* (*Herrschaft*) zusammensetzt. Der Ansatz wurde von Brian Robertson geprägt und im Jahr 2007 zuerst angewandt. Ausgangspunkt war dabei die Erkenntnis, dass klassische Führungsstile, die durch starre Hierarchien geprägt sind, nicht mehr zu den flexiblen Anforderungen und dynamischen Veränderungen der modernen Arbeitswelt passen. Aus diesem Grund nutzte Robertson agile Methoden als Basis des *Holokratie-Ansatzes* und entwickelte diese weiter, um sie auf die gesamte Organisationsstruktur zu übertragen (Robertson, 2007).

In holokratischen Organisationen gibt es ein festes Set an Regeln, das für alle Beschäftigten gilt. Diese Regeln sind in der *Holocracy Constitution* (siehe www.holacracy.org für eine ausführliche Beschreibung) festgelegt. Da *Holokratie* den Beschäftigten viele Freiheiten und Empowerment bietet, soll dieses Regelwerk Sicherheit und Orientierung geben, sodass es in jedem Unternehmen, das den Ansatz nutzt, transparent gemacht werden muss (Robertson, 2015).

Grundsatz des *Holokratie-Ansatzes* ist es, die Entscheidungsgewalt nicht mit Positionen und Titeln zu verbinden und bei Führungskräften zu bündeln, sondern auf Kreise zu verteilen (▶ Abb. 7.1 für eine graphische Darstellung des Ansatzes). Dabei setzt sich jeder Kreis aus Rollen zusammen. Alle Beschäftigten übernehmen eine oder mehrere Rollen, die jeweils einen Zweck haben, der auf den Unternehmenszielen basiert. So wird die Arbeit über Rollen aufgeteilt. Innerhalb eines Kreises werden die Rollenaufteilungen und -definitionen selbstständig organisiert und weiterentwickelt, sodass neue Rollen entstehen und nicht mehr benötigte Rollen abgeschafft werden können. Da Rollen keine festen Stellen oder Positionen sind, verlieren Beschäftigte bei Beendigung einer ihrer Rollen nicht ihre Arbeit, sondern übernehmen entweder eine neue Rolle oder konzentrieren sich stärker auf eine ihrer anderen Rollen (Schermuly, 2019).

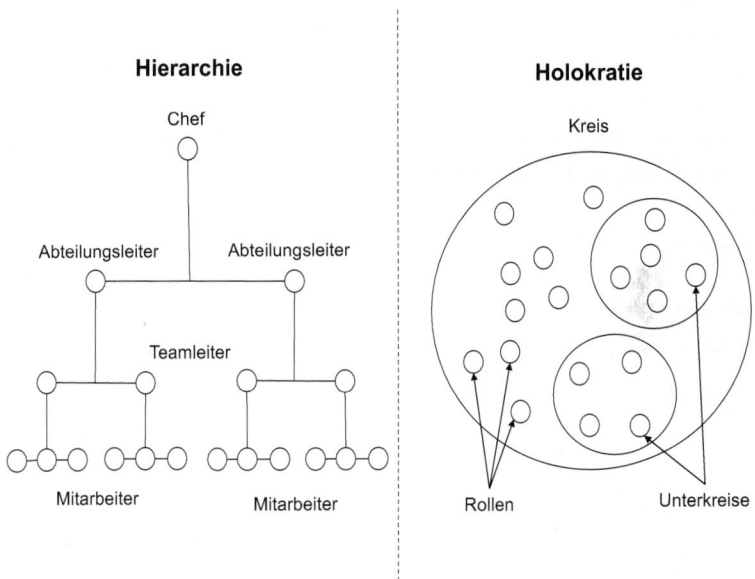

Abb. 7.1: Holokratische Organisationsstruktur (angelehnt an Schermuly, 2019)

Zuständigkeiten werden in jedem Kreis einzeln definiert. So stimmen alle Mitglieder eines Kreises gemeinsam über Entscheidungen ab. Die einzelnen Kreise sind wiederum in allgemeineren (oder übergeordneten) Kreisen zusammengefasst, die zusammen den generellen Unternehmenskreis bilden. Ein Mitglied jedes Kreises wird als Vertreter für den nächsthöheren Kreis gewählt, sodass Beschäftigte mehreren Kreisen angehören können (van de Kamp, 2014). Durch den dynamischen Charakter der Rollen findet in den Kreisen eine ständige, dezentrale Organisationsentwicklung statt. Diese geschieht nicht »von oben herab« und von Führungskräften vorgegeben, sondern entwickelt sich selbstständig »von unten«. Durch die hohe Eigenverantwortung und Empowerment der Beschäftigten, kann jede*r individuelle Ideen einbringen und Veränderungen anstoßen. So werden die Beschäftigten motiviert, vorhandene Prozesse und Arbeitsweisen ständig zu hinterfragen und zu reflektieren. Die ständige Anpassung der Rollen führt dazu, dass die Organisation »experimentell« weiterentwickelt wird. Dabei können Neuerungen schnell und unkompliziert umgesetzt und auch wieder rückgängig gemacht werden, wenn sie sich als ineffektiv erweisen. Somit kann sich die Organisation schnell und flexibel an neue Erfordernisse und Umwelteinflüsse anpassen (Velinov, Vassilev & Denisov, 2018).

Da die Koordination in den Kreisen autonom und selbstorganisiert funktioniert, sind regelmäßige Meetings notwendig, um einen konstanten Informationsfluss zu gewährleisten und die Arbeit zu synchronisieren (Schermuly, 2019). In holokratischen Organisationen finden daher drei Arten von Meetings statt.

Tactical Meetings

Zu Beginn der Woche wird in jedem Kreis ein Meeting durchgeführt, in dem die Ziele der Arbeitswoche abgesprochen werden. Dabei wird der aktuelle Stand überprüft und die nächsten Schritte definiert. Im Fokus stehen die konkreten Aufgaben und möglichen Hindernisse. Dies sind die Treffen zur operativen Steuerung des Tagesgeschäftes. Sie ähneln in ihrem Format den Daily Scrums.

Issue-specific Meetings

Bei spezifischen Problemen, die in der Woche auftreten oder nicht im Tactical Meeting gelöst werden können, werden individuelle Meetings einberufen. Ziel ist es, mit der minimalen Anzahl an Teilnehmenden das Problem zu lösen, sodass nur Beschäftigte teilnehmen, die direkt von dem Problem betroffen sind oder zur Lösung beitragen können.

Governance Meetings

Alle ein bis drei Monate findet in jedem Kreis ein Meeting statt, in dem Zweck und Ziele des Kreises reflektiert werden. Dabei wird die aktuelle Rollenaufteilung hinterfragt und überprüft. Der Fokus liegt auf dem »Big Picture«. Dies sind die Steuerungstreffen zur Strategieentwicklung.

Insgesamt zeigt aktuelle Forschung zu *Holokratie*, dass sie einige innovative und effektive Elemente zur Selbstorganisation in modernen Unternehmen umfasst. Dabei werden vor allem das Rollendesign genannt, bei dem Beschäftigte mehrere Rollen einnehmen und diese dynamisch weiterentwickeln, sowie die schnellen Reaktionsmöglichkeiten auf aktuelle Trends des Arbeitsmarktes. Allerdings werden in der vollständigen Umsetzung des Konzepts über gesamte Organisationen hinweg große Herausforderungen gesehen. Vor allem wird der Selbstorganisationsansatz hinsichtlich der Entscheidungsfülle, was von wem gemacht und wer wie dafür belohnt wird, als zu aufwändig kritisiert, vor allem um es in Großunternehmen effektiv umsetzen zu können. Daher wird großen Organisationen eher empfohlen, die richtige Balance zwischen Elementen der Selbstorganisation und klassischen Hierarchien zu finden, die jedoch über einzelne agile Teams hinausgehen (Bernstein, Bunch, Canner & Lee, 2016).

Die Bedeutung von Meetings in unterschiedlichen Formaten kann auch bei agilen Arbeitsformen als nicht hoch genug eingeschätzt werden. Für verschiedene Anlässe werden unterschiedliche Meetingformate kreiert, die mit klaren Regeln und Vorgehensweisen belegt werden. Neben der persönlichen mündlichen Interaktion im Gruppenmodus, werden über Kollaborationswerkzeuge ganz neue Möglichkeiten geschaffen, die im Folgenden klassifiziert werden.

7.2 Meetings als ein Bestandteil im Prozess

Neue Arbeitsformen haben im Zuge der Corona-Pandemie einen erheblichen Schub erfahren. Insbesondere das Thema *Home-Office* ist in aller Munde. Durch moderne Kollaborationswerkzeuge wie Diskussionsforen oder Instant Messenger (▶. Kap. 2.2) sind neue Möglichkeiten der Zusammenarbeit entstanden oder wurden weiterentwickelt. Diese Kollaborationswerkzeuge werden die Meetingkultur in naher Zukunft noch weiter verändern. So wird Arbeit häufiger in Chat-Gruppen erfolgen und Beschäftigte sich nach Belieben in verschiedene Programme ein- und ausloggen, um diverse Thematiken zu bearbeiten. Anstelle von E-Mails wird die Kommunikation in Kanälen gebündelt, sodass eine dynamische und themenspezifische Gruppenbildung statt fester Teamzuordnung entsteht. Dabei erfolgt sowohl die teaminterne Koordination als auch die gegenseitige Informierung über die digitalen Kollaborationswerkzeuge, was einen schnelleren Austausch als über klassische Meetings ermöglicht (Glikson, Woolley, Gupta & Kim, 2019).

Informationssysteme wie E-Mails, Netzlaufwerke und herkömmliche Groupware-Systeme werden mittlerweile aufgrund unterschiedlicher Nachteile stark kritisiert (Hiller et al., 2014). Deshalb erscheinen kollaborative Anwendungen aktuell als die Lösung, da sie Möglichkeiten zur Überwindung von Problemen wie der Informationsüberflutung (z. B. durch übermäßig viele E-Mails), schlechter Auffindbarkeit von Informationen und Begrenztheit von Systemen bieten. Vor allem im Hinblick auf die Produktivität verspricht die Nutzung digitaler Kollaborationswerkzeuge positive Effekte. So zeigen Ergebnisse von Sprenger (2016), dass Beschäftigte, die über eine Kollaborationsplattform mit aufgabenrelevanten Dokumenten und Informationen versorgt wurden, ihre Produktivität höher einschätzen als Personen, die isolierte Anwendungen nutzen. Die neuen Werkzeuge ermöglichen es zudem, im Management vom Push- auf das Pull-Prinzip umzustellen. Dadurch müssen Führungskräfte Planungen nicht mehr vorgeben und kontrollieren (*push*). Stattdessen ist der Prozess in die Tools integriert, sodass die Vorgaben durch die Kunden gemacht werden (*pull*). Dabei profitieren gerade verteilt arbeitende Teams von kollaborativen Technologien wie elektronischen Task Boards und sozialer Software.

Bisher wurden neue Kollaborationswerkzeuge meist genutzt, ohne explizit Normen für deren Anwendung zu diskutieren. Die Art und Weise der Verwendung variierte dabei oft nach der Rolle und Motivation der anwendenden Personen (Stray & Moe, 2020). Ein Mangel an

Einvernehmen darüber, wie ein Werkzeug zu benutzen ist, kann allerdings bei Beschäftigten zu Frustration und Verwirrung führen. Daher gilt es Richtlinien für die entsprechenden Werkzeuge zu formalisieren, um *Best-Practice-Erfahrungen* weiterzugeben und neue Kolleg*innen an Bord zu holen (Rothenbusch & Kauffeld, in Vorbereitung). Die Organisation hat in der Regel ein Interesse an der Standardisierung von Kollaborationswerkzeugen, um die Kommunikation und Zusammenarbeit zwischen den Beschäftigten zu verbessern. Gleichzeitig muss jedoch den individuellen Bedürfnissen der Teams nachgekommen werden. In Projekten sollten daher nur Technologien verwendet werden, die für ihre spezifischen Zwecke geeignet sind. Zum konkreten Umgang sollten zudem Regeln vereinbart werden, die bestenfalls evidenzbasiert generiert wurden und natürlich den Datenschutz berücksichtigen (Boos, 2017).

Bei der Einführung digitaler Kollaborationswerkzeuge müssen mehrere Faktoren differenziert betrachtet werden, um eine effektive Kommunikation zu ermöglichen. Die vier entscheidenden Faktoren sind der (1) Modus, (2) das Medium, (3) der Formalisierungsgrad und (4) die Richtung. Das Zusammenspiel dieser Faktoren ist in Abbildung 7.2 dargestellt.

Modus: Die Verbindung verschiedener Personen oder auch Teilen der Organisation kann auf drei Ebenen über Kommunikationskanäle oder Kommunikationsmechanismen erfolgen (van Veen, 1976).

(1) Im persönlichen Modus dienen die Individuen als Mechanismus für die gegenseitige Anpassung der Aufgaben durch vertikale (im Team untereinander) oder horizontale (mit der Führungskraft) Kommunikationskanäle (Hall, 1972; van Veen, 1976).

(2) Im Gruppenmodus ist eine Gruppe von Individuen involviert, die jegliche Form von Gruppensitzungen, ob geplant oder ungeplant, einschließt. Bei hoher Unsicherheit und Komplexität ist insbesondere im Gruppenmodus die Arbeit stark von der Koordination durch Feedback abhängig (Sitzungen und Ad-hoc-Treffen). Beispiele für die Koordination durch Feedback sind u. a. tägliche Stand-up-Sitzungen sowie informelle Ad-hoc-Gespräche (Nyrud & Stray, 2017).

(3) Im unpersönlichen Modus erfolgt die Koordination durch SCRUM-Richtlinien, Regeln zur Qualitätssicherung, Pläne, Checklisten und

Issue-Tracker (z. B. Jira) (Moe et al., 2018; Nyrud & Stray, 2017). Einmal implementiert, sind die unpersönlichen Koordinationsmechanismen kodifiziert und erfordern nur minimale verbale Kommunikation zwischen den Mitarbeitenden.

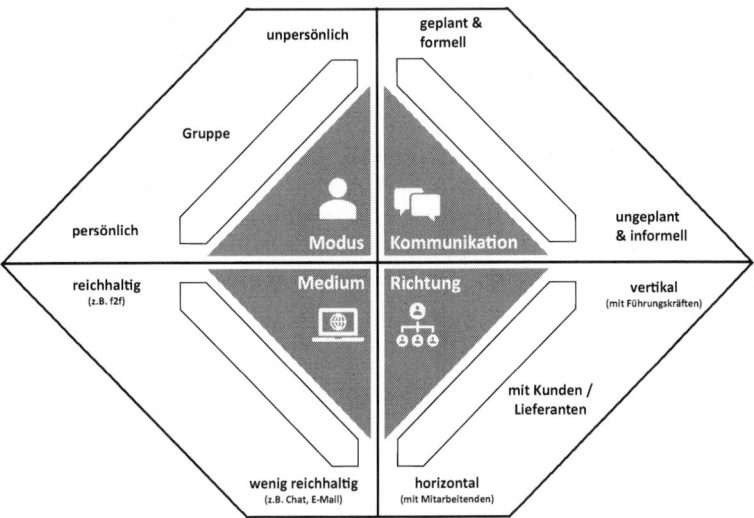

Abb. 7.2: Erfolgsfaktoren digitaler Kollaboration (© Kauffeld & Lorenzo, 2021)

Medium: Die eingesetzten Medien können gemäß der Media-Richness-Theorie (Daft & Lengel, 1987) oder der Theorie der sozialen Präsenz (Short, Williams & Christie, 1976) nach der Anzahl der Cues, die sie transportieren können, hinsichtlich ihrer Wirksamkeit unterschieden werden. Je mehr Signale ein Medium transportiert, desto höher ist der Grad der sozialen Präsenz. Das Medium mit der größten sozialen Präsenz ist die persönliche Interaktion, die reich an (insbesondere nonverbalen) Hinweisen ist. Auf die Face-to-Face-Interaktion folgt eine Kombination aus Audio und Video (z. B. Videokonferenzen), gefolgt von Nur-Audio (z. B. Telefon) und Nur-Text (z. B. E-Mail). Diese Hierarchie spiegelt sich auch in der Medienreichtumstheorie wider, die davon ausgeht, dass Medien im Hinblick auf ihre Fähigkeit zur unmittelbaren Rückmeldung (d. h. Interaktivität, die es dem*der Kommunikator*in ermöglicht, die Wirkung der Botschaft auf ihren oder seine Gesprächspartner direkt zu erfahren), Nutzung mehrerer Cues und Kanäle (d. h. die Anzahl der Möglichkeiten, wie Informationen vermittelt werden, z. B. expliziter verbaler Inhalt, Körperhaltung, Tonfall), Grad der Personalisierung (d. h. der Grad der persönlichen Fokussierung, z. B. die Verwendung von Namen statt ein allgemeines Publikum) und Sprachvielfalt (d. h. Zahlen und/oder natürliche Sprache, z. B, nonverbale Hinweise, verbale Ausdrücke) variieren. Diese Fähigkeiten wiederum beeinflussen den informationellen Wert eines Mediums. Die Passung zwischen Aufgabe und Medium bestimmen die Kommunikationseffektivität. Während Medien mit geringerer Präsenz bzw. Reichweite gut geeignet sind für Aufgaben, die einen einfachen Informationsaustausch (z. B. die Bestätigung eines Termins) erfordern, sind sie unzureichend für komplexere Aufgaben (z. B. Verhandlungen zwischen zwei uneinigen Parteien). Für eine komplexe Aufgabe wie z. B. eine Verhandlung, die ein hohes Maß an zu transportierenden Kommunikationshinweisen erfordert (z. B. nonverbale Hinweise, um zu verstehen, ob der*die Verhandlungspartner*in wirklich irritiert ist oder nicht, hohe Interaktivität/Synchronität, um schnell zu einem gemeinsamen Verständnis des Problems zu kommen), reicht eine E-Mail voraussichtlich nicht aus und es bedarf einer reichhaltigeren Kommunikation. Das Zusammenspiel zwischen Team, Aufgabe und Medien wird dabei nicht statisch bleiben, sondern sich vielmehr im Laufe der Zeit verändern.

Kommunikation : Während die regelmäßige und planmäßige Interaktion in verteilten Teams von entscheidender Bedeutung ist (Moe & Šmite, 2008), zeigt die Forschung auch die Notwendigkeit spontaner und informeller Kommunikation für eine erfolgreiche verteilte Zusammenarbeit (Herbsleb & Grinter, 1999; Kraut & Streeter, 1995). So sind neben geplanten, formalisierten und routinemäßigen Meetings zusätzlich ungeplante Treffen wichtig, da sie eine Art von Kommunikation ermöglichen, die nur stattfindet, weil man sich z. B. an der Kaffeemaschine oder in der Kantine trifft oder weil die Teammitglieder ihren Arbeitsplatz in räumlicher Nähe zueinander haben. So wurde räumliche Nähe schon früh für den Erfolg von Gruppenarbeit als essentiell angesehen (Frieling, Freiboth, Henniges & Saager, 1997), da sie einen schnellen und informellen Informationsaustausch ermöglicht. Spontane Treffen werden dabei immer seltener, vor allem wenn seit dem vorherigen persönlichen Treffen viel Zeit verstrichen ist. Daher werden in vielen Organisationen neue Raumkonzepte etabliert, um Begegnungsmöglichkeiten für informelle Treffen zu schaffen und den spontanen, ungeplanten Informationsaustausch zu fördern (▶ Kap. 2.2).

Problematisch wird es in verteilt arbeitenden Teams, in denen die ungeplanten, spontanen Treffen oft als zu selten angesehen werden (Stray & Moe, 2020). In einigen Organisationen wird daher mit *virtuellen Tunneln* experimentiert. Dabei befinden sich Videokameras an Orten, an denen sich Personen während ihrer Pausen oft aufhalten. So werden zum Beispiel die Gänge in zwei Unternehmensstandorten verbunden und ggf. mit einer Besprechungsecke zum Verweilen ausgestattet. In anderen Unternehmen werden die Kaffeeküchen virtuell miteinander verbunden oder es wird von jedem der Standorte während der Arbeitszeit ein *Live-Video-Feed* gesendet. Allerdings zeigen unsere eigenen Erfahrungen, dass sich Beschäftigte nicht gern beim Essen beobachten lassen und eher geneigt waren, in solchen Situationen das Bild auszustellen. Analog dazu zeigen Stray und Moe (2020) in ihrer Studie mit Softwareentwicklungsteams, dass die Praxis zwar anfänglich ein Erfolg war, die Teams nach einer Weile allerdings aufhörten, die *Live-Video-Feeds* zu nutzen, da sie den Austausch zwischen den Standorten nicht als signifikante Erleichterung wahrnahmen. Stattdessen wurde die Software *Slack* für ungeplante und spontane Treffen genutzt. Dabei handelt es sich um einen *webbasierten Instant Messenger*, bei dem das Gespräch während des Arbeitstages immer im Gange ist. Andere in einem Kanal zu sehen macht es leicht, sie zu spontanen Besprechungen einzuladen. So postete ein Entwickler um 8:39 Uhr auf *Slack*: *Ok, Jungs und Mädels. Wir werden versuchen, heute um 11 Uhr eine kleine Sitzung abzuhalten, um die Architektur und die Verantwortlichkeiten der Schichten im Front-End-Code zu besprechen. Ich hoffe, dass so viele von Ihnen wie möglich daran teilnehmen können. Ich werde keine formelle Einladung zu einer Sitzung erstellen. Diejenigen, die daran interessiert sind, können über Skype anrufen.«* (Stray & Moe, 2020; Übersetzung der Autor*innen)

Richtung. Die Kommunikation erfolgt im Team nicht nur zwischen den Projektmitgliedern, sondern auch mit der Führungskraft, mit Lieferanten und mit Kunden. So wird eine Verbesserung der Zusammenarbeit durch das Verfügbarmachen von Wissen gefördert. Dadurch kann auf das Wissen externer Expert*innen zugegriffen oder externe Partner*innen in Arbeitsprozesse einbezogen werden. Zur Umsetzung werden Gruppenkanäle genutzt, bei denen in der Regel eine definierte Gruppe von Personen dem Gespräch folgt und sich beteiligt. Dabei scheint eine große Herausforderung darin zu bestehen, ein Gleichgewicht in der Anzahl der Kanäle zu finden und diese so relevant wie möglich zu gestalten. Denn Kanäle werden häufig nicht nur für verschiedene Gruppen, sondern auch für verschiedene Themen geschaffen, damit die Teammitglieder nicht jedes Mal, wenn sie eine neue Nachricht senden, den Kontext erklären müssen (Stray & Moe, 2020).

7.3 Künstliche Intelligenz in Meetings

Neben den Kollaborationswerkzeugen bietet die *Künstliche Intelligenz (KI)* das Potential unterstützende Funktionen in Meetings zu übernehmen (siehe Definition Künstlicher Intelligenz und KI-Agenten in Meetingflash 7.2). Die Funktionen beziehen sich nicht nur auf die Gestaltung der Meetings selbst, sondern auch auf die Integration in den Projektverlauf (Zeitpunkt, Häufigkeit, Zielsetzung). Denn *KI* kann in Form von KI-Agenten sowohl die Wissens- und Informationsakquise als auch die Planung, Durchführung und Nachbereitung virtueller und realer Meetings unterstützen. Dabei sind insbesondere Methoden des maschinellen Lernens und neuronaler Netze von Bedeutung.

Meetingflash 7.2: Künstliche Intelligenz und KI-Agenten

Künstliche Intelligenz ist die Eigenschaft eines IT-Systems, »menschen-ähnliche«, intelligente Verhaltensweisen zu zeigen. (Bitkom

e. V. DFKI, 2017) KI-Agenten sollen als lernende Systeme, die Handlungsfähigkeit der Menschen in Meetings verbessern.

Die Gestaltung des Meetings kann durch vielfältige *KI-Techniken* unterstützt werden. Schon jetzt sind automatische Übersetzungen in verschiedene Sprachen in die ersten Tools integriert, so dass die Teilnehmenden in ihrer präferierten Sprache kommunizieren können. So lassen sich im Meetingraum der Zukunft unterstützende *KI-Agenten* integrieren, die von der Wissens- und Informationsbereitstellung bis zur Nachbereitung (Maßnahmenumsetzung, Dokumentation) unterstützen. Zusätzlich kann *KI* bei der Beteiligung der Teilnehmenden sowie der Identifikation funktionaler und dysfunktionaler Kommunikation unterstützen. Ein exemplarischer Meetingraum der Zukunft ist in Abbildung 7.3 abgebildet.

Aufgrund der Fülle an Funktionen, die Meetings erfüllen, werden *KI-Agenten* Besprechungen nicht vollständig ersetzen können. Vielmehr gilt es zu erforschen, wo die Schnittstelle zwischen *KI-Agenten* und Meetinginteraktion liegt und wie das Zusammenwirken von Mensch und KI konkret gestaltet werden kann. Dabei geht es darum Meetings als nutzbringende Interaktion sowie als Entscheidungs- und Steuerungsmaßnahme zu betrachten.

Aktuell diskutieren wir sechs Ansätze, wie *KI-Agenten* Meetings unterstützen können, um den Nutzen und die Effizienz von Meetings zu steigern:

Ein Meeting steht nicht für sich allein, sondern ist kontextuell eingebunden. Dies wird mit den neuen Kollaborationswerkzeugen deutlich. Die besten und erfolgreichsten Meetings sind oft die, für die im Vorfeld schon vieles bilateral vorbesprochen werden konnte und Personen zu Themen abgeholt werden konnten. Natürlich kostet dies alles Zeit und es muss jeweils abgewogen werden, was im Vorfeld investiert werden muss, um welchen Erfolg zu erzielen. Wie kann KI dabei unterstützen?

Der *Prozess-Agent* identifiziert den Meetingbedarf, sodass Besprechungen besser in den Arbeitsprozess und Projektverlauf eingebettet werden können. Dazu erkennt der Prozess-Agent relevante Muster in der Zusammenarbeit und schlägt geeignete Meetingarten in bestimmten Kon-

7.3 Künstliche Intelligenz in Meetings

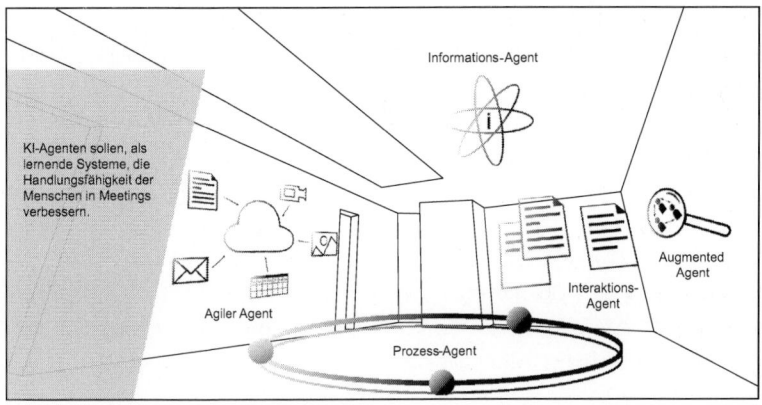

Abb. 7.3: Meetingraum der Zukunft – der unterstützende Meetingraum (© Kauffeld & Lorenzo 2021)

stellationen vor. Dabei wird nicht nur auf die Art des Meetings und das Medium eingegangen, sondern auch auf den Zeitpunkt und die Zusammensetzung der Teilnehmenden: Bei Nicht-Verfügbarkeit einzelner Personen werden Vorschläge für den Ersatz durch weitere Personen gemacht. Der Kontext, die Gestaltung und die Verfügbarkeit, auch von Räumen und Informationen, wird berücksichtigt. Der Agent gibt Handlungsempfehlungen zur Planung der Meetings. Neben Prozessen, die so im Unternehmen gestaltet werden können, können Kommunikationskaskaden und -architekturen in Organisationen optimiert und aufgebaut werden.

Der *Informations-Agent* fördert die effiziente Wissens- und Informationsakquise in Meetings, indem relevante Inhalte der Kommunikation mittels Sprachanalyse erkannt und mit Produkt- und Prozessinformationen verknüpft werden. Die resultierenden Detailinformationen stellt der Agent im Meetingraum auf einem interaktiven Whiteboard dar, sodass sie zur direkten Nutzung während des Meetings zur Verfügung stehen. Zum Beispiel möchte ein Team in der Forschung und Entwicklung auf vorherige Projekterfahrungen zurückgreifen oder Hinweise für Fördermittel erhalten. Dies wird von dem KI-Agenten bereitgestellt. IBM hat bereits ein erstes kognitives Whiteboard mit künstlicher Intelligenz entwickelt (Eppler & Kernbach, 2018). Anhand von Spracherkennung werden u. a. automatisch verschiedene Sprachen übersetzt und dargestellt.

Der *Interaktions-Agent* dient der Förderung der funktionalen Interaktion in Meetings und Chats. Hierzu wird mithilfe von impliziten und expliziten Sprachanalysen die Kommunikation erfasst. Anhand von Echtzeitanalysen werden Interaktionsspiralen und -netzwerke auf einem interaktiven Whiteboard dargestellt. So können dysfunktionale Interaktionsdynamiken (z. B. Jammerzirkel) in Echtzeit erkannt und Maßnahmen für die Steigerung der funktionalen Dynamiken bereitgestellt werden. Darüber hinaus kann der Sprachstil automatisiert ausgewertet und Emotionen erkannt werden (▶ Meetingflash 7.3 Language Style Matching). Auf dysfunktionale Kommunikation wird mit entsprechenden Interventionen hingewiesen und funktionales Verhalten wird über entsprechendes positives Feedback verstärkt. Diese Funktionen können auch in die oben genannten Kollaborationswerkzeuge integriert werden und neben der mündlichen auch die schriftliche Kommunikation in Chats betreffen. Dabei ist zu beachten, die Feedbackprozesse angemessen zu gestalten, sodass sie ihre Wirksamkeit entfalten können.

Meetingflash 7.3: Language Style Matching in Meetings

Neben expliziten, bewusst genutzten Aspekten von Kommunikation, wie beispielsweise das Äußern von Problemen oder Lösungen (Kauffeld, 2007), haben auch implizite, unbewusst genutzte Aspekte von Kommunikation einen Einfluss auf den Erfolg von Meetings. Besonders zentral in der psychologischen Forschung sind hier die sogenannten Funktionsworte (z. B. Pronomen, Artikel oder Präpositionen) (Niederhoffer & Pennebaker, 2002). Im Vergleich zu Inhaltsworten wie Nomen, Verben oder Artikel, die ausdrücken, was wir sagen, transportieren Funktionsworte Informationen darüber, wie wir sprechen (Chung & Pennebaker, 2007). Da Funktionsworte nur einen Bruchteil unseres Wortschatzes ausmachen (ca. 4 %), aber die Mehrheit der alltäglich genutzten Worte (bis zu 60 %) und dabei weder bewusst steuer- noch beeinflussbar sind, erlauben sie uns spannende Einblicke in implizite soziale und psychologische Kommunikationsdynamiken, beispielsweise in Meetings.

In Teaminteraktionen wie in Meetings konnte eine voneinander abhängige Nutzung von Funktionsworten durch die Teammitglieder beobachtet werden – auch Language Style Matching (LSM) genannt (Heuer et al., 2019; Gonzales et al., 2010; Scissors et al., 2008). LSM beeinflusst dabei sowohl soziale Dynamiken zwischen den Teammitgliedern wie Teamkohäsion oder wahrgenommene Unterstützung als auch die Leistung im Meeting und kann damit als impliziter Indikator für die Meetingdynamiken angenommen werden. Allerdings sind die Einblicke in echte organisationale Interaktionen bis heute limitiert, sodass zukünftige Forschungsarbeiten, die auf einer engen Kooperation zwischen Forschung und Praxis beruhen, diese Dynamiken tiefergehend untersuchen sollten. Richtungsweisend für die zukünftige Erforschung von LSM in Meetings können auf der einen Seite Entwicklungen sein, die kontextabhängige zeitliche Entwicklungen von LSM während eines Meetings berücksichtigen (Meinecke & Kauffeld, 2019; Müller-Frommeyer et al., 2019; Müller-Frommeyer et al., 2020). Beispielsweise könnte hier untersucht werden, inwieweit durch die Führungskraft vorgegebene Ziele und Veränderungen in diesen Zielen LSM und dessen Einfluss auf die Meetingergebnisse beeinflussen (Müller-Frommeyer & Kauffeld, 2021). Darüber hinaus bietet eine Analyse von parallel verlaufenden impliziten und expliziten Kommunikationsaspekten ein enormes Potenzial für die Meetingforschung. Hier könnte beispielsweise untersucht werden, inwieweit implizite Kommunikationsaspekte wie LSM und explizite Kommunikationsaspekte wie die Äußerung von Problemen oder Lösungen synchron (hohes LSM bei der Äußerung von Lösungen) bzw. asynchron (hohes LSM bei der Äußerung von Problemen) verlaufen. Die zusätzliche Betrachtung davon, welchen Einfluss diese synchronen bzw. asynchronen Prozesse auf die Wahrnehmung der einzelnen Teammitglieder sowie die Meetingergebnisse hat, könnte tiefergehende Einblicke bieten, wie auch implizite Aspekte der Kommunikation Meetingdynamiken beeinflussen.

Der *agile Agent* dient der kontextspezifischen Visualisierung und Weiterverarbeitung von Arbeitsergebnissen. Das Dokumentieren und die Erstellung von Protokollen und Ergebnisberichten wird automatisiert, um Teilnehmenden mehr Freiraum für Handlungen und Interaktion in Meetings zu ermöglichen. So kann das kognitive Whiteboard von IBM anhand von Spracherkennung bereits automatisch Notizen der Diskussion erstellen und im Anschluss den Teilnehmenden zusenden. Der Agent kann sehr gut mit dem Prozessagenten kombiniert werden.

Der *Augmented-Agent* findet Anwendung in Meetings, die im virtuellen Raum stattfinden. Die Teammitglieder wählen sich ein und setzen sich eine Virtual-Reality-Brille auf, um in einem interaktiven Meetingraum mit zahlreichen Funktionen einzutreten. Mithilfe lebensgroßer Visualisierungen können Teammitglieder, Kunden und Lieferanten trotz großer Entfernung Produkte in VR unabhängig vom Entwicklungsstand erleben. Änderungswünsche können an den entsprechenden Punkten im Modell festgehalten werden. Dabei integriert der Augmented-Agent die anderen KI-Agenten in den virtuellen Kontext, analysiert Produkt- und Prozessinformationen und stellt passende Werkzeuge virtuell zur Verfügung.

Die genannten KI-Agenten werden direkt in Meetings eingesetzt. Zusätzlich ermöglicht es der *Trainingsagent*, Meetings zu simulieren. Die Teilnehmenden am Trainingsprogramm können mit Bots interagieren. Dabei reagieren sie in der Rolle als Meetingleiter oder -moderator oder auch als Teilnehmende mit Avataren. Sie bekommen Rückmeldung zu ihren Handlungen und können am weiteren Interaktionsverlauf die Wirkungen ihrer Äußerungen überprüfen.

Viele der genannten Anwendungen sind in der Entwicklung. Neben der technischen Machbarkeit sind Fragen der Implementierung und des Nutzens zu beantworten. Darüber hinaus sind Fragen des Datenschutzes zu adressieren: Wer hat auf was Zugriff? Wie muss was freigeschaltet werden? Wie erfolgen Speicherungen? Hierbei sind sowohl die Freigaben von Mitarbeitenden bei der Nutzung ihrer persönlichen Daten als auch anonym die Organisationsinteressen zur Verbesserung von Prozessen zu berücksichtigen. Sowohl bei den Menschen, die Anwendungen und Logiken entwickeln sollen, als auch den Personen, die mit KI im Berufsalltag zusammenarbeiten sollen, ergeben sich neue Anforderungen an das Kompetenzprofil. Beispielsweise wird allein das Hinterfragen der Ergebnisse von KI-Anwendungen zu einer notwendigen Kompetenz bei vielen Mitarbeitenden und Führungskräften werden.

7.4 Fazit

Meetingforschung und Ratgeberliteratur haben sich bislang auf die Analyse von Sitzungen konzentriert, um die Gründe für Ineffizienz und unbefriedigende Sitzungsergebnisse zu ermitteln oder um zu fragen, wie Meetings dabei unterstützen können, Organisations- und mitarbeiterbezogene Ziele zu realisieren. Auch neue Formen der Arbeit zeigen auf, dass unterschiedlichste Formen von Meetings genutzt werden, um die Arbeit zu koordinieren. Neue Kollaborationswerkzeuge, die durch die Corona-Pandemie eine ungeahnte Verbreitung erfahren haben, nutzen nicht nur verschiedene Modi (persönliche, gruppenbasiert und unpersönlich) und Formalisierungsgrade, sondern auch zusätzlich video- und textbasierte Kommunikationskanäle. Virtuelle Zusammenarbeit und Meetings werden spätestens seit der COVID-19-Pandemie, bei der viele Mitarbeitende von Zuhause arbeiten mussten, zur Norm. *Künstliche Intelligenz (KI)* kann zukünftig die Effektivität von Besprechungen und virtuellen Arbeitsbereichen unterstützen. Um diese Vision Wirklichkeit werden zu lassen, müssen u. a. KI-Methoden zur Erfassung/Modellierung relevanter Informationen entwickelt werden und unter Berücksichtigung der u. a. in diesem Buch dargelegten Erkenntnisse unter soziodynamischer Perspektive mit agentenbasierten KI-Methoden zur Verbesserung der virtuellen Teamarbeit verbunden werden.

Weiterführende Literatur

Endrejat, P. C. & Kauffeld, S. (2017). Wie könnten wir Organisationsentwicklungen partizipativ gestalten? Der Design Thinking Ansatz als Instrument zur Gestaltung von Veränderungsprozessen. *Gruppe. Interaktion. Organisa-*

tion. Zeitschrift für Angewandte Organisationspsychologie (GIO), 48, 143–154. doi: 10.1007/s11612-017-0361-y

Khalid, A., Butt, S. A., Jamal, T. & Gochhait, S. (2020). Agile Scrum Issues at Large-Scale Distributed Projects: Scrum Project Development At Large. International Journal of Software Innovation (IJSI), 8(2), 85–94.

Müller-Frommeyer, L. & Kauffeld, S. (2021). Gaining insights into organizational communication dynamics through the analysis of implicit and explicit communication. *Gruppe. Interaktion. Organisation. Zeitschrift für Angewandte Organisationspsychologie (GIO)* 52(1), 173-183. Advance online publication.

Literaturverzeichnis

Ajzen, I. & Fishbein, M. (1977). Attitude-behavior relations: A theoretical analysis and review of empirical research. Psychological Bulletin, 84, 888–918

Akin, N. & Rumpf, J. (2014). Führung virtueller Teams. Gruppendynamik und Organisationsberatung, 44(4), 373–387.

Aksoy-Burkert, F. & König, C. J. (2015). Meeting training: A suggestion. In J. A. Allen, N. Lehmann-Willenbrock & S. G. Rogelberg (Hrsg.), *Cambridge handbooks in psychology. The Cambridge handbook of meeting science* (S. 69–89). Cambridge University Press.

Allen, J. A., Landowski, N. & Lehmann-Willenbrock, N. (2014). Linking premeeting communication to meeting effectiveness. Journal of Managerial Psychology, 29(8), 1064-1081.

Allen, J. A., Baran, B. E. & Scott, C. W. (2010). After-action reviews: A venue for the promotion of safety climate. Accident Analysis & Prevention, 42(2), 750–757.

Allen, J. A., Beck, T., Scott, C. W. & Rogelberg, S. G. (2014). Understanding workplace meetings. Management Research Review, 37(9), 791-814.

Allen, J. A., Lehmann-Willenbrock, N. & Landowski, N. (2014). Linking premeeting communication to meeting effectiveness. Journal of Managerial Psychology, 29(8), 1064-1081.

Allen, J. A., Lehmann-Willenbrock, N. & Sands, S. J. (2016). Meetings as a positive boost? How and when meeting satisfaction impacts employee empowerment. Journal of Business Research, 69(10), 4340–4347.

Allen, N. J. & Meyer, J. P. (1996). Affective, continuance, and normative commitment to the organization: An examination of construct validity. Journal of vocational behavior, 49(3), 252-276.

Allen, N. J. & O'Neill, T. A. (2015). The trajectory of emergence of shared group-level constructs. Small Group Research, 46(3), 352–390.

Allen, J. A., Reiter-Palmon, R., Crowe, J. & Scott, C. (2018). Debriefs. Teams learning from doing in context. *American Psychologist*, 73(4), 504–516.

Allen, J. A. & Rogelberg, S. G. (2013). Manager-led group meetings: A context for promoting employee engagement. Group & Organization Management, 38(5), 543–569.

Allen, J. A., Rogelberg, S. G. & Scott, J. C. (2008). Mind your meetings: Improve your organization's effectiveness one meeting at a time. Quality Progress, 41, 48–53.

Allen, J. A., Sands, S. J., Müller, S. L., Frear, K. A., Mudd, M. & Rogelberg, S. G. (2012). Employees' feelings about more meetings: An overt analysis and recommendations for improving meetings. Management Research Review, 35 (5), 405–418.

Allen, J. A., Yoerger, M. A., Lehmann-Willenbrock, N. & Jones, J. (2015). Would you please stop that!? The relationship between counterproductive meeting behaviors, employee voice, and trust. Journal of Management Development, 34 (10), 1272–1287.

Amabile, T. M., Barsade, S. G., Mueller, J. S. & Staw, B. M. (2005). Affect and creativity at work. Administrative science quarterly, 50(3), 367–403.

Arafeh, J. M., Hansen, S. S. & Nichols, A. (2010). Debriefing in simulated-based learning: facilitating a reflective discussion. The Journal of perinatal & neonatal nursing, 24(4), 302–309.

Asch, S. E. (1952). Group forces in the modification and distortion of judgments. In S. E. Asch (Hrsg.), *Social psychology* (S. 450–501). Prentice-Hall, Inc.

Aydin, B. & Oztutuncu, F. (2001). Examination of adolescents' negative thoughts, depressive mood, and family environment. Adolescence, 36, 77–83.

Bakeman, R. & Quera, V. (2011). Sequential analysis and observational methods for the behavioral sciences. Cambridge University Press.

Bang, H., Fuglesang, S. L., Ovesen, M. R. & Eilertsen, D. E. (2010). Effectiveness in top management group meetings: The role of goal clarity, focused communication, and learning behavior. Scandinavian Journal of Psychology, 51(3), 253–261.

Baran, B. E., Shanock, L. R., Rogelberg, S. G. & Scott, C. W. (2012). Leading group meetings: Supervisors' actions, employee behaviors, and upward perceptions. Small Group Research, 43, 330–355.

Barczak, G., Ellen, P. S. & Pilling, B. K. (1997). Developing typologies of consumer motives for use of technologically based banking services. Journal of business research, 38(2), 131–139.

Barger, P. B. & Grandey, A. A. (2006). Service with a smile and encounter satisfaction: Emotional contagion and appraisal mechanisms. Academy of management journal, 49(6), 1229–1238.

Barker, J. R. (1993). Tightening the iron cage: Concertive control in self-managing teams. Administrative science quarterly, 38(3), 408–437.

Barsade, S. G. & Gibson, D. E. (2007). Why does affect matter in organizations? Academy of management perspectives, 21(1), 36–59.

Barthauer, L. & Kauffeld, S. (2018). The role of social networks for careers. Gruppe. Interaktion. Organisation. Zeitschrift für Angewandte Organisationspsychologie (GIO), 49(1), 50–57.

Barthauer, L., Sauer, N. C. & Kauffeld, S. (2019). Karrierenetzwerke und ihr Einfluss auf die Laufbahnentwicklung. In S. Kauffeld & D. Spurk (Hrsg.), Handbuch Karriere und Laufbahnmanagement (S. 241-268). Springer Verlag.

Baumeister, R. F., Bratslavsky, E., Finkenauer, C. & Vohs, K. D. (2001). Bad is stronger than good. Review of general psychology, 5(4), 323–370.

Beck, S. J. (2008). The communicative creation of meetings: An interaction analysis of meeting thought units and meeting activities in three natural meeting contexts. ProQuest LLC.

Becker-Beck, U., Wintermantel, M. & Borg, A. (2005). Principles of regulating interaction in teams practicing face-to-face communication versus teams practicing computer-mediated communication. Small group research, 36(4), 499–536.

Beebe, S. A. & Masterson, J. T. (2003). Communicating in small groups. Boston MA.

Belbin, R.M. (1981). Management Teams: Why They Succeed or Fail. Butterworth-Heinemann.

Belbin, M. R. (2010). Team roles at work. Elsevier.

Bennett, N. & Lemoine, G. J. (2014). What a difference a word makes: Understanding threats to performance in a VUCA world. Business Horizons, 57(3), 311–317.

Berkun, S. (2009). Die Kunst des IT-Projektmanagements. O'Reilly Germany.

Bernstein, E., Bunch, J., Canner, N. & Lee, M. (2016). Beyond the holacracy hype. Harvard business review, 94(7/8), 38–49.

Bischof, A. & Bischof, K. (2007). Besprechungen effektiv und effizient (Vol. 6). Freiburg: Haufe.

Bischof, A., Bischof, K., Edmüller, A. & Wilhelm, T. (2012). Meetings planen und moderieren (Vol. 1327). Freiburg: Haufe.

Bluedorn, A. C., Turban, D. B. & Love, M. S. (1999). The effects of stand-up and sit-down meeting formats on meeting outcomes. *Journal of Applied Psychology, 84*(2), 277–285.

Bobocel, D. R. & Gosse, L. (2015). *Procedural justice: A historical review and critical analysis.* In R. S. Cropanzano & M. L. Ambrose (Ed.), *Oxford library of psychology. The Oxford handbook of justice in the workplace* (pp. 51-87). Oxford University Press.

Bohinc, T. (2012). Führung im Projekt. Springer Verlag.

Boos, M., Hardwig, T. & Riethmüller, M. (2017). Führung und Zusammenarbeit in verteilten Teams. Hogrefe Verlag.

Bradley, B. H., Postlethwaite, B. E., Klotz, A. C., Hamdani, M. R. & Brown, K. G. (2012). Reaping the benefits of task conflict in teams: The critical role of team psychological safety climate. Journal of Applied Psychology, 97(1), 151–158.

Bragdon, A., DeLine, R., Hinckley, K. & Morris, M. R. (2011). Code space: touch + air gesture hybrid interactions for supporting developer meetings. In J. Rekimoto, H. Koike & K. Fukuchi (Ed.), ITS'11: Proceedings of the ACM International Conference on Interactive Tabletops and Surfaces (pp. 212–221). Association for Computing Machinery.

Brandstätter, V., Heimbeck, D., Malzacher, J. & Frese, M. (2003). Goals need implementation intentions: The model of action phases tested in the applied setting of continuing education. European Journal of work and organizational psychology, 12(1), 37–59.

Brannen, M. Y. & Salk, J. E. (2000). Partnering across borders: Negotiating organizational culture in a German-Japanese joint venture. Human relations, 53 (4), 451–487.

Breiner, S. (2013). Die Sitzung der Zukunft: eine Vorausschau mit Groupware-Szenarien (Vol. 26). Springer Verlag.

Briscoe, G. & Mulligan, C. (2014). Digital innovation: The hackathon phenomenon. CreativeWorks London Working Paper.

Broucek, W. G. & Randell, G. (1996). An assessment of the construct validity of the Belbin Self-Perception Inventory and Observer's Assessment from the perspective of the five-factor model. Journal of Occupational and Organizational Psychology, 69(4), 389–405.

Buchholtz, K. (2001). Ausrichtung der KLR auf das 3-E-Konzept. In Verwaltungssteuerung mit Kosten-und Leistungsrechnung (pp. 259–441). Wiesbaden: Deutscher Universitätsverlag.

Budäus, D. & Buchholtz, K. (1997). Konzeptionelle Grundlagen des Controlling in öffentlichen Verwaltungen. BETRIEBSWIRTSCHAFT-STUTTGART-, 57, 322–337.

Bühler, K. (1933). Die Axiomatik der Sprachwissenschaften. Kant-Studien, 38, 19.

Bull Schäfer, R. A. & Erskine, L. (2012). Virtual team meetings: Reflections on a class exercise exploring technology choice. Journal of Management Education, 36(6), 777–801.

Bunderson, J. S. & Boumgarden, P. (2010). Structure and learning in self-managed teams: Why »bureaucratic« teams can be better learners. Organization Science, 21(3), 609–624.

Bundesamt für Bevölkerungsschutz (Schweizerische Eidgenossenschaft) (2010). Führungsbehelf für Angehörige von zivilen Führungsorganen. BABS 2010 1300-00-5-d. 7 http://www.bevoelkerungsschutz.admin.ch/internet/bs/de/home/dokumente/aubildungsunterlagen/fuehrungsbehelf_fuer.html. Zugegriffen: 23.02.2015.

Burba, M. (2017). Erfolgreiche Zusammenarbeit in Projektteams: Analyse der Projektmeetings bei einem Automobilhersteller (Vol. 107). Springer Verlag.

Burn, S. M. & Oskamp, S. (1986). Increasing community recycling with persuasive communication and public commitment. Journal of Applied Social Psychology, 16(1), 29–41

Busch, M. (2008). Wissen, was die anderen wissen. Transaktives Wissen als Basis erfolgreicher Zusammenarbeit in Teams. OrganisationsEntwicklung, 1, 68–76.

Busch, M. W. & Lorenz, M. (2010). Shared Mental Models – ein integratives Konzept zur Erklärung von Kooperationskompetenz in Netzwerken. In M.

Stephan, W. Kerber, T. Kessler & M. Lingenfelder (Hrsg.), 25 Jahre ressourcen-und kompetenzorientierte Forschung (S. 277-305). Gabler Verlag.
Busch, M. W. & von der Oelsnitz, D. (2016). Emergente Teamphänomene–Warum sich Erfolge eines Teams nicht einfach kopieren lassen. Gruppe. Interaktion. Organisation. Zeitschrift für Angewandte Organisationspsychologie (GIO), 47(4), 345-355.
Calefato, F., Damian, D. & Lanubile, F. (2012). Computer-mediated communication to support distributed requirements elicitations and negotiations tasks. Empirical Software Engineering, 17(6), 640-674.
Calefato, F. & Lanubile, F. (2016). A hub-and-spoke model for tool integration in distributed development. In 2016 IEEE 11th International Conference on Global Software Engineering (ICGSE) (S. 129-133). IEEE.
Campion, M. A., Medsker, G. J. & Higgs, A. C. (1993). Relations between work group characteristics and effectiveness: Implications for designing effective work groups. Personnel psychology, 46(4), 823-847.
Cannon-Bowers, J. A., Salas, E. & Converse, S., (1993). Shared mental models in expert team decision making. In J. N. J. Castellan (Ed.), Individual and Group Decision Making (pp. 221-246). Erlbaum.
Carlozzi, C. L. (1999). Make your meetings count. Journal of Accountancy, 187 (2), 53-55.
Carmeli, A., Tishler, A. & Edmondson, A. C. (2012). CEO relational leadership and strategic decision quality in top management teams: The role of team trust and learning from failure. Strategic Organization, 10(1), 31-54.
Carson, J. B., Tesluk, P. E. & Marrone, J. A. (2007). Shared leadership in teams: An investigation of antecedent conditions and performance. Academy of management Journal, 50(5), 1217-1234.
Carsten, M. K. & Uhl-Bien, M. (2013). Ethical followership: An examination of followership beliefs and crimes of obedience. Journal of Leadership & Organizational Studies, 20(1), 49-61.
Cataldo, M., Wagstrom, P. A., Herbsleb, J. D. & Carley, K. M. (2006). Identification of coordination requirements: implications for the Design of collaboration and awareness tools. In P. Hinds & D. Martin (Ed.), Proceedings of the 2006 20th anniversary conference on Computer supported cooperative work (pp. 353–362). Association for Computing Machinery.
Cheng, A., Eppich, W., Grant, V., Sherbino, J., Zendejas, B. & Cook, D. A. (2014). Debriefing for technology-enhanced simulation: a systematic review and meta-analysis. Medical Education, 48(7), 657-666.
Chung, C. & Pennebaker, J. W. (2007). The psychological functions of function words. In K. Fiedler (Hrsg.), Social communication (pp. 343-359). Psychology Press.
Clark, C. H. (1989). Brainstorming: how to create successful ideas. Wilshire Book Company.
Clarke, T. (1998). Research on corporate governance. Corporate Governance: An International Review, 6(1), 57-66.

Literaturverzeichnis

Clayphan, A., Collins, A., Kay, J., Slawitschka, N. & Horder, J. (2018). Comparing a Single-Touch Whiteboard and a Multi-Touch Tabletop for Collaboration in School Museum Visits. Proceedings of the ACM on Interactive, Mobile, Wearable and Ubiquitous Technologies, 2(1), 1–23.

Clifton, J.& Van De Mieroop, D. (2010). ›Doing‹ethos – A discursive approach to the strategic deployment and negotiation of identities in meetings. Journal of Pragmatics, 42(9), 2449-2461.

Cohen-Powless, M. A. (2002). Meeting Design Characteristics and Attendee Perception of Meetings. Bowling Green State University.

Cohen, M. A., Rogelberg, S. G., Allen, J. A. & Luong, A. (2011). Meeting design characteristics and attendee perceptions of staff/team meeting quality. *Group Dynamics: Theory, Research, and Practice, 15*(1), 90–104.

Collins, J. C. (2018). Google Hits Grand›Jam‹with Innovative Whiteboard. Journal of Accountancy, 226(4), 68.

Collins, C. J. & Smith, K. G. (2006). Knowledge exchange and combination: The role of human resource practices in the performance of high-technology firms. Academy of management journal, 49(3), 544–560.

Colquitt, J. & Greenberg, J. (Eds.). (2005). Handbook of organizational justice. Lawrence Erlbaum Associates.

Cook, H. M. (2011). Are honorifics polite? Uses of referent honorifics in a Japanese committee meeting. Journal of Pragmatics, 43(15), 3655–3672.

Cook, K. S., Cheshire, C., Rice, E. R. & Nakagawa, S. (2013). Social exchange theory. In J. DeLamater & A. Ward (Hrsg.), Handbook of social psychology (S. 61–88). Springer Verlag.

Coupland, J. (2003). Small talk: Social functions. Research on language and social interaction, 36(1), 1–6.

Covey, S. R., Covey, S. R. & Jones, S. (2012). Focus: achieving your highest priorities. Simon & Schuster Audio.

Crowe, J., Yoerger, M., Harms, M., Lehmann-Willenbrock, N. & Allen, J. A. (2019). Meeting mirth: The critical role of impression management and humor style in meetings. Humor, 32(1), 23–48.

Daft, R. L. & Lengel, R. H. (1986). Organizational information requirements, media richness and structural design. Management science, 32(5), 554–571.

Danielsson, C. B. & Bodin, L. (2008). Office type in relation to health, well-being, and job satisfaction among employees. Environment and behavior, 40(5), 636–668.

Davison, R. (1997). An instrument for measuring meeting success. Information & management, 32(4), 163–176.

De Dreu, C. K. W. & Weingart, L. R. (2003). Task versus relationship conflict, team performance, and team member satisfaction: A meta-analysis. *Journal of Applied Psychology, 88*(4), 741–749.

Deppermann, A., Schmitt, R. & Mondada, L. (2010). Agenda and emergence: Contingent and planned activities in a meeting. Journal of pragmatics: an interdisciplinary journal of language studies, 42, 1700–1718.

Detert, J. R. & Burris, E. R. (2007). Leadership behavior and employee voice: Is the door really open? Academy of management journal, 50(4), 869–884.

Di Salvo, V. S., Nikkel, E. & Monroe, C. (1989). Theory and practice: A field investigation and identification of group members' perceptions of problems facing natural work groups. Small Group Behavior, 20(4), 551–567.

Dittrich, Y. & Giuffrida, R. (2011). Exploring the role of instant messaging in a global software development project. In 2011 IEEE Sixth International Conference on Global Software Engineering (S. 103–112). IEEE.

Dixit, A., Whipple, T. W., Zinkhan, G. M. & Gailey, E. (2008). A taxonomy of information technology-enhanced pricing strategies. Journal of Business Research, 61(4), 275–283.

Djurssa, M. (1994). North European business cultures: Britain vs. Denmark and Germany. European Management Journal, 12(2), 138–146.

Dooley, R. S. & Fryxell, G. E. (1999). Attaining decision quality and commitment from dissent: The moderating effects of loyalty and competence in strategic decision-making teams. Academy of Management journal, 42(4), 389–402.

Doppler, K. & Lauterburg, C. (2008). Change management: den Unternehmenswandel gestalten. Campus Verlag.

Dorairaj, S., Noble, J. & Malik, P. (2012). Understanding team dynamics in distributed agile software development. In C. Wohlin (Ed.), International conference on agile software development (S. 47–61). Springer Verlag.

Dorst, K. (2011). The core of ›design thinking‹ and its application. Design studies, 32(6), 521–532.

Drath, K. (2016). Resilienz in der Unternehmensführung-und Arbeitshilfen online: Was Manager und ihre Teams stark macht. Haufe-Lexware.

Drucker, P. F. (1998). Peter Drucker on the profession of management. Harvard College.

Duffy, M. F. & O'Rourke, B. K. (2015). A systemic view of meetings: Windows on organization collective minding. In J. A. Allen, N. Lehmann-Willenbrock & S. G. Rogelberg (Eds.), Cambridge handbooks in psychology. The Cambridge handbook of meeting science (S. 223–246). Cambridge University Press.

Duhigg, C. (2016). Smarter faster better: the secrets of being productive. Random House.

Dulewicz, V. (1995). A validation of Belbin's team roles from 16PF and OPQ using bosses' ratings of competence. Journal of Occupational and Organizational Psychology, 68(2), 81–99.

Dunn, A. M., Scott, C., Allen, J. A. & Bonilla, D. (2016). Quantity and quality: Increasing safety norms through after action reviews. Human Relations, 69(5), 1209–1232.

Durham, C. C., Knight, D. & Locke, E. A. (1997). Effects of leader role, team-set goal difficulty, efficacy, and tactics on team effectiveness. Organizational Behavior and Human Decision Processes, 72(2), 203–231.

Edmondson, A. (1999). Psychological safety and learning behavior in work teams. Administrative science quarterly, 44(2), 350–383.

Edmondson, A. C. & Lei, Z. (2014). Psychological safety: The history, renaissance, and future of an interpersonal construct. Annual Review of Organizational Psychology and Organizational Behavior., 1(1), 23–43

Eichhorn, P. & Merk, J. (2005). Das Prinzip Wirtschaftlichkeit. Gabler Verlag.

Eiermann, L. (2004). Die Theorie der Psychologischen Reaktanz. GRIN Verlag.

Eisenhower, D. D. (1954). The President's news conference. The American Presidency Project.

Ellis, S. & Davidi, I. (2005). After-Event Reviews: Drawing Lessons From Successful and Failed Experience. *Journal of Applied Psychology*, 90(5), 857–871.

Ellwart, T. & Antoni, C. H. (2017). Shared and distributed team cognition and information overload: Evidence and approaches for team adaptation. In J. C. L. Batista & R. P. F. Marques (Eds.), Information and communication overload in the digital age (S. 223–245). IGI Global.

Elsayed-Elkhouly, S. M., Lazarus, H. &Forsythe, V. (1997). Why is a third of your time wasted in meetings? Journal of Management Development, 16(9), 672–676.

Endrejat, P. C., Abel, P., Fischer, S., Herrmann, D. & Abel, K. (2020). Net Work Habitat: Wie die Arbeitsumgebung innovatives Handeln fördern kann. Personalquarterly, 72(2), 27–31.

Endrejat, P.C. & Kauffeld, S. (2020). Learning motivational interviewing: prospects to preserve practitioners' well-being. *International Journal of Workplace Health. Management.* Advance online publication.

Eppler, M. J. & Kernbach, S. (2018). Meet up! Einfach bessere Besprechungen durch Nudging. Ein Impulsbuch für Leiter, Moderatoren und Teilnehmer von Sitzungen. Schäffer-Poeschel Verlag.

Eppler, M. J. & Pfister, R. A. (2010). Drawing conclusions: Supporting decision making through collaborative graphic annotations. In 2010 14th International Conference Information Visualisation (S. 369–374). IEEE.

Espinosa, J. A. & Pickering, C. (2006). The effect of time separation on coordination processes and outcomes: A case study. In Proceedings of the 39th Annual Hawaii International Conference on System Sciences (HICSS'06) (S. 1–10). IEEE.

Eunson, B. & Müller-Roguski, T. (1990). Betriebspsychologie. McGraw-Hill.

Felkai, R. & Beiderwieden, A. (2015). Projektmanagement für technische Projekte: Ein prozessorientierter Leitfaden für die Praxis (2. Aufl.). Springer Verlag. https://doi.org/10.1007/978-3-8348-2468-4

Fernandez, R. M. & Gould, R. V. (1994). A dilemma of state power: Brokerage and influence in the national health policy domain. American journal of Sociology, 99(6), 1455–1491.

Festinger, L. (1957). A theory of cognitive dissonance (Vol. 2). Stanford university press.

Fischer, E. (2003). Weiterbilden–Weiterlernen: Neues Lernen in der Weiterbildung. Weiterlernen–neu gedacht, 41.

Fischer, S., Weber, S. & Zimmermann, A. (2017a). Agilität in der Praxis. Personalmagazin, (4), 40–43.

Fiske, A. P. (1992). The four elementary forms of sociality: Framework for a unified theory of social relations. *Psychological Review*, 99(4), 689–723.
Ford, J. D. & Ford, L. W. (1995). The role of conversations in producing intentional change in organizations. Academy of Management Review, 20, 541. https://doi.org/10.2307/258787
France, E. F., Anderson, A. H. & Gardner, M. (2001). The impact of status and audio conferencing technology on business meetings. International Journal of Human-Computer Studies, 54(6), 857–876.
Franke, J. & Kühlmann, T. M. (1990). Psychologie für Wirtschaftswissenschaftler. Verlag Moderne Industrie.
Friday, R. A. (1989). Contrasts in discussion behaviors of German and American managers. International Journal of Intercultural Relations, 13(4), 429–446.
Frieling, E., Freiboth, M., Henniges, D. & Saager, C. (1997). Effects of team work on the working conditions of short cycled track work: A case study from the European automobile industry. International Journal of Industrial Ergonomics, 20, 371–388.
Frischen, A., Bayliss, A. P. & Tipper, S. P. (2007). Gaze cueing of attention: Visual attention, social cognition, and individual differences. Psychological Bulletin, 133(4), 694–724.
. Frost & Sullivan. Delivering on the promise of easy to use, secure, and inexpensive video conferencing in an IP environment. http://docs.polycom.com/global/documents/whitepapers/delivering_easy_to_use_secure_inexpensive_videoconferencing_in_ip_environment.pdf. Accessed December 11, 2012.
Fulk, J. & Collins-Jarvis, L. (2001). Wired meetings: technological mediation of organizational gatherings. In F. M. Jablin & L. L. Putnam (Hrsg.), *The new handbook of organizational communication* (S. 625–663). SAGE Publications.
Furnham, A., Steele, H. & Pendleton, D. (1993). A psychometric assessment of the Belbin team-role self-perception inventory. Journal of Occupational and Organizational Psychology, 66(3), 245–257.
Galinsky, A. D., Ku, G. & Wang, C. S. (2005). Perspective-taking and self-other overlap: Fostering social bonds and facilitating social coordination. Group processes & intergroup relations, 8(2), 109–124.
Gardner, R. (2013). Introduction to debriefing. In M. E. D' Alton & I. Gross (Eds.), Seminars in perinatology (S. 166–174). WB Saunders.
Gearhart, C. C. & Bodie, G. D. (2011). Active-empathic listening as a general social skill: Evidence from bivariate and canonical correlations. Communication Reports, 24(2), 86–98.
Geimer, J. L., Leach, D. J., DeSimone, J. A., Rogelberg, S. G. & Warr, P. B. (2015). Meetings at work: Perceived effectiveness and recommended improvements. Journal of Business Research, 68(9), 2015–2026.
Genkova, P. (2009). Beyond cultural specific? Cross-cultural management in the context of globalization: General trends and psychological implications. US-China Education Review, 6(4), 49–55.

Gerdenitsch, C. & Korunka, C. (2019). Digitale Transformation der Arbeitswelt. Berlin/Heidelberg: Springer Verlag.

Gessler, M. (2012). Lerntransfer in der beruflichen Weiterbildung–empirische Prüfung eines integrierten Rahmenmodells mittels Strukturgleichungsmodellierung. Zeitschrift für Berufs-und Wirtschaftspädagogik, 108(3), 362–393.

Geyer, F., Budzinski, J. & Reiterer, H. (2012). IdeaVis: a hybrid workspace and interactive visualization for paper-based collaborative sketching sessions. In L. Malmborg & T. Pederson (Hrsg.), NordiCHI'12 Proceedings of the 7th Nordic Conference on Human-Computer Interaction: Making Sense Through Design (S. 331–340). Association for Computing Machinery.

Geyer, F. & Reiterer, H. (2010). A cross-device spatial workspace supporting artifact-mediated collaboration in interaction design. In E. Mynatt & D. Schoner (Hrsg.), CHI'10: Extended Abstracts on Human Factors in Computing Systems (S. 3787–3792). Association for Computing Machinery.

Gibson, C. B. & Zellmer-Bruhn, M. E. (2002). Minding your metaphors: Applying the concept of teamwork metaphors to the management of teams in multicultural contexts. Organizational Dynamics, 31(2), 101–116.

Gilson, L. L., Maynard, M. T., Jones Young, N. C., Vartiainen, M. & Hakonen, M. (2015). Virtual teams research: 10 years, 10 themes, and 10 opportunities. Journal of management, 41(5), 1313–1337.

Gittell, J. H. (2011). New directions for relational coordination theory. The Oxford handbook of positive organizational scholarship.

Giuffrida, R. & Dittrich, Y. (2013). Empirical studies on the use of social software in global software development. A systematic mapping study. Information and Software Technology, 55(7), 1143–1164.

Giuffrida, R. & Dittrich, Y. (2015). A conceptual framework to study the role of communication through social software for coordination in globally-distributed software teams. Information and Software Technology, 63, 11–30.

Gladstein, D. L. (1984). Groups in context: A model of task group effectiveness. Administrative science quarterly, 29(4), 499–517. https://doi.org/10.2307/2392936

Glikson, E., Woolley, A. W., Gupta, P. & Kim, Y. J. (2019). Visualized automatic feedback in virtual teams. Frontiers in Psychology, 10, 1–11.

Goldsmith, D. J. & Baxter, L. A. (1996). Constituting relationships in talk: A taxonomy of speech events in social and personal relationships. Human Communication Research, 23(1), 87–114.

Gomez, L. F. & Ballard, D. I. (2011). Communication for change: Transactive memory systems as dynamic capabilities. In A. B. Shani, R. W. Woodman & W. A. Pasmore (Eds.), Research in organizational change and development (S. 91–115). Emerald Group Publishing Limited.

Gonzales, A. L., Hancock, J. T. & Pennebaker, J. W. (2010). Language style matching as a predictor of social dynamics in small groups. Communication Research, 37(1), 3–19.

Green, W. A. & Lazarus, H. (1991). Are Today's Executives Meeting with Success? Journal of management development, 10(1), 14–25.

Grille, A. & Kauffeld, S. (2015). Development and preliminary validation of the Shared Professional Leadership Inventory for Teams (SPLIT). *Psychology, 6(1)*, 75–92.

Grille, A., Schulte, E. M. & Kauffeld, S. (2015). Promoting shared leadership: A multilevel analysis investigating the role of prototypical team leader behavior, psychological empowerment, and fair rewards. Journal of Leadership & Organizational Studies, 22(3), 324–339.

Grohmann, A. & Kauffeld, S. (2013). Evaluating training programs: development and correlates of the Q uestionnaire for P rofessional T raining E valuation. International Journal of Training and Development, 17(2), 135–155.

Grote, S., Kauffeld, S. & Weide, C. (2009). Stabilisierende und dynamisierende Kompetenzen von Führungskräften: Das Balance-Inventar der Führung. In S. Kauffeld, S. Grote & E. Frieling (Hrsg.), Handbuch Kompetenzentwicklung (S. 107–123). Schäffer Poeschel.

Grunau, P., Ruf, K., Steffes, S. & Wolter, S. (2019). Homeoffice bietet Vorteile, hat aber auch Tücken: Mobile Arbeitsformen aus Sicht von Betrieben und Beschäftigten. IAB-Kurzbericht, 11, 1–12.

Güntner, A. V., Endrejat, P. C. & Kauffeld, S. (2019). Guiding Change: Using Motivational Interviewing Within Organizations. *Gruppe. Interaktion. Organisation. Zeitschrift für Angewandte Organisationspsychologie (GIO), 50*(2), 129–139.

Gurtner, A., Kolbe, M. & Boos, M. (2007). Satisfaction in virtual teams in organizations. The Electronic Journal for Virtual Organizations and Networks, 9, 9–29.

Hab, G. & Wagner, R. (2013). Projektmanagement in der Automobilindustrie: Effizientes Management von Fahrzeugprojekten entlang der Wertschöpfungskette (4. Aufl.). Gabler Verlag.

Hackman, J. R. (1987). Group-level issues in the design and training of cockpit crews. In H. W. Orlady & H. C. Foushee (Eds.), Cockpit resource management training: Proceedings of the NASA/MAC workshop (NASA Conference Publication Np. 2455). NASA-Ames Research Center.

Hackman, J. R. (2012). From causes to conditions in group research. Journal of organizational Behavior, 33(3), 428–444.

Hackman, J. R. & Morris, C. G. (1975). Group tasks, group interaction, Process, and group performance effectiveness: A review and proposed integration. In L. Berkowitz (Ed.), Advances in Experimental Social Psychology, Band 8 (S. 45–99). Academic Press.

Halfhill, T., Sundstrom, E., Lahner, J., Calderone, W. & Nielsen, T. M. (2005). Group personality composition and group effectiveness: An integrative review of empirical research. Small group research, 36(1), 83–105.

Hall, R. (1972). Organizational structures and process. Englewood Cliffs, New York: Pretice-Hall.

Hambrick, D. C. (1984). Taxonomic approaches to studying strategy: Some conceptual and methodological issues. Journal of Management, 10(1), 27–41.

Handke, L. & Kauffeld, S. (2019). Alles eine Frage der Zeit? Herausforderungen virtueller Teams und deren Bewältigung am Beispiel der Softwareentwicklung. Gruppe. Interaktion. Organisation. Zeitschrift für Angewandte Organisationspsychologie (GIO), 50(1), 33–41.

Handke, L., Klonek, F. E., Parker, S. K. & Kauffeld, S. (2020). Interactive effects of team virtuality and work design on team functioning. Small Group Research, 51(1), 3–47.

Handke, L., Schulte, E. M., Schneider, K. & Kauffeld, S. (2018). The medium isn't the message: Introducing a measure of adaptive virtual communication. Cogent Arts & Humanities, 5(1), 1–25.

Handke, L., Schulte, E. M., Schneider, K. & Kauffeld, S. (2019). Teams, time, and technology: Variations of media use over project phases. Small Group Research, 50(2), 266–305.

Hans, N. (2013). Das Unternehmen als strategische Denkfabrik. In N. Hans (Hrsg.), Strategische Wettbewerbsvorteile (S. 165–190). Springer Gabler Verlag.

Harrison, D. A., Price, K. H., Gavin, J. H. & Florey, A. T. (2002). Time, teams, and task performance: Changing effects of surface-and deep-level diversity on group functioning. Academy of management journal, 45(5), 1029–1045.

Haug, C. (2015). What is consensus and how is it achieved in meetings? Four types of consensus decision making. In J. A. Allen, N. Lehmann-Willenbrock & S. G. Rogelberg (Hrsg.), *Cambridge handbooks in psychology.* The Cambridge handbook of meeting science (S. 556–584). Cambridge University Press.

Hedderich, N. (1999). When cultures clash: Views from the professions. Die Unterrichtspraxis/Teaching German, 32(2), 158–165.

Hendry, J. & Seidl, D. (2003). The structure and significance of strategic episodes: Social systems theory and the routine practices of strategic change. Journal of management Studies, 40, 175–196.

Herbsleb, J. D. & Grinter, R. E. (1999). Architectures, coordination, and distance: Conway's law and beyond. IEEE software, 16(5), 63-70.

Hernbroth, M. (2019). Slack, the red hot $3.8 billion startup, has a hidden meaning behind its name. Abgerufen von https://nordic.businessinsider.com/where-did-slack-get-its-name-2016-9/.

Hertel, G., Geister, S. & Konradt, U. (2005). Managing virtual teams: A review of current empirical research. Human resource management review, 15(1), 69–95.

Heuer, K., Müller-Frommeyer, L. C. & Kauffeld, S. (2020). Language matters: The double-edged role of linguistic style matching in work groups. Small Group Research, 51(2), 208–228.

Hill, E. J., Ferris, M. & Märtinson, V. (2003). Does it matter where you work? A comparison of how three work venues (traditional office, virtual office, and home office) influence aspects of work and personal/family life. Journal of Vocational Behavior, 63(2), 220–241.

Hiller, N. J., Day, D. V. & Vance, R. J. (2006). Collective enactment of leadership roles and team effectiveness: A field study. The Leadership Quarterly, 17(4), 387–397.

Hoch, J. E. & Kozlowski, S. W. (2014). Leading virtual teams: Hierarchical leadership, structural supports, and shared team leadership. Journal of applied psychology, 99(3), 390–403.

Hoegl, M. & Parboteeah, K. P. (2006). Team reflexivity in innovative projects. R&D Management, 36(2), 113–125.

Hoffmann, J. & Engelkamp, J. (2013). Prozessmodelle. Das Behalten von Episoden als Funktion von Enkodier-und Abrufprozessen. In Lern-und Gedächtnispsychologie (S. 133–164). Berlin/Heidelberg: Springer Verlag.

Holmes, J. (2000). Doing collegiality and keeping control at work: small talk in government Departments. In J. Coupland (Ed.), Small Talk (pp. 32–61). Pearson.

Hoogeboom, M. & Wilderom, C. (2015). *Effective leader behaviors in regularly held staff meetings: Surveyed vs. videotaped and video-coded observations.* In J. A. Allen, N. Lehmann-Willenbrock & S. G. Rogelberg (Eds.), *Cambridge handbooks in psychology. The Cambridge handbook of meeting science* (S. 381–412). Cambridge University Press.

Horwitz, S. K. & Horwitz, I. B. (2007). The effects of team diversity on team outcomes: A meta-analytic review of team demography. Journal of management, 33(6), 987–1015.

Huber, G. P. & Lewis, K. (2010). Cross-understanding: Implications for group cognition and performance. Academy of Management Review, 35(1), 6–26.

Ilgen, D. R., Hollenbeck, J. R., Johnson, M. & Jundt, D. (2005). Teams in organizations: From input-process-output models to IMOI models. Annual Review of Psychology, 56, 517–543.

Inkpen, A. C. & Tsang, E. W. (2005). Social capital, networks, and knowledge transfer. Academy of management review, 30(1), 146–165.

Isenberg, P., Fisher, D., Morris, M. R., Inkpen, K. & Czerwinski, M. (2010, October). An exploratory study of co-located collaborative visual analytics around a tabletop display. In 2010 ieee symposium on visual analytics science and technology (pp. 179–186). IEEE.

Jacka, J. M. & Keller, P. J. (2009). Business Process Mapping: Workbook. Wiley.

James, K., Brodersen, M. & Eisenberg, J. (2004). Workplace affect and workplace creativity: A review and preliminary model. Human Performance, 17(2), 169–194.

Janis, I. L. (1972). *Victims of groupthink: A psychological study of foreign-policy decisions and fiascoes.* Houghton Mifflin.

Jarren, O., Ohemer, F. & Wassmer, C. (2010). Konfliktbearbeitung in der Politik: Eine Sprachanalyse von Parlamentsdebatten in der Schweiz und Deutschland. In K. S. Roth (Hrsg.), Wahl der Wörter – Wahl der Waffen? Sprache und Politik in der Schweiz (S. 33–62). Hempen Verlag.

Jarzabkowski, P. & Seidl, D. (2008). The role of meetings in the social practice of strategy. Organization studies, 29(11), 1391–1426.
Jiang, M. (22. April 2020). The reason Zoom calls drain your energy. BBC Worklife.
Jiang, Y., Jackson, S. E., Shaw, J. B. & Chung, Y. (2012). The consequences of educational specialty and nationality faultlines for project teams. Small Group Research, 43(5), 613–644.
Jones, E. E., Carter-Sowell, A. R., Kelly, J. R. & Williams, K. D. (2009). 'I'm out of the loop': Ostracism through information exclusion. Group Processes & Intergroup Relations, 12(2), 157–174.
Jones, E. E. & Kelly, J. R. (2013). The psychological costs of knowledge specialization in groups: Unique expertise leaves you out of the loop. Organizational Behavior and Human Decision Processes, 121(2), 174–182.
Kauffeld, S. (2000). Das Kasseler-Kompetenz-Rasteer (KKR) zur Messung der beruflichen Handlungskompetenz. In E. Frieling, S. Kauffeld, S. Grote & H. Bernhard (Hrsg.), Flexibilität und Kompetenz: Schaffen flexible Unternehmen kompetente und flexible Mitarbeiter? (S. 33–47). Waxmann Verlag.
Kauffeld, S. (2001). Teamdiagnose. Hogrefe Verlag.
Kauffeld, S. (2004). *Der Fragebogen zur Arbeit im Team.* Hogrefe Verlag.
Kauffeld, S. (2006). Kompetenzen messen, bewerten, entwickeln: Ein prozessanalytischer Ansatz für Gruppen. Schäffer-Poeschel Verlag.
Kauffeld, S. (2007). Jammern oder Lösungsexploration? Eine sequenzanalytische Betrachtung des Interaktionsprozesses in betrieblichen Gruppen bei der Bewältigung von Optimierungsaufgaben. Zeitschrift für Arbeits-und Organisationspsychologie A&O, 51(2), 55–67.
Kauffeld, S. (2012). Jammerspiralen in Organisationen: Ansteckung und Bearbeitung. Organisationsentwicklung, 31(3), 81–86.
Kauffeld, S. (2016). Nachhaltige Personalentwicklung und Weiterbildung. Springer Verlag.
Kauffeld, S., Bates, R., Holton III, E. F. & Müller, A. C. (2008). Das deutsche Lerntransfer-System-Inventar (GLTSI): psychometrische Überprüfung der deutschsprachigen Version. Zeitschrift für Personalpsychologie, 7(2), 50–69.
Kauffeld, S. & Frieling, E. (2001). Der Fragebogen zur Arbeit im Team (F-A-T). *Zeitschrift für Arbeits- und Organisationspsychologie, 45,* 26–33.
Kauffeld, S. & Güntner, A. V. (2018). Teamfeedback. In I. Jöns & W. Bungard (Hrsg.), Feedbackinstrumente im Unternehmen (S. 145–172). Springer Gabler Verlag.
Kauffeld, S., Handke, L. & Straube, J. (2016). Verteilt und doch verbunden: Virtuelle Teamarbeit. Gruppe. Interaktion. Organisation. Zeitschrift für Angewandte Organisationspsychologie (GIO), 47(1), 43–51.
Kauffeld, S. & Lehmann-Willenbrock, N. (2012). Meetings matter: Effects of team meetings on team and organizational success. Small group research, 43 (2), 130–158.

Kauffeld, S., Lehmann-Willenbrock, N. & Meinecke, A. L. (2018). The Advanced Interaction Analysis for Teams (act4teams) Coding Scheme. In E. Brauner, M. Boos & M. Kolbe (Hrsg.), The Cambridge Handbook of Group Interaction Analysis (S. 422–431). Cambridge University Press.

Kauffeld, S. & Meyers, R. A. (2009). Complaint and solution-oriented circles: Interaction patterns in work group discussions. European Journal of Work and Organizational Psychology, 18(3), 267–294.

Kauffeld, S., Sauer, N. & Handke, L. (2017). Shared leadership. Gruppe. Interaktion. Organisation. Zeitschrift für Angewandte Organisationspsychologie (GIO), 48(3), 235–238.

Kauffeld, S. & Schulte, E. M. (2013). Führung in Teams. In M. Landes & E. Steiner (Hrsg.), Psychologie der Wirtschaft (S. 385–402). Springer Verlag.

Kauffeld, S., Tiscar-Lorenzo, G., Montasem, K. & Lehmann-Willenbrock, N. (2009). act4teams®: Die nächste Generation der Teamentwicklung. In S. Kauffeld, S. Grote & E. Frieling (Hrsg.), Handbuch Kompetenzentwicklung (S. 191–215). Schäffer-Poeschel Verlag.

Keith, E. (4. Dezember 2015). 55 million: A fresh look at the number, effectiveness, and cost of meetings in the U.S. Lucid Meetings. Zugriff am 8. Oktober 2020 unter https://blog.lucidmeetings.com/blog/fresh-look-number-effectivenes s-cost-meetings-in-us

Kerr, N. L., MacCoun, R. J. & Kramer, G. P. (1996). Bias in judgement: Comparing individuals and groups. Psychological review, 103(4), 687–719.

Keyton, J. (1999). Relational communication in groups. In L. R. Frey, D. S. Gouran & M. S. Poole (Eds.), The handbook of group communication theory and research (pp. 192–222). Sage Publications.

Kießling-Sonntag, J. (2005). Besprechungs-Management – Meetings, Sitzungen und Konferenzen effektiv gestalten. Cornelsen Verlag.

Kinni, T. (2003). Getting smarter every day: How can you turn organizational learning into continual on-the-job behavior? Harvard Management Update, 8, 1–4.

Klauke, F. & Kauffeld, S. (2020). Does it Matter What I Say? Using Language to Examine Reactions to Ostracism as it Occurs.

Klonek, F. E. (2014). Energiemanagement als Change-Prozess gestalten – Das EU-Projekt Re-Co. Invited.

Klonek, F. E. & Kauffeld, S. (2012). »Muss, kann… oder will ich was verändern?« Welche Chancen bietet die Motivierende Gesprächsführung in Organisationen. Wirtschaftspsychologie, 4, 58–71.

Klonek, F. E. & Kauffeld, S. (2013). Listen and repeat – but listen carefully! What language reveals about your building partner's motivation to engage in re-commissioning. Re-Co services newsletter, 3, 2–3.

Klonek, F.E. & Kauffeld, S. (2016). Watch your language! Using motivational interviewing to talk about pro-environmental behavior change. Gesagt – getan? Eine Untersuchung sprachlicher Wirkfaktoren in einer umweltpsychologischen Intervention zur Motivierenden Gesprächsführung]. *Zeitschrift für Umweltpsychologie, 20*(1), 62–84.

Klonek, F. E., Lehmann-Willenbrock, N. & Kauffeld, S. (2014). Dynamics of resistance to change: A sequential analysis of change agents in action. Journal of change management, 14(3), 334–360.

Knipfer, K., Scholl, A. & Kump, B. (2014). Lernen durch Reflexion: Lösungsansätze für die Zukunft. Wirtschaftspsychologie aktuell. Zeitschrift für Personal und Management, 3, 19–23.

Köhler, T. (2009). What role do norms play in global teamwork? The influence of cultural communication and coordination norms on team processes in internationally distributed teams. George Mason University.

Köhler, T., Cramton, C. D. & Hinds, P. J. (2012). The meeting genre across cultures: Insights from three German–American collaborations. Small group research, 43(2), 159–185.

Köhler, T. & Gölz, M. (2015). *Meetings across cultures: Cultural differences in meeting expectations and processes.* In J. A. Allen, N. Lehmann-Willenbrock & S. G. Rogelberg (Eds.), *Cambridge handbooks in psychology. The Cambridge handbook of meeting science* (S. 119–149). Cambridge University Press.

Kolbe, M., Grande, B. & Spahn, D. R. (2015). Briefing and debriefing during simulation-based training and beyond: Content, structure, attitude and setting. Best Practice & Research Clinical Anaesthesiology, 29(1), 87–96.

Konradt, U. & Hertel, G. (2002). Management virtueller Teams. Von der Telearbeit zum virtuellen Unternehmen. Beltz Verlag.

Konradt, U., Schippers, M. C., Garbers, Y. & Steenfatt, C. (2015). Effects of guided reflexivity and team feedback on team performance improvement: The role of team regulatory processes and cognitive emergent states. European Journal of Work and Organizational Psychology, 24(5), 777–795.

Kozlowski, S. W. (2015). Advancing research on team process dynamics: Theoretical, methodological, and measurement considerations. Organizational Psychology Review, 5(4), 270–299.

Krause, M. & Tarnowski, J. (2019). Einsatz von Lean Management bei einem internen IT-Dienstleister eines Versicherungskonzerns. In M. Reich & C. Zerres (Hrsg.), Handbuch Versicherungsmarketing (2. Aufl.) (S. 533–550). Springer Verlag.

Kraut, R. E. & Streeter, L. A. (1995). Coordination in software development. Communications of the ACM, 38(3), 69–82.

Künzer, L., Knigge, I. & Hofinger, G. (2012). Gemeinsame Lagebilder und gemeinsame mentale Modelle in Stäben. In G. Hofinger (Hrsg.), Kommunikation in kritischen Situationen. Im Auftrag der Plattform »Menschen in komplexen Arbeitswelten (2. überarbeitete und erweiterte Aufl.) (S. 131–150). Verlag für Polizeiwissenschaft.

Kuhlmann, A. & Sauter, W. (2008). Innovative Lernsysteme: Kompetenzentwicklung mit blended learning und social Software. Springer Verlag.

Kuster, J., Huber, E., Lippmann, R., Schmid, A., Schneider, E., Witschi, U. & Wüst, R. (2011). Handbuch Projektmanagement (3. Aufl.). Springer Verlag.

Kwon, W., Clarke, I. & Wodak, R. (2014). Micro-level discursive strategies for constructing shared views around strategic issues in team meetings. Journal of management studies, 51(2), 265–290.

Lacerenza, C. N., Gregory, M., Marshall, A. D. & Salas, E. (2015). *Debrief: The learning meeting*. In J. A. Allen, N. Lehmann-Willenbrock & S. G. Rogelberg (Hrsg.), *Cambridge handbooks in psychology. The Cambridge handbook of meeting science* (S. 617–633). Cambridge University Press.

Lalljee, M., Tam, T., Hewstone, M., Laham, S. & Lee, J. (2009). Unconditional respect for persons and the prediction of intergroup action tendencies. European Journal of Social Psychology, 39(5), 666–683.

Lanen, M., & Lamers, M. H. (2018, October). Context-dependent memory in real and virtual reality. In International Conference on virtual reality and augmented reality (pp. 177-189). Cham: Springer.Latané, B., Williams, K. & Harkins, S. (1979). Many hands make light the work: The causes and consequences of social loafing. Journal of personality and social psychology, 37(6), 822.

Leach, D. J., Rogelberg, S. G., Warr, P. B. & Burnfield, J. L. (2009). Perceived meeting effectiveness: The role of design characteristics. Journal of Business and Psychology, 24(1), 65–76.

Leary, M. R. & Kowalski, R. M. (1990). Impression management: A literature review and two-component model. *Psychological Bulletin, 107*(1), 34–47.

Lehmann-Willenbrock, N., Allen, J. A. & Belyeu, D. (2016). Our love/hate relationship with meetings. Management Research Review, 39(10), 1293–1312.

Lehmann-Willenbrock, N., Allen, J. A. & Kauffeld, S. (2013). A sequential analysis of procedural communication in organizational meetings: How teams facilitate their meetings. *Journal of Applied Communication Research, 4*, 365–388.

Lehmann-Willenbrock, N., Allen, J. A. & Meinecke, A. L. (2014). Observing culture: Differences in US-American and German team meeting behaviors. Group Processes & Intergroup Relations, 17(2), 252–271.

Lehmann-Willenbrock, N., Beck, S. J. & Kauffeld, S. (2016). Emergent team roles in organizational meetings: Identifying communication patterns via cluster analysis. Communication Studies, 67(1), 37–57.

Lehmann-Willenbrock, N., Chiu, M. M., Lei, Z. & Kauffeld, S. (2017). Understanding positivity within dynamic team interactions: A statistical discourse analysis. Group & Organization Management, 42(1), 39–78.

Lehmann-Willenbrock, N., Meinecke, A. L., Rowold, J. & Kauffeld, S. (2015). How transformational leadership works during team interactions: A behavioral process analysis. The Leadership Quarterly, 26(6), 1017–1033.

Lehmann-Willenbrock, N., Meyers, R. A., Kauffeld, S., Neininger, A. & Henschel, A. (2011). Verbal interaction sequences and group mood: Exploring the role of team planning communication. Small Group Research, 42(6), 639–668.

Lehmann-Willenbrock, N., Rogelberg, S. G., Allen, J. A. & Kello, J. E. (2018). The critical importance of meetings to leader and organizational success. Organizational Dynamics, 47(1), 32–36.

Lehner, K. (2009). Interaktive Whiteboards und ihr Einsatz im Unterricht an österreichischen Schulen – Das IWB-Evaluierungsprojekt des BMUKK. Bundesministerium Bildung, Wirtschaft und Forschung.

Lencioni, P. (2009). Leading the most important organization in your life. Leader to Leader, 2009(51), 35–39.

Lewin, K. (1947). Frontiers in group dynamics: II. Channels of group life; social planning and action research. Human relations, 1(2), 143–153.

Liang, J., Farh, C. I. & Farh, J. L. (2012). Psychological antecedents of promotive and prohibitive voice: A two-wave examination. Academy of Management journal, 55(1), 71–92.

Lim, B. C. & Klein, K. J. (2006). Team mental models and team performance: A field study of the effects of team mental model similarity and accuracy. Journal of Organizational Behavior: The International Journal of Industrial, Occupational and Organizational Psychology and Behavior, 27(4), 403–418.

Lipnack, J. & Stamps, J. (1998). Virtuelle Teams: Projekte ohne Grenzen; Teambildung, virtuelle Orte, intelligentes Arbeiten, Vertrauen in Teams. Ueberreuter.

Liu, D., Jiang, K., Shalley, C. E., Keem, S. & Zhou, J. (2016). Motivational mechanisms of employee creativity: A meta-analytic examination and theoretical extension of the creativity literature. Organizational behavior and human decision processes, 137, 236–263.

Locke, E. A. (1968). Toward a theory of task motivation and incentives. Organizational behavior and human performance, 3(2), 157–189.

Locke, E. A. & Latham, G. P. (1990). A theory of goal setting & task performance. Prentice-Hall, Inc.

Loewenstein, G. (1994). The psychology of curiosity: A review and reinterpretation. *Psychological Bulletin, 116*(1), 75–98. https://doi.org/10.1037/0033-2909.116.1.75

London, M. & Sessa, V. I. (2006). Group feedback for continuous learning. Human Resource Development Review, 5(3), 303–329.

Lortie, C., Allen, J. A., Darling, H., Walshe, A., Abrahams, M. & Wharton, S. (2019). Ten simple rules for meaningful meetings. https://doi.org/10.31235/osf.io/ethrg

Lous, P., Tell, P., Michelsen, C. B., Dittrich, Y., Kuhrmann, M. & Ebdrup, A. (2018). Virtual by design: How a work environment can support agile distributed software development. In 2018 IEEE/ACM 13th International Conference on Global Software Engineering (ICGSE) (S. 97–106). IEEE.

Madni, T. M., Nayan, Y., Sulaiman, S., Tahir, M., Abro, A. & Khan, M. I. (2015). Collaborative learning using tabletop and interactive whiteboard systems. International Journal of Business Information Systems, 20(3), 382–395.

Maier, J. (2013). Rezeptionsbegleitende Erfassung individueller Reaktionen auf Medieninhalte: Bedeutung, Varianten, Qualität und Analyse von Real-Time-Response. ESSACHESS-Journal for Communication Studies, 6(01), 169–184.

Malik, F. (1994). Ein weiteres Management-Werkzeug – Die wirksame Sitzung. St. Gallen: Management-Zentrum.

Malik, F. (2012). Werkzeuge wirksamer Führung. Campus Verlag.

Malouff, J. M., Calic, A., McGrory, C. M., Murrell, R. L. & Schutte, N. S. (2012). Evidence for a needs-based model of organizational-meeting leadership. Current Psychology, 31, 35–48.

Mankins, M. C., Brahm, C. & Caimi, G. (2014). Your scarcest resource. Harvard Business Review, 92(5), 74–80.

Marks, M. A., Mathieu, J. E. & Zaccaro, S. J. (2001). A temporally based framework and taxonomy of team processes. Academy of management review, 26 (3), 356–376.

Martineau, W. H. (1972). A model of the social functions of humor. In J. H. Goldstein & P. E. McGhee (Eds.), The psychology of humor: Theoretical perspectives and empirical issues (pp. 101–125). Academic Press, Inc.

Mathieu, J. E. & Zajac, D. M. (1990). A review and meta-analysis of the antecedents, correlates, and consequences of organizational commitment. *Psychological Bulletin, 108*(2), 171–194.

Matthiesen, S. & Bjørn, P. (2017). When distribution of tasks and skills are fundamentally problematic: A failure story from global software outsourcing. Proceedings of the ACM on Human-Computer Interaction, 1, 1–16.

McCann, D. & Margerison, C. (1989). Managing high-performance teams. Training & Development Journal, 43(11), 52–61.

McGrath, J. E. (1964). Social psychology: A brief introduction. Holt, Rinehart & Winston.

Meekings, A. (2005). Effective review meetings: the counter-intuitive key to successful performance measurement. International Journal of Productivity and Performance Management, 54(3), 212–220.

Mehra, A., Kilduff, M. & Brass, D. J. (2001). The social networks of high and low self-monitors: Implications for workplace performance. Administrative science quarterly, 46(1), 121–146.

Meinecke, A. L., Handke, L., Mueller-Frommeyer, L. C. & Kauffeld, S. (2020). Capturing non-linear temporally embedded processes in organizations using recurrence quantification analysis. European Journal of Work and Organizational Psychology, 29(4), 483–500.

Meinecke, A. L. & Kauffeld, S. (2019). Engaging the hearts and minds of followers: Leader empathy and language style matching during appraisal interviews. Journal of Business and Psychology, 34(4), 485–501.

Meinecke, A. L. & Lehmann-Willenbrock, N. (2015). Social dynamics at work: Meetings as a gateway. In J. A. Allen, N. Lehmann-Willenbrock & S. G. Rogelberg (Eds.), *Cambridge handbooks in psychology.* The Cambridge handbook of meeting science (pp. 568–617). New Cambridge University Press.

Meinholz, H. & Förtsch, G. (2019). Persönliche Arbeitsorganisation. In H. Meinholz & G. Förtsch (Hrsg.), Führungskraft Ingenieur (2. Aufl.) (S. 385–413). Springer Verlag.

Mejias, R. J. (2007). The interaction of process losses, process gains, and meeting satisfaction within technology-supported environments. Small Group Research, 38, 156–194.

Mergener, A. (2020). Occupational Access to the Home Office: A Task-Based Approach to Explaining Unequal Opportunities in Home Office Access. KZfSS Kölner Zeitschrift für Soziologie und Sozialpsychologie, 72, 511–534.

Mesmer-Magnus, J. R. & DeChurch, L. A. (2009). Information sharing and team performance: A meta-analysis. Journal of Applied Psychology, 94(2), 535–546.

Meyer, H. D. (1993). The cultural gap in long-term international work groups: A German-American case study. European Management Journal, 11, 93–101.

Meyer, A. N., Barton, L. E., Murphy, G. C., Zimmermann, T. & Fritz, T. (2017). The work life of developers: Activities, switches and perceived productivity. IEEE Transactions on Software Engineering, 43(12), 1178–1193.

Meyer, J. P. & Maltin, E. R. (2010). Employee and well-being: A critical review, theoretical framework and research agenda. Journal of vocational behavior, 77(2), 323–337.

Meyer, B. & Schermuly, C. C. (2012). When beliefs are not enough: Examining the interaction of diversity faultlines, task motivation, and diversity beliefs on team performance. European Journal of Work and Organizational Psychology, 21(3), 456–487.

Millen, D. R., Fontaine, M. A. & Muller, M. J. (2002). Understanding the Benefits and costs of communities of practice. Communications of the ACM, 45(4), 69–73.

Miller, L. (1994). Japanese and American meetings and what goes on before them: A case study of co-worker misunderstanding. Pragmatics, 4(2), 221–238.

Miller, W. R. & Rollnick, S. (2004). Talking oneself into change: Motivational interviewing, stages of change, and therapeutic process. Journal of Cognitive Psychotherapy, 18(4), 299–308. https://doi.org/10.1891/jcop.18.4.299.64003

Mills, C. (2010). Experiencing gossip: The foundation for a theory of embedded organizational gossip. Organization Studies, 29, 1287–1313.

Miranda, S. M. & Bostrom, R. P. (1997). Meeting facilitation: process versus content interventions. In Proceedings of the Thirtieth Hawaii International Conference on System Sciences (S. 124–133). IEEE.

Miranda, S. M. & Bostrom, R. P. (1999). Meeting facilitation: process versus content interventions. Journal of Management information systems, 15(4), 89–114.

Mirivel, J. C. & Tracy, K. (2005). Premeeting talk: An organizationally crucial form of talk. Research on Language and Social Interaction, 38(1), 1–34.

Mirsch, T., Lehrer, C. & Jung, R. (2017). Digital nudging: Altering user behavior in digital environments. Proceedings der 13. Internationalen Tagung Wirtschaftsinformatik (WI 2017), St. Gallen, Schweiz. Zugriff am 14. Februar 2020 unter https://wi2017.ch/de/proceedings

Mitchell, T. (1987): Führungstheorien – Attributionstheorie, In A. Kieser, G. Rieber & R. Wunderer (Hrsg.), Handwörterbuch der Führung, Stuttgart, S. 698–713.

Moe, N. B. (2013). Key challenges of improving agile teamwork. In H. Baumeister & B. Weber (Eds.), Agile processes in software engineering and extreme programming (pp. 76–90). Springer Verlag.

Moe, N. B., Cruzes, D. S., Dybå, T. & Engebretsen, E. (2015). Coaching a global agile virtual team. In 2015 IEEE 10th International Conference on Global Software Engineering (pp. 33–37). IEEE.

Moe, N. B., Dingsøyr, T. & Rolland, K. (2018). To schedule or not to schedule? An investigation of meetings as an inter-team coordination mechanism in large-scale agile software development. International Journal of Information Systems and Project Management, 6(3), 45–59.

Moe, N. B. & Šmite, D. (2008). Understanding a lack of trust in Global Software Teams: a multiple-case study. Software Process: Improvement and Practice, 13 (3), 217–231.

Morris, M. R., Lombardo, J. & Wigdor, D. (2010, February). WeSearch: supporting collaborative search and sensemaking on a tabletop display. In Proceedings of the 2010 ACM conference on Computer supported cooperative work (pp. 401–410).

Morrison, E. W. & Milliken, F. J. (2000). Organizational silence: A barrier to change and development in a pluralistic world. Academy of Management review, 25(4), 706–725.

Mosvick, R. K. & Nelson, R. B. (1996). We've got to start meeting like this! A guide to successful meeting management. Indianapolis: Park Avenue Productions.

Mroz, J. E., Allen, J. A., Verhoeven, D. C. & Shuffler, M. L. (2018). Do we really need another meeting? The science of workplace meetings. Current Directions in Psychological Science, 27(6), 484–491.

Mroz, J. E., Yoerger, M. & Allen, J. A. (2018). Leadership in workplace meetings: The intersection of leadership styles and follower gender. Journal of Leadership & Organizational Studies, 25(3), 309–322.

Mullen, B. & Copper, C. (1994). The relation between group cohesiveness and performance: An integration. Psychological Bulletin, 115, 210–227.

Müller-Frommeyer, L. C., Frommeyer, N. A. M. & Kauffeld, S. (2019). Introducing rLSM: An integrated metric assessing temporal reciprocity in language style matching. Behavior Research Methods, 51(3), 1343–1359.

Müller-Frommeyer, L. C. & Kauffeld, S. (2021). Gaining insights into organizational communication dynamics through the analysis of implicit and explicit communication. Gruppe. Interaktion. Organisation. Zeitschrift für angewandte Organisationspsychologie. (GIO) 52(1), 173–183.

Müller-Frommeyer, L. C., Kauffeld, S. & Paxton, A. (2020). Beyond consistency: Contextual dependency of language style in monolog and conversation. Cognitive Science, 44(4), 1–20.

Murata, K. (2014). An empirical cross-cultural study of humour in business meetings in New Zealand and Japan. Journal of Pragmatics, 60, 251–265.

Myrsiades, L. (2000). Meeting sabotage: met and conquered- Journal of Management Development, 19(10), 870–885.

Newlund, D. (9. Juni 2012). Make your meetings worth everyones's time. USA Today. Zugriff am 9. Juni 2012 unter http://www.usatoday.com/USCP/PNI/Business/2012-06-20-PNI0620biz-career-getting-aheadPNIBrd_ST_U.htm

Nezlek, J. B., Wesselmann, E. D., Wheeler, L. & Williams, K. D. (2012). Ostracism in everyday life. Group Dynamics: Theory, Research, and Practice, 16(2), 91–104.

Niederhoffer, K. G. & Pennebaker, J. W. (2002). Linguistic style matching in social interaction. Journal of Language and Social Psychology, 21(4), 337–360.

Niederman, F. & Volkema, R. J. (1999). The effects of facilitator characteristics on meeting preparation, set up, and implementation. Small Group Research, 30(3), 330–360.

Niermeyer, R. & Postall, N. (2010). Effektive Mitarbeiterführung. Gabler Verlag.

Nixon, C. T. & Littlepage, G. E. (1992). Impact of meeting procedures on meeting effectiveness. Journal of Business and Psychology, 6(3), 361–369.

Nordbäck, E. & Sivunen, A. (2013). Leadership behaviors in virtual team meetings taking place in a 3D virtual world. In 2013 46th Hawaii International Conference on System Sciences (pp. 863–872). IEEE.

Nunamaker, J., Vogel, D., Heminger, A., Martz, B., Grohowski, R. & McGoff, C. (1989). Experience at IBM with group support systems: A field study. Decision Support Systems, 5(2), 183–196.

Nyrud, H. & Stray, V. (2017). Inter-team coordination mechanisms in large-scale agile. In R. Tonelli (Ed.), Proceedings of the XP2017 Scientific Workshops (pp. 1–6). Association for Computing Machinery.

Ochieng, E. G. & Price, A. D. (2010). Managing cross-cultural communication in multicultural construction project teams: The case of Kenya and UK. International Journal of Project Management, 28(5), 449–460.

Ochs, M. & van Solingen, R. (2004). Making meetings work. Cross Talk. The Journal of Defensive Software Engineering, o. J., 22–25.

Odermatt, I., König, C. J., Kleinmann, M., Bachmann, M., Röder, H. & Schmitz, P. (2014). Incivility in meetings: Consequences and antecedents. (unpublished manuscript,). Switzerland: Universität Zürich.

Odermatt, I., König, C. J. & Kleinmann, M. (2015). Meeting preparation and design characteristics. In J. A. Allen, N. Lehmann-Willenbrock & S. G. Rogelberg (Eds.), *Cambridge handbooks in psychology.* The Cambridge handbook of meeting science (pp. 49–68). Cambridge University Press.

Oppezzo, M. & Schwartz, D. L. (2014). Give your ideas some legs: The positive effect of walking on creative thinking. *Journal of Experimental Psychology: Learning, Memory, and Cognition, 40*(4), 1142–1152.

Orlikowski, W. J. (2002). Knowing in practice: Enacting a collective capability in distributed organizing. Organization science, 13(3), 249–273.

Osborn, A.F. (1957). Applied imagination: Principles and procedures of creative problem-solving. Charles Scribner's Sons.

Paasivaara, M., Lassenius, C. & Heikkilä, V. T. (2012). Inter-team coordination in large-scale globally distributed scrum: Do scrum-of-scrums really work? In P. Runeson (Ed.), Proceedings of the ACM-IEEE international symposium on Empirical software engineering and measurement (pp. 235–238). Association for Computing Machinery.

Pacauskas, D. & Rajala, R. (2017). Information system users' creativity: A meta-analysis of the link between IT use and creative performance. Information Technology & People, 30(1), 81–116.

Paulsen, H. F. K. & Kauffeld, S. (2016). Ansteckungsprozesse in Gruppen. Die Rolle von geteilten Gefühlen für Gruppenprozesse und -ergebnisse. *Gruppe. Interaktion. Organisation. Zeitschrift für angewandte Organisationspsychologie*, 47 (4), 357–364.

Paulsen, H. F. K., Klonek, F. E., Schneider, K. & Kauffeld, S. (2016). Group affective tone and team performance: A week-level study in project teams. Frontiers in Communication, 1(7), 1–10.

Perkins, R. D. (2009). How executive coaching can change leader behavior and improve meeting effectiveness: An exploratory study. *Consulting Psychology Journal: Practice and Research*, 61(4), 298–318.

Petrovic, O. & Krickl, O. (1993). Traditionell-moderiertes vs. computergestütztes Brainstorming: eine vergleichende Betrachtung. Wirtschaftsinformatik, 35(2), 120–128.

Petrovic, O. & Rausch, I. (1991). MMF 91 – Meeting Management von Führungskräften. Arbeitspapier am Institut für Betriebswirtschaftslehre der öffentlichen Verwaltung und Verwaltungswirtschaft. Graz: Karl- Franzens-Universität Graz.

Petty, R. E. & Cacioppo, J. T. (1986). The elaboration likelihood model of persuasion. In R. E. Petty & J. T. Cacioppo (Eds.), Communication and persuasion (pp. 1–24). Springer Verlag. Piecha, A., Wegge, J., Werth, L. & Richter, P. G. (2012). Geteilte Führung in Arbeitsgruppen–ein Modell für die Zukunft? In S. Grote (Hrsg.), Die Zukunft der Führung (S. 557–572). Springer Verlag.

Pietschmann, B. P. (1995). Sitzungsverhalten von Managern. Entwicklung und Anwendung einer Methode zur Ermittlung sitzungsbeeinflussender Faktoren. Gabler Verlag.

Pinsonneault, A. & Kraemer, K. L. (1990). The effects of electronic meetings on group processes and outcomes: An assessment of the empirical research. European Journal of Operational Research, 46(2), 143–161.

Pinto, M. B., Pinto, J. K. & Prescott, J. E. (1993). Antecedents and consequences of project team cross-functional cooperation. Management science, 39(10), 1281–1297.

Pullig, K. K. (2016). Sozialordnung oder Unternehmenskultur? In Innovative Unternehmenskulturen (S. 8–24). Wiesbaden: Springer Gabler.

Qudrat-Ullah, H. (2004). Improving dynamic decision making through debriefing: An empirical study. In Proceedings IEEE International Conference on advanced learning technologies (pp. 256-260). ICALT.

Cameron, K. S., Quinn, R. E., DeGraff, J. & Thakor, A. V. (2014). Competing values leadership. Edward Elgar Publishing.

Rausch, A. (2008). Controlling von innerbetrieblichen Kommunikationsprozessen: Effektivitäts-und Effizienzmessung von Face-to-face-Meetings. Springer Verlag.

Rausch, A. (2009). Steigerung der Meeting Performance als Managementaufgabe. Controlling & Management, 53(6), 376–383.

Rausch, A. (2013). Über die (Un)produktivität von Meetings: Wie Kostenbewusstsein Nutzen schafft. Personalquarterly, 65(2), 16–21.

Reiter-Palmon, R., Kennel, V., Allen, J. & Jones, K. J. (2018). Good catch! using interdisciplinary teams and team reflexivity to improve patient safety. Group & Organization Management, 43(3), 414–439.

Reiter-Palmon, R. & Sands, S. (2015). Creativity and meetings: Do team meetings facilitate or hinder creative team performance? In J. A. Allen, N. Lehmann-Willenbrock & S. Rogelberg (Eds.), *Cambridge handbooks in psychology*. The Cambridge handbook of meeting science (pp. 585-614). Cambridge University Press.

Rief, S. (2015). Methode zur Analyse des Besprechungsgeschehens und zur Konzeption optimierter, räumlich-technischer Infrastrukturen für Besprechungen.

Robertson, B. J. (2007). Organization at the leading edge: Introducing Holacracy™. Integral Leadership Review, 7(3), 1–13.

Robertson, B. J. (2015). Holacracy: The new management system for a rapidly changing world. Henry Holt and Company.

Rodriguez-Valls, F. & Ponce, G. A. (2013). Classroom, the« We« Space: Developing Student-Centered Practices for Second Language Learner (SLL) Students. Education Policy Analysis Archives, 21(55), 1–22.

Rogelberg, S. G. (2013). Meetings erfolgreich gestalten: Best Practice und Perspektive für die Forschung, Interview durch S. Kauffeld & N. Lehmann-Willenbrock. Personalquarterly, 65(2), 6–7.

Rogelberg, S. G. (2019). The surprising science of meetings. Oxford University Press.

Rogelberg, S. G., Allen, J. A., Shanock, L., Scott, C. & Shuffler, M. (2010). Employee satisfaction with meetings: A contemporary facet of job satisfaction. Human Resource Management, 49(2), 149–172.

Rogelberg, S. G., Leach, D. J., Warr, P. B. & Burnfield, J. L. (2006). »Not another meeting!« Are meeting time demands related to employee well-being? Journal of Applied Psychology, 91(1), 83–96. https://doi.org/10.1037/0021-9010.91.1.83

Rogelberg, S. G., Scott, C. S. & Kello, J. (2007). The science and fiction of meetings. MIT Sloan Management Review, 48(2), 18–21.

Rogelberg, S. G., Shanock, L. R. & Scott, C. W. (2012). Wasted time and money in meetings: Increasing return on investment. Small Group Research, 43(2), 236–245.

Romano, N. C. & Nunamaker, J. F. (2001). Meeting analysis: Findings from research and practice. Proceedings of the 34th annual Hawaii international conference on system sciences, 1-13.

Romero, E. J. & Cruthirds, K. W. (2006). The use of humor in the workplace. Academy of management perspectives, 20(2), 58-69.

Ron, N., Lipshitz, R. & Popper, M. (2002). Post-flight reviews in an F-16 fightersquadron: An empirical test of a multi-facet model of organizational learning. Working Paper Universität Haifa.

Rubinger, L., Gazendam, A., Ekhtiari, S., Nucci, N., Payne, A., Johal, H., Khanduja, V. & Bhandari, M. (2020). Maximizing virtual meetings and conferences: a review of best practices. International Orthopaedics, 44, 1461–1466.

Rui, Y., Rudolph, E., He, L. W., Malvar, R., Cohen, M. & Tashev, I. (2006, July). PING: A Group-to-individual distributed meeting system. In 2006 IEEE International Conference on Multimedia and Expo (pp. 1141–1144). IEEE.

Rubart, J. & Freykamp, F. (2009. Supporting daily scrum meetings with change structure. In Proceedings of the 20th ACM conference on Hypertext and hypermedia (pp. 57–62).

Ruxton, G. D. & Colgrave, N. (2018). Experimental Design for the Life Sciences (4. Aufl.). Oxford University Press.

RW3 CultureWizard (2016). Trends in global virtual teams. Zugriff am 23. Oktober 2020 unter http://cdn.culturewizard.com/PDF/Trends_in_VT_Report_4-17-2016.pdf

Salas, E. & Fiore, S. M. (2004). *Team cognition: Understanding the factors that drive process and performance.* American Psychological Association.

Sandmeier, A., Hanke, U. & Gubler, M. (2018). Die Bedeutung der Gestaltung des Lernfelds und des Funktionsfelds für den subjektiven Erfolg betrieblicher Weiterbildung. Zeitschrift für Weiterbildungsforschung, 41(1), 41–55.

Sauer, N. C. (2015). Examining team meeting behavior via social network analysis. Eine empirische Untersuchung an der TU Braunschweig.

Sauer, N. C. & Kauffeld, S. (2013). Meetings as networks: Applying social network analysis to team interaction. *Communication Methods & Measures*, 7, 26–47.

Sauer, N. C. & Kauffeld, S. (2015). The ties of meeting leaders: A social network analysis. Psychology, 6(4), 415–434. https://doi.org/10.4236/psych.2015.64039

Sauer, N. C. & Kauffeld, S. (2016). The structure of interaction at meetings: A social network analysis. Zeitschrift für Arbeits-und Organisationspsychologie A&O, 60, 33–49.

Sauer, N. C., Kauffeld, S. & Spurk, D. (2014). Männer, Frauen und ihre Art zu netzwerken-Einfluss auf die Karriere von Berufsanfängern. Personal Quarterly, 66(2), 18–23. https://doi.org/10.7892/boris.65727

Sauer, N. C., Meinecke, A. L. & Kauffeld, S. (2015). Networks in meetings: How do people connect. In J. A. Allen, N. Lehmann-Willenbrock & S. G. Rogelberg (Eds.), *Cambridge handbooks in psychology.* The Cambridge handbook of meeting science (pp. 357380). Cambridge University Press.

Sawyer, T., Eppich, W., Brett-Fleegler, M., Grant, V. & Cheng, A. (2016). More than one way to debrief: a critical review of healthcare simulation debriefing methods. Simulation in Healthcare, 11(3), 209–217.

Schalock, R. L. (2001). Outcome-based evaluation. Springer Science & Business Media.

Schaubroeck, J., Lam, S. S. & Peng, A. C. (2011). Cognition-based and affect-based trust as mediators of leader behavior influences on team performance. Journal of applied psychology, 96(4), 863–871.

Schell Marketing Consulting (2005). Meeting-Kultur in europäischen Unternehmen: Die Ergebnisse und deren Umsetzung, Panel-Ergebnisvergleich 2002/ 2004, Homepage: www.schell-marketingconsulting.de, München

Schell (2010). Meeting-Kultur in europäischen Unternehmen: Ad-hoc-Umfrage unter Mitarbeitern und Führungskräften, die regelmäßig an Business-Meetings teilnehmen. Schell Marketing Consulting.

Schermuly, C. C. (2019). New Work-Gute Arbeit gestalten: Psychologisches Empowerment von Mitarbeitern. Haufe-Lexware.

Schmidt, S. (2010). Qualitätspolitik. Das QM-Handbuch: Qualitätsmanagement für die ambulante Pflege, 117-125.

Schmohr, M. & Bierhoff, H.-W. (2006). Sozialer Austausch. In H.-W. Bierhoff & D. Frey (Hrsg.), Handbuch der Sozialpsychologie und Kommunikationspsychologie (S. 717–726). Hogrefe.

Schnöring, S. (2007). Kommunikation im Spiegel der Unternehmenskultur. Dialogisches Handeln und unternehmerische Zwecke. De Gruyter Verlag.

Shockley, K. M. & Allen, T. D. (2010). Investigating the missing link in flexible work arrangement utilization: An individual difference perspective. Journal of Vocational Behavior, 76(1), 131–142.

Schilcher, C., Schmiede, R., Sauer, S., Will-Zocholl, M. & Straub, R. (2013). Vertrauensbasiert kooperieren. Teamwork in unternehmens-und standortübergreifenden Projekten. Aachen: Shaker.

Scholl, A. & Sassenberg, K. (2014). Where could we stand if I had...? How social power impacts counterfactual thinking after failure. Journal of Experimental Social Psychology, 53, 51–61.

Schulte, E. M., Fenner, T. & Kauffeld, S. (2013). Nicht ohne Nebenwirkungen: Gesundheitsrisiko Meeting. Personalquarterly, 2, 8–15.

Schulte, E. M., Gessnitzer, S. & Kauffeld, S. (2016). Ich – wir – meine Organisation werden das überstehen! Der Fragebogen zur individuellen, Team- und organisationalen Resilienz (FITOR). *Gruppe. Interaktion. Organisation. Zeitschrift für angewandte Organisationspsychologie (GIO), 47,* 139–149.

Schulte, E. M. & Kauffeld, S. (2020). Does my attitude toward meetings matter? The impact of supervisors' and team members' team meeting attitudes on counterproductive meeting behaviour and outcomes. *International Journal of Management Practice, 13*(6), 674–697.

Schulte, E. M., Lehmann-Willenbrock, N. & Kauffeld, S. (2015). Treat us fairly and we won't complain: Multilevel effects of procedural justice on complaining behavior in team meetings. Psychology, 6(14), 1795–1811.

Schulz von Thun, F. (1981). Miteinander reden, Bd. 1. Reinbek: Rowohlt.

Schwarz, R. M. (1994). The Skilled Facilitator: Practical Wisdom for Developing Effective Groups. A Joint Publication in the Jossey-Bass Management, Public Administration, and Nonprofit Sector Series. Jossey-Bass.

Scissors, L. E., Gill, A. J. & Gergle, D. (2008). Linguistic mimicry and trust in text-based CMC. In B. Begole & D. W. McDonald (Eds.), Proceedings of the 2008 ACM conference on computer supported cooperative work (pp. 277–280). Association for Computing Machinery.

Scott, C., Allen, J. A., Rogelberg, S. G. & Kello, A. (2015). Five theoretical lenses for conceptualizing the role of meetings in organizational life. In J. A. Allen, N. Lehmann-Willenbrock & S. G. Rogelberg (Eds.), *Cambridge handbooks in psychology*. The Cambridge handbook of meeting science (pp. 20–46). Cambridge University Press.

Scott, C. W., Shanock, L. R. & Rogelberg, S. G. (2012). Meetings at work: Advancing the theory and practice of meetings. Small Group Research, 43(2), 127–129.

Seibert, S. E., Wang, G. & Courtright, S. H. (2011). Antecedents and consequences of psychological and team empowerment in organizations: A meta-analytic review. Journal of applied psychology, 96(5), 981–1003.

Siegert (2007). Konferenz mit Ziel und Effizienz: Sparen Sie viel Zeit und Geld! Expert Verlag.

Simon, B. & Stürmer, S. (2003). Respect for group members: Intragroup determinants of collective identification and group-serving behavior. Personality and Social Psychology Bulletin, 29(2), 183–193.

Söderberg, L., Kauffeld, S. & Lehmann-Willenbrock, N. (2009). 10 Meetingkultur unter der Prozesslupe: Besprechungsoptimierung in der IT. In S. Kauffeld, S. Grote & E. Frieling (Hrsg.), Handbuch Kompetenzentwicklung (S. 216–232). Schäffer-Poeschel Verlag.

Šmite, D., Moe, N. B., Šāblis, A. & Wohlin, C. (2017). Software teams and their knowledge networks in large-scale software development. Information and Software Technology, 86, 71–86.

Smith-Jentsch, K. A., Cannon-Bowers, J. A., Tannenbaum, S. I. & Salas, E. (2008). Guided team self-correction: Impacts on team mental models, processes, and effectiveness. Small Group Research, 39(3), 303–327.

Sonnentag, S. (2001). High performance and meeting participation: An observational study in software design teams. Group Dynamics: Theory, Research, and Practice, 5, 3–18.

Sonnentag, S. & Volmer, J. (2009). Individual-level predictors of task-related teamwork processes: The role of expertise and self-efficacy in team meetings. Group & Organization Management, 34(1), 37–66.

Sox, C. B., Crews, T. B. & Kline, S. F. (2014). Including virtual and hybrid meeting planning within the curriculum: A knowledge management perspective. Journal of Hospitality & Tourism Education, 26(3), 147–152.

Spielvogel, C., Reissig-Hochweller, R., Trautmann K., Kappes, P. & Brunner, T. (2013). Taschenbuch Stabsarbeit. Stuttgart: Boorberg.

Spencer, J. & Pruss, A. (1995). Top-Teams: der Königsweg zu mehr Flexibilität, Effizienz und Erfolg im Betrieb. Droemer Knaur.

Spinks, N. & Wells, B. (1995). Quality communication: a key to quality leadership. Training for Quality, 3(2), 14–19.

Stadler, C. (Hrsg.). (2013). Was ist Soziometrie? In *Soziometrie. Messung, Darstellung. Analyse und Interventionen sozialer Beziehungen* (S. 31–82). Wiesbaden: Springer.

Stangl W (12.4.2021) Kreativitätstechniken: Die Osborn Methode. Zugriff am 12. April.2021 unter http://arbeitsblaetter.stangl-taller.at/PRAESENTATION/ideenfindung-Osborn-Methode.shtml

Stowasser, F. & Kraus, R. (1999). Jammern – aber richtig. Eine Anleitung. A & O des Wissens.

Straube, J. & Kauffeld, S. (2020). Faultlines during Meeting Interactions: The Role of Intersubgroup Communication. A. L. Meinecke, J. A. Allen, & N. Lehmann-Willenbrock (Hrsg.), Managing Meetings in Organizations (Research on Managing Groups and Teams, Vol. 20) (pp. 163–183). Emerald Publishing Limited.

Straube, J., Meinecke, A. L., Schneider, K. & Kauffeld, S. (2018). Effects of media compensation on team performance: The role of demographic faultlines. Small Group Research, 49(6), 684–722.

Stray, V. & Moe, N. B. (2020). Understanding coordination in global software engineering: A mixed-methods study on the use of meetings and slack. Journal of Systems and Software, 170, 1–20.

Stray, V., Moe, N. B. & Aasheim, A. (2019). Dependency Management in Large-Scale Agile: A Case Study of DevOps Teams. In Proceedings of the 52nd Hawaii International Conference on System Sciences (2019) (pp. 7007–7016). University of Hawai'i.

Stray, V., Moe, N. B. & Bergersen, G. R. (2017). Are daily stand-up meetings valuable? A survey of developers in software teams. In H. Baumeister, H. Lichter & M. Riebisch (Eds.), International Conference on Agile Software Development (pp. 274–281). Springer Verlag.

Stray, V., Moe, N. B. & Noroozi, M. (2019). Slack Me If You Can! Using Enterprise Social Networking Tools in Virtual Agile Teams. In 2019 ACM/IEEE 14th International Conference on Global Software Engineering (ICGSE) (pp. 111–121). IEEE.

Stray, V., Moe, N. B. & Sjoberg, D. I. (2018). Daily stand-up meetings: start breaking the rules. IEEE Software, 37(3), 70–77.

Streibel, J. (2003). Executive team meeting. McGraw Hill.

Suter, G. & Kauffeld, S. (2013). Meetings im kulturellen Vergleich: Deutsche brauchen Klarheit, Schweizer gute Zuhörer. *Personalquarterly, 65*, 28–33.

Thaler, R. H. & Sunstein, C. R. (2009). Nudge: Improving decisions about health, wealth, and happiness. Penguin.

Tannenbaum, S. I. & Cerasoli, C. P. (2013). Do team and individual debriefs enhance performance? A meta-analysis. Human factors, 55(1), 231–245.

Taylor, P. J., Russ-Eft, D. F. & Chan, D. W. L. (2005). A Meta-Analytic Review of Behavior Modeling Training. *Journal of Applied Psychology, 90*(4), 692–709.

Teasley, S., Covi, L., Krishnan, M. S. & Olson, J. S. (2000). How does radical collocation help a team succeed? In Kellogg, W. & Whittaker, S. (Eds.), Proceedings of the 2000 ACM conference on Computer supported cooperative work (S. 339–346). Association for Computing Machinery.

Tett, R. P. & Meyer, J. P. (1993). Job satisfaction, organizational commitment, turnover intention, and turnover: path analyses based on meta-analytic findings. Personnel psychology, 46(2), 259–293.

Thiele, L., Sauer, N. C. & Kauffeld, S. (2018). Why extraversion is not enough: the mediating role of initial peer network centrality linking personality to long-term academic performance. Higher Education, 76(5), 789–805.

Thomae, M. & Pina, A. (2015). Sexist humor and social identity: The role of sexist humor in men's in-group cohesion, sexual harassment, rape proclivity, and victim blame. Humor, 28(2), 187–204.

Thorndike, E. L. (1920). A Constant Error in Psychological Ratings. Journal of Applied Psychology, 4(1), 25–29.

Tilahun, N. & Levinson, D. (2017). Contacts and meetings: Location, duration and distance traveled. Travel Behaviour and Society, 6, 64–74.

Tobia, P. M. & Becker, M. C. (1990). Making the most of meeting time. Training & Development Journal, 44(8), 34–39.

Tracy, K. & Dimock, A. (2004). Meetings: Discursive sites for building and fragmenting community. Annals of the International Communication Association, 28(1), 127–165.

Tremmel, S. & Sonnentag, S. (2018). A sorrow halved? A daily diary study on talking about experienced workplace incivility and next-morning negative affect. Journal of Occupational Health Psychology, 23(4), 568–583.

Tropman, J. E. (2003). Making meetings work: Achieving high quality group decisions. Sage.

Tropman, J. E. (2014). Efficient meetings: Improving group decision making (3. Aufl.). Sage Publications.

Tubbs, M. E. (1986). Goal setting: A meta-analytic examination of the empirical evidence. *Journal of Applied Psychology, 71*(3), 474–483.

Uitdewilligen, S., Waller, M. J. & Zijlstra, F. R. H. (2010). *Team cognition and adaptability in dynamic settings: A review of pertinent work*. In G. P. Hodgkinson & J. K. Ford (Eds.), *International review of industrial and organizational psychology: Vol. 25.* (pp. 293-353). Wiley Blackwell.

Unger-Aviram, E., Zwikael, O. & Restubog, S. L. D. (2013). Revisiting goals, feedback, recognition, and performance success: The case of project teams. Group & Organization Management, 38(5), 570–600.

Unger-Windeler, C., Klünder, J. A. C., Reuscher, T. & Schneider, K. (2020). Are Product Owners communicators? A multi-method research approach to provide a more comprehensive picture of Product Owners in practice. Journal of Software: Evolution and Process, e2311.

Van Bavel, J. J. & Pereira, A. (2018). The partisan brain: An identity-based model of political belief. Trends in cognitive sciences, 22(3), 213–224.

Van De Kamp, P. (2014). Holacracy–A radical approach to organizational design. Elements of the Software Development Process-Influences on Project Success and Failure. University of Amsterdam, 13–26.

Van de Ven, A. H., Delbecq, A. L. & Koenig Jr, R. (1976). Determinants of coordination modes within organizations. American sociological review, 41(2), 322–338.

Van Eerde, W. & Buengeler, C. (2015). *Meetings all over the world: Structural and psychological characteristics of meetings in different countries.* In J. A. Allen, N. Lehmann-Willenbrock & S. G. Rogelberg (Hrsg.), *Cambridge handbooks in psychology. The Cambridge handbook of meeting science* (pp. 177–202). Cambridge University Press.

Van Knippenberg, D., De Dreu, C. K. W. & Homan, A. C. (2004). Work Group Diversity and Group Performance: An Integrative Model and Research Agenda. *Journal of Applied Psychology*, 89(6), 1008–1022.

Van Vree, W. (2011). Meetings: The frontline of civilization. The Sociological Review, 59(1), 241–262.

Velinov, E., Vassilev, V. & Denisov, I. (2018). Holacracy and obliquity: contingency management approaches in organizing companies. Problems and Perspectives in Management, 16(1), 330–335.

VersionOne, C. (2019). 13th annual state of agile report.

Vöge, M. (2010). Local identity processes in business meetings displayed through laughter in complaint sequences. Journal of Pragmatics, 42(6), 1556–1576.

Vogel, B. (2006). Emotionsonentierte Führung von Teams. In E. Bruch, S. Krummaker & B. Vogel (Hrsg.), Leadership – Best Practices und Trends (S. 167–178). Gabler Verlag.

Volkema, R. J. & Niederman, F. (1995). Organizational meetings: Formats and information requirements. Small group research, 26(1), 3–24.

Volkema, R. J. & Niederman, F. (1996). Planning and managing organizational meetings: An empirical analysis of written and oral communications. The Journal of Business Communication (1973), 33(3), 275–292.

Von Rosenstiel, L. & Nerdinger, F. W. (2011). Grundlagen der Organisationspsychologie: Basiswissen u. Anwendungshinweise (7., Aufl.). Poeschel Verlag.

Von Rosenstiel, L., Regnet, E. & Domsch, M. E. (1999). Führung von Mitarbeitern: Handbuch für erfolgreiches Personalmanagement (4. überarbeitete und erweiterte Aufl. Schäffer-Poeschel Verlag.

Vuorela, T. (2005). How does a sales team reach goals in intercultural business negotiations? A case study. English for Specific Purposes, 24(1), 65–92.

Wasserman, S. & Faust, K. (1994). Social network analysis: Methods and applications (Vol. 8). Cambridge University Press.

Watzlawick, P., Beavin, J. & Jackson, D. (1990). Menschliche Kommunikation. Formen, Störungen, Paradoxien. Huber Verlag.

Wax, A., DeChurch, L. A. & Contractor, N. S. (2017). Self-organizing into winning teams: understanding the mechanisms that drive successful collaborations. Small Group Research, 48(6), 665–718.

Weinbauer-Heidel, I. (2016). Transferförderung in der betrieblichen Weiterbildungspraxis: Warum transferfördernde Maßnahmen (nicht) implementiert werden. Springer Verlag.

Wesselmann, E. D., Cardoso, F. D., Slater, S. & Williams, K. D. (2012). To Be Looked at as Though Air. Psychological Science, 23(2), 166–168.

Weibler, J. (2016). Personalführung. Vahlen Verlag.

West, M. A. (1996). Reflexivity and work group effectiveness: A conceptual integration. In M. A. West (Hrsg.), Handbook of Work Group Psychology (pp. 555–579). John Wiley & Sons.

West, M. A. (2000). Reflexivity, revolution and innovation in work teams. In M. Beyerlein, D. Johnson & S. Beyerlein (Hrsg.), Advances in interdisciplinary studies of work teams, 5 (pp. 1–29). Human Performance Management.

Wiederhold, B. K. (2020). Connecting Through Technology During the Coronavirus Disease 2019 Pandemic: Avoiding »Zoom Fatigue«. Cyberpsychology, Behavior, And Social Networking, 23(7), 437–438.

Wigdor, D., Jiang, H., Forlines, C., Borkin, M. & Shen, C. (2009). WeSpace: the design development and deployment of a walk-up and share multi-surface visual collaboration system. In D. R. Olsen & R. B. Arthur (Eds.), CHI'09: Proceedings of the SIGCHI Conference on Human Factors in Computing Systems (pp. 1237–1246). Association for Computing Machinery.

Wilke, H. & Wit, A. (2002). Gruppenleistung. In W. Stroebe, K. Jonas & M. Hewstone (Hrsg.), Sozialpsychologie (S. 497–535). Springer Verlag.

Williams, O. (2015). What is and how to use Slack: the ultimate guide to doing anything. Zugriff am 12. April 2021 unter https://thenextweb.com/insider/2015/08/11/the-ultimate-guide-to-doing-anything-in-slack/.

Williams, K. D., Govan, C. L., Croker, V., Tynan, D., Cruickshank, M. & Lam, A. (2002). Investigations into differences between social- and cyberostracism. Group Dynamics: Theory, Research, and Practice, 6(1), 65–77.

Windmann, Handke & Kauffeld (in Vorbereitung). Act4teams-short: Live Coding in Meetings.

Wirth, J. H., Sacco, D. F., Hugenberg, K. & Williams, K. D. (2010). Eye gaze as relational evaluation: Averted eye gaze leads to feelings of ostracism and relational devaluation. Personality and Social Psychology Bulletin, 36(7), 869–882.

Wohlers, C., Hartner-Tiefenthaler, M. & Hertel, G. (2019). The relation between activity-based work environments and office workers' job attitudes and vitality. Environment and Behavior, 51(2), 167–198.

Wohlers, C. & Hertel, G. (2017). Choosing where to work at work–towards a theoretical model of benefits and risks of activity-based flexible offices. Ergonomics, 60(4), 467–486.

Wolf, W., Levordashka, A., Ruff, J. R., Kraaijeveld, S., Lueckmann, J.-M. & Williams, K. D. (2015). Ostracism Online: A social media ostracism paradigm. Behavior Research Methods, 47(2), 361–373.

Wong, Z. & Aiken, M. (2003). Automated facilitation of electronic meetings. Information & Management, 41(2), 125–134.

Wu, W. & Shang, D. (2019). Employee Usage Intention of Ubiquitous Learning Technology: An Integrative View of User Perception Regarding Interactivity, Software, and Hardware. IEEE Access, 7, 34170–34178.

Yates, J. & Orlikowski, W. (2002). Genre systems: Structuring interaction through communicative norms. The Journal of Business Communication (1973), 39(1), 13–35.

Yoerger, M., Crowe, J. & Allen, J. A. (2015). Participate or else! The effect of participation in decision-making in meetings on employee engagement. *Consulting Psychology Journal: Practice and Research, 67*(1), 65–80.

Zadro, L., Williams, K. D. & Richardson, R. (2005). Riding the »O« Train: Comparing the effects of ostracism and verbal dispute on targets and sources. Group Processes & Intergroup Relations, 8(2), 125–143.

Zajonc, R. B. (2001). Mere exposure: A gateway to the subliminal. Current Directions in Psychological Science, 10, 224–228.

Zinke, R. & Hofinger, G. (2016). Lagebesprechungen und gemeinsame mentale Modelle. In G. Hofinger & R. Heimann (Hrsg.), Handbuch Stabsarbeit. Führungs- und Krisenstäbe in Einsatzorganisationen, Behörden und Unternehmen (S. 103–108). Springer Verlag.

Stichwortverzeichnis

A

Abteilungsbesprechung 28
act4teams 91 f., 158, 161
– Kodierschema 91 f., 158, 163
Ad-hoc-Treffen 29, 160, 183
Agenda 43, 73 f., 77, 85, 102, 129
– Formale Agenda 73
– Klassische Agenda 75
– SPIN Agenda 75
Agilität
– agile Arbeit 170
– agile Arbeitsform 181
– agile Methode 178
– agiles Projektmanagement 170
– agiles Team 181

B

Brainstorming 106
Briefing 175
Büroumgebung
– aktivitätsbasierte 49 f.
– flexible 49 f.
– Multispace 50

C

Chat-Programm 61, 190
Checkliste zur Einberufung von Meetings 44
Collaborative Work Spaces 52

Commitment 107, 112, 124, 128, 138, 140, 148

D

Dauer von Meetings 47
Debriefing 35, 177
Diskussionsforum 61
Diversität 54, 59, 71, 81, 148
– Diversitätsmerkmal 81
DOCS Box 72, 139
Dokumentation 71, 87, 188

E

Emergente Bedingungen 107
Entscheidungsfindung 18, 30, 80
Entscheidungsmeeting 29 f., 33, 172

F

Face-to-Face 53, 55, 59, 184
Faultline 57, 81 f., 116
– Faultline Communication Index 83
Fokussierungsfragen 104

G

Gemeinsame mentale Modelle 108, 110, 147
Geographische Dispersion 54

Gremium 28
Groupthink 79
Group-to-Group 55
Group-to-Individual 55
Gruppe 32, 78 f., 86, 104, 116, 152
- Gruppenarbeit 185
- Gruppenbildung 182
- Gruppencharakteristiken 23
- Gruppendenken 78
- Gruppenebene 71
- Gruppeneigenschaften 28, 70 f.
- Gruppenergebnis 22
- Gruppengröße 22, 78, 80, 141, 147
- Gruppeninteraktion 22
- Gruppenmodus 181, 183
- Gruppenprozes 22
- Gruppenprozess 22, 124
- Gruppensitzung 183

H

Halo-Effekt 46
Handlungsorientierte Aspekte 90–92, 94, 96
Hierarchie 18, 28, 37, 54, 78, 86, 113, 126, 144, 176, 178, 181, 184
- -ebene 7, 15, 17, 149
- -stufe 14
Hilfsmittel 68
- analoges 51
- digitales 53
- hybrides 64
- interaktives 52
- methodisches 145, 149
- technisches 22, 28, 51, 53, 80, 145, 147
Home-Office 51, 53, 55, 60, 168, 181

I

Individual-to-Individual 55
Individuelle Eigenschaften 28, 70
Information 176, 182, 185, 187–189

- Informationsabgleich 177
- Informations-Agent 189
- Informationsaustausch 16, 31, 37 f., 80, 82, 86, 114, 117, 172 f., 185 f.
- Informationsfluss 180
- Informationsgewinnung 30, 175
- Informationsmeeting 29, 31, 172
- Informationssystem 182
- Informationsüberflutung 182
Input-Prozess-Output 22
- IPOI-Modell 23, 89, 155
- IPO-Modell 22
Instant Messenger 61, 182, 186
Interaktion 16, 22, 24, 28, 41, 47, 55, 85, 89, 95, 100, 104, 107, 113–115, 118, 125, 129, 140 f., 146 f., 163, 181, 184, 188, 190, 192
- Interaktions-Agent 190
- Interaktionsanalyse 91
- Interaktionsfluss 40
- Interaktionsmöglichkeit 52
- Interaktionsmuster 71, 85, 89, 115 f., 118, 120
- Interaktionsnetzwerk 114, 120
- Interaktionsprozess 22, 90
- Interaktions-Prozess-Analyse 90
- Interaktionsstruktur 111, 115, 123
- Interaktionszirkel 111, 147
Interkulturelle Aspekte 84 f.

J

Jammern 19, 40 f., 47, 96, 111, 121, 123, 177
- Jammerkarte 42
- Jammerpraxis 41
- Jammerraum 42
- Jammerrolle 123
- Jammertal 143, 149
- Jammertyp 123
- Jammerzirkel 111, 122
- Klagemauer 42

K

Klassifikation 29 f.
Kommunikation 18, 21, 27, 55 f., 58, 64 f., 78, 82, 84, 101, 147, 152, 183, 185, 189
- digitale 62
- Kommunikationsereignis 15
- Kommunikationserlebnis 60
- Kommunikationsfacetten 90
- Kommunikationsfluss 103
- Kommunikationsform 61
- Kommunikationsinstrument 21
- Kommunikationsintensität 57
- Kommunikationskampagne 149
- Kommunikationskanal 183, 193
- Kommunikationskompetenz 156
- Kommunikationsmedium 65
- Kommunikationsmethode 61
- Kommunikationsmittel 14 f., 80
- Kommunikationsmittel digital 53
- Kommunikationsmittel interaktiv 52
- Kommunikationsort 49
- Kommunikationsplattform 15
- Kommunikationsprozess 19, 61
- Kommunikationsregel 57
- Kommunikationstechnologie 20, 109
- Kommunikationstyp 120, 122 f.
- Kommunikationsverhalten 28
- Kommunikationsverlauf 130
- Kommunikationsweg 49
- Kommunikationszone 50
- nonverbale 61, 63, 185
- prozedurale 141
- synchrone 61
- technologiegestützte 54
- virtuelle 56 f.
- visuelle 106
Kultur
- kulturelle Aspekte 84
- kulturelle Unterschiede 54, 85
- kultureller Hintergrund 81, 86

L

Ladestation 98
Lösungsorientierung 42, 93, 111, 121 f., 161

M

Media Richness 56 f., 61
Meeting
- -ablauf 103
- agiles 170
- -art 29 f., 55, 80, 145 f., 188
- -erfolg 22, 28, 95, 123, 131, 141, 147 f.
- -gestaltung 19, 69, 155
- hybrides 55, 84
- -kompetenz 165
- -kontext 26, 110
- -kontrolle 21
- -leitung 37, 39, 43, 71, 73 f., 80, 86, 99, 123, 125, 138 f., 149, 155
- -notwendigkeit 43, 45, 80, 102
- -protokoll 72, 139
- -typ 28–30, 33, 35
Mobiles Arbeiten 53 f.
Moderation 27, 39–41, 47, 68, 95 f., 100 f., 103 f., 107, 116 f., 119, 122, 126, 128 f., 135, 148, 157, 173 f.
- Moderationskarte 51
- Moderationsmethode 147, 149
- Moderationsrolle 40, 117, 123, 125, 157, 175
- Moderationstechnik 51, 156

N

Normen 17, 60, 71, 84, 87, 109, 140, 182

O

Organisationale Diskontinuität 54
Osborn Methode 105

Stichwortverzeichnis

P

Phasen in Meetings 135, 173
- Abschlussphase 126, 130
- Arbeitsphase 107, 130
- Einstiegsphase 130
- Präsentationsphase 153

Pre-Meeting Talk 99
Problemlösemeeting 29, 31 f., 173
Problemlösung 30 f., 39, 68, 80, 85 f., 111, 121 f., 138
Professionelle Komplettlösungen 60
Projektmeeting 28
Psychologische Sicherheit 38

R

Räumlichkeiten 48 f.
Raumsystem 60
Reflexionsmeeting 30, 34, 36, 172, 174
Regel 42, 71, 80, 84, 87, 103, 109, 144, 148, 150, 168, 178, 181, 183
- -termin 32, 39, 175
- -werk 178

Ressourcen des Meetings 43, 49, 151
Retrospektive 174

S

Situative Eigenschaften des Meetings 28
SMART-Regel 77, 136, 170
Spotlight 101
Subgruppe 55, 81, 83, 114, 116
- Subgruppenbildung 81, 86

T

Tabletops 52
Team 58, 70, 81, 83, 86, 90, 101, 103, 107 f., 110 f., 113, 115 f., 122 f., 125, 140, 151, 161, 163, 170 f., 173 f., 178, 182 f., 185 f., 189
- -arbeit 84, 87, 108, 123, 170
- -emotion 108, 110
- -entwicklung 163, 165
- -erfolg 116
- -geist 112
- -kognition 108
- -kohäsion 111 f., 124, 191
- -kompetenz 165
- -leistung 116
- -leitung 123
- -mitglied 81, 83, 90, 109, 112, 124 f., 140, 170, 173, 185, 191
- -prozess 58
- -rolle 58, 120
- -stimmung 110, 112
- -struktur 108, 113
- -vertrauen 112 f.
- virtuelles 58
- -Workshop 163
- -ziel 58
- -zugehörigkeit 112

Teamarbeit
- hybride 53

Technische Bedingungen für Meetings 51
Telepräsenzsystem 60
Timer 48, 150
Tool 55, 182, 188
- digitales 52 f., 65, 68, 147, 149, 168
- hybrides 64
- interaktives 53
- online 151
- synchrones 61
- virtuelles 54, 60, 65–67

U

Unhöflichkeit in Meetings 95

V

Verhalten in Meetings 38, 95, 161

- dysfunktionales 8, 41, 71, 79, 89 f., 92, 95, 122 f., 141, 148, 150, 156 f., 188, 190
- funktionales 8, 40, 71, 89–91, 93 f., 97, 122 f., 141, 147, 149, 156 f., 188, 190

Videokonferenz 53, 60, 62 f., 66, 184
Virtualität 53, 55, 58
- Virtual Reality 192
- Virtualitätsdimension 53 f.
- virtuelle Kommunikation 56
- virtuelle Meetings 55, 58, 60, 63, 65, 80, 168, 187, 193
- virtuelle Teamarbeit 56, 193
- virtuelle Teams 56, 108
- virtueller Raum 61, 192
- virtueller Tunnel 186

W

Webkonferenzsystem 60
Whiteboard 52, 67, 107, 189, 192

Z

Zeitfresser 41, 43
Zeitlicher Rahmen von Meetings 29, 45, 89, 97, 103, 135
Zeitplan 103
Zielsetzung 29, 33, 76–78, 101, 136, 170, 187
Zoom Fatigue 62, 64
Zusammenarbeit 14, 17, 19, 34, 40, 48 f., 56, 58, 65, 82, 84, 89 f., 97, 105, 110, 113, 116, 124, 132, 140, 165, 177, 182, 187 f.
- agile 170, 174
- hybride 53
- informelle 70
- internationale 81
- kollegiale 94
- verteilte 185
- virtuelle 53, 55–57, 193
- zielorientierte 111

Zweck von Meetings 13, 28, 80, 85 f.